Klaus Ahlheim (Hrsg.)

Intervenieren, nicht resignieren

Rechtsextremismus als Herausforderung für Bildung und Erziehung

Reihe Politik und Bildung • Band 30

Klaus Ahlheim (Hrsg.)

Intervenieren, nicht resignieren

Rechtsextremismus als Herausforderung für Bildung und Erziehung

WOCHENSCHAU VERLAG

Bibliografische Information der Deutschen Bibliothek

Die Deutsche Bibliothek verzeichnet diese Publikation in der Deutschen Nationalbibliografie; detaillierte bibliografische Daten sind im Internet über http://dnb.ddb.de abrufbar.

Gedruckt auf chlorfreiem Papier

Printed in Germany
ISBN 3-89974051-3

Inhalt

Einleitung

Es ist – nach der kurzen heftigen Empörung im Sommer 2000 – eher ruhig geworden um Rechtsextremismus, um rechte und fremdenfeindliche Gewalt. Die Medien-„Ereignisse" und politischen Inszenierungen haben sich längst anderen Themen zugewandt, und politisches Handeln scheint sich – nach dem NPD-Verbotsantrag beim Verfassungsgericht in Karlsruhe – erschöpft zu haben. Doch die öffentliche Beruhigung hat kaum guten Grund und könnte sich längerfristig als fahrlässig erweisen. Die „Chronik der Übergriffe", die etwa die „Frankfurter Rundschau" in ihrem Internetangebot veröffentlicht,[1] schreibt sich mit regelmäßigen Einträgen fort – Alltagsmeldungen, nicht nur, wie manche gern glauben, aus den neuen Bundesländern. Einige typische Beispiele aus dem Jahr 2002 greife ich heraus.

22. Januar: „Offensichtlich rechtsextremistische Schläger haben in Dortmund zwei junge Männer zusammengeschlagen." – 27. Januar: „In der Thüringer Universitätsstadt Jena ist am Sonntag erneut (!) ein ausländischer Wissenschaftler vermutlich von drei Rechtsextremisten angegriffen worden. Der 32-jährige russische Gastdozent der Friedrich-Schiller-Universität wurde niedergeschlagen und im Gesicht schwer verletzt." – 11. März: „Bei Übergriffen in Brandenburg sind erneut (!) Ausländer verletzt worden." – 28. Mai: „In Brandenburg ist ein junger Aussiedler aus Kasachstan getötet worden. Die Staatsanwaltschaft Neuruppin sieht den Verdacht auf ‚fremdenfeindliche Motive'." – 14. Juli: „Drei Skinheads haben in der Nacht zum Sonntag in Essen einen 18-jährigen Schwarzafrikaner angegriffen und verletzt. Nach Angaben der Polizei bewarfen sie ihn mit Steinen und Bierflaschen und schlugen ihm ins Gesicht." – 31. Oktober: „Vermutlich rechtsextreme Täter haben in der Nacht zu Donnerstag einen Brandanschlag auf ein Asylbewerberheim im baden-württembergischen Aspach bei Waiblingen verübt." – 28. November: „Ein 41 Jahre alter Afrikaner ist in Andernach von einem vermutlich rechtsextremen Jugendlichen angegriffen und verletzt worden."

1 „Frankfurter Rundschau online"-Dossier: Die Chronik der Übergriffe (http://www.fr-aktuell.de/uebersicht/alle_dossiers/politik_inland/was_tun_gegen_rechts/chronik_der_uebergriffe).

Auch die Verfassungsschutzberichte sprechen seit Jahren eine eindeutige Sprache. Rechtsextreme, fremdenfeindliche Gewalttaten haben sich auf hohem Niveau „stabilisiert“, sind alltäglich, ohne noch im Alltag zu irritieren. Würde man die Zahl der gewalttätigen Übergriffe jeden Jahres gleichmäßig verteilen, käme man auf mindestens eine rechtsextreme, fremdenfeindliche Gewalttat pro Tag.[1]

Die Debatte um Rechtsextremismus und rechte Gewalt braucht deshalb „Nachhaltigkeit“, darf sich nicht in kurzen Empörungskampagnen erschöpfen, Gegenstrategien brauchen einen langen Atem.

Die meisten Beiträge des vorliegenden Sammelbandes gehen zurück auf Vorträge, Thesen und Diskussionsbeiträge des Fachkongresses „Rechtsextremismus als Herausforderung für Bildung und Qualifizierung“, den die Landeszentrale für politische Bildung und das Ministerium für Schule, Wissenschaft und Forschung NRW am 31. August und 1. September 2001 in Bochum veranstaltet haben. Der Rechtsextremismus, so warnte Gabriele Behler damals in ihrer Eröffnungsrede, sei trotz einer „Baisse“ in der Öffentlichkeit „nach wie vor aktuell und akut“. Diese Feststellung gilt auch mehr als ein Jahr später immer noch und – angesichts einer verbreiteten öffentlichen Unbekümmertheit – erst recht.

Der erste Teil des Bandes versammelt theoretische und empirische Beiträge, die – mit bisweilen unkonventionellem Blick – Realität und Umfeld des aktuellen Rechtsextremismus analysieren. Es wird dabei deutlich, dass „die kleine Minderheit der Gewaltbereiten“, wie es Harald Schartau zum Ende des Bochumer Kongresses noch einmal festgehalten hat, „nicht ganz am Rande der Gesellschaft“ steht, sondern sich auf autoritäre und fremdenfeindliche Einstellungen berufen kann, die „bis weit in die Mitte der Gesellschaft“ reichen. Die Autorinnen und Autoren gehen dieser Verankerung rechtsextremen und fremdenfeindlichen Denkens in der Mitte der Gesellschaft, im ganz normalen Alltag, unter verschiedenen Fragestellungen nach und sie vergessen nicht, auf die praktischen, auch pädagogischen Konsequenzen ihrer Analysen hinzuweisen.

---

1 Für das Jahr 2001 weist der Verfassungsschutzbericht 709 Gewalttaten mit „erwiesenem oder zu vermutendem rechtsextremistischem Hintergrund“ aus, darunter 9 „versuchte Tötungsdelikte“, 626 Körperverletzungen und 16 Brandstiftungen. Die Mehrzahl der Gewalttaten richtete sich – wie schon in den Jahren zuvor – gegen Ausländer. Vgl. Verfassungsschutzbericht 2001, hrsg. vom Bundesministerium des Innern, Berlin 2002, S. 37 f.

Der zweite Teil der Veröffentlichung beschreibt und reflektiert dann ausführlich pädagogische Gegenstrategien, Ansätze zumindest gegenzusteuern, aus ganz unterschiedlichen Bereichen, aus der Jugendarbeit, der Gedenkstättenpädagogik, aus Schule, Erwachsenenbildung und beruflicher Aus- und Weiterbildung. Diese stärker „praxisbezogenen" Beiträge des zweiten Teils spiegeln eine gemeinsame Grundstimmung wider. Sie ist von einer gewissen Skepsis bestimmt gegenüber den Anforderungen und hohen Erwartungen, mit denen sich Pädagoginnen und Pädagogen gerade dann konfrontiert sehen, wenn die Öffentlichkeit das Thema Rechtsextremismus und fremdenfeindliche Gewalt wieder einmal entdeckt. Die Autorinnen und Autoren wissen um die grundsätzliche Begrenztheit pädagogischer Gegenstrategien, weil Rechtsextremismus und rechtsextreme Gewalt in erster Linie kein pädagogisches, sondern ein gesellschaftliches Problem sind. Gleichwohl ist in allen Beiträgen der entschiedene Wille zu spüren, in den jeweiligen pädagogischen Handlungsfeldern und Arbeitsbereichen alles zu tun, was dem Rechtsextremismus und der fremdenfeindlichen Gewalt wehren könnte, nach dem Motto: „Intervenieren, nicht resignieren"!

Herzlich zu danken habe ich Ulrike Sommer, Bettina Metten-Jäckel und Hans Wupper-Tewes, ohne deren Unterstützung der Sammelband nicht zustande gekommen wäre. Besonderer Dank gilt Bardo Heger, der die Entstehung des Bandes begleitet und den Text schließlich auch noch „druckfertig" gemacht hat.

Essen, im November 2002 *Klaus Ahlheim*

I. Aktuelle Lage, Erklärungsansätze, empirische Befunde

Hans-Gerd Jaschke

Rechtsextremismus: aktuelle Lage und Entwicklung

Im März 2001 meldeten die Zeitungen einen starken Anstieg der bekannt gewordenen rechtsextremistischen, fremdenfeindlichen und antisemitischen Straftaten für das Jahr 2000. Fast 16 000 Fälle bedeuteten eine Anstieg von etwa sechzig Prozent im Vergleich zum Vorjahr. In Nordrhein-Westfalen, dem größten Bundesland, hatten sie sich 2000 im Vergleich zum Vorjahr gar verdoppelt. Nicht nur in Ostdeutschland, auch in den alten Bundesländern war die zunehmende Gewaltbereitschaft rechter Jugendlicher nicht zu übersehen. Zählten die Verfassungsschutzbehörden 1994 noch rund 5 500 Militante, stieg ihre Zahl bis 2000 auf etwa 10 000. Kann man, ja muss man aus all dem schließen, dass der Rechtsextremismus, vor allem aber sein gewaltbereites Segment, im Aufwind ist? Diese weit verbreitete Annahme erweist sich bei genauerer Betrachtung als korrekturbedürftig. Schon einmal war die Anzahl der Gewalttaten besonders hoch: Im Jahr 1992/93, als Anschläge gegen Asylbewerberheime die Öffentlichkeit in Atem hielten, zu weit beachteten Lichterketten und „Rock gegen Rechts"-Konzerten führten, wurden mehr als 1 400 Fälle gezählt. „Gewalttäter von rechts – gefährlicher als die Rote Armee Fraktion" behauptete damals der „Spiegel".[1] Doch in den folgenden Jahren sank die Zahl der Gewalttaten von rechts kontinuierlich bis auf etwa 700 im Jahr 1998. Danach stieg sie wieder an.

Die Aussagenreichweite der amtlichen Zahlen darf nicht überschätzt werden. Hinter ihnen verbirgt sich ein erhebliches Dunkelfeld nicht angezeigter und damit nicht erfasster Straftaten; und: Einschüchterungen, Bedrohungen, Diskriminierungen aus rassistischen Gründen gelangen in der Regel nicht zur Anzeige. Unbekannt ist auch die Zahl der Jugendlichen, die aus fremdenfeindlichen Motiven heraus tätlich angegriffen werden und aus Angst vor Rache-

1 Alle drei Wochen ein Toter. Gewalttäter von rechts – gefährlicher als die Rote Armee Fraktion, in:„Der Spiegel", Nr. 36 vom 31.8.1992, S. 26 f.

akten den Gang zur Polizei scheuen. Systematische, wissenschaftlich fundierte Opferbefragungen in diesem Bereich, die zuverlässige Schätzungen ermöglichen würden, gibt es bisher nicht. Auf der anderen Seite erscheinen Polizei und Justiz eigentümlich machtlos. Unterhalb der Strafverfolgungsebene werden sie kaum tätig, die Dunkelfelder bleiben ihnen verschlossen. Bei der Verfolgung von Straftaten mit rechtsextremem Hintergrund jedoch häufen sich Berichte über schleppende Verfahren und ausbleibenden Tatendrang der Behörden.

Der Rechtsextremismus hat viele Facetten, nicht nur die gewalttätige, brutale, menschenverachtende. Parteien wie die NPD scheinen eine solche Gefahr darzustellen, dass die Bundesregierung Ende Januar 2001 nach heftigen Debatten einen Verbotsantrag beim Bundesverfassungsgericht in Karlsruhe gestellt hat. Sie verspricht sich davon einen nachhaltigen Schlag gegen den organisierten Rechtsextremismus, eine präventive Wirkung nach innen und eine symbolisch wirkungsvolle Geste der wehrhaften Demokratie nach außen. Damit soll eine Politik des starken Staates fortgesetzt werden, die schon nach der Wende 1989/90 verstärkt eingesetzt wurde. Seitdem wurden 17 neonazistische Organisationen verboten, darunter die Wiking Jugend, die Nationalistische Front und, im September 2000, die rechte Skin-Gruppe Blood and Honour Division Deutschland. Die letzten und einzigen Parteienverbote liegen lange zurück: 1952 verschwand die NSDAP-Nachfolgepartei SRP, 1956 die KPD. Fachleute bezweifeln jedoch schon seit langem, ob staatliche Repression gegen rechts wirklich zu einer Zerschlagung der Szene beitragen kann. Denkbar wäre vielmehr, dass Repression Lernprozesse freisetzt und zu organisatorischen und strategischen Umorientierungen führt. Unstrittig sind freilich die symbolischen Gewinne der Repressionspolitik: Der Staat zeigt Härte, Entschlossenheit und Durchsetzungskraft. Er übersetzt die komplexe Rechtsextremismus-Problematik in einfache Gegenüberstellungen von Freund und Feind, Gut und Böse. Den Bürgern wird nahegelegt, sich bei solchen Polarisierungen für die eine oder die andere Seite zu entscheiden. Im Ergebnis wird der Rechtsextremismus weiter ausgegrenzt, die Solidarität der Demokraten bestärkt und ihre Bindung an den Staat erhöht. Auf diese Weise entsteht zwar ein Legitimationsgewinn der Politik, aber nicht unbedingt eine effektive Strategie gegenüber Parteien wie der NPD.

Eine weitere, schwer überschaubare Facette des Rechtsextremismus ist sein Vordringen in die Alltagswelt und die kulturelle Praxis von Jugendlichen. Entsprechende Musik, Kleidung und Verhaltensstile sind Teil der Jugendkulturen geworden. Dabei zeigen sich Globalisierungstendenzen auch in diesem Segment. Schon 1992 bezeichnete der vom Europäischen Parlament eingesetzte Untersuchungsausschuss zu Rassismus und Fremdenfeindlichkeit in Europa das internationale Anwachsen der rechten Skinhead-Szene als „beunruhigendste Entwicklung der letzten fünf Jahre"; „daraus hat sich mittlerweile", notiert der Europa-Abgeordnete Glyn Ford, „eine millionenschwere internationale Industrie entwickelt, der modernste Technik zur Verbreitung ihrer Botschaft zur Verfügung steht. CDs, Videos oder Computerspiele werden erst in einem Staat hergestellt und dann in einem anderen, häufig über das Internet, zum Verkauf angeboten. So wurde zum Beispiel das neueste Album von No Remorse, einer der bekanntesten Bands, mit dem Titel Barbecue in Rostock in Großbritannien produziert, in Dänemark gepresst und wiederum in einem anderen Staat der Europäischen Union zum Verkauf angeboten."[1]

Es mangelt nicht an Erklärungsversuchen und Gegenstrategien. Angst vor Arbeitslosigkeit, soziale Deklassierung, mangelnde Erziehung, ein zu nachsichtiger Staat – all dies wird in verschiedenen Varianten vorgebracht. Einigkeit besteht darüber, dass ein Bündel von Ursachen in Betracht zu ziehen ist, einfache Erklärungen gehen ins Leere. Dabei wird häufig übersehen, dass der Rechtsextremismus in Westdeutschland, aber mittlerweile auch in Ostdeutschland längst schon eine eigenständige politische Strömung geworden ist, mit einer gewachsenen Geschichte und Tradition. Vieles spricht dafür, dass der Rechtsextremismus in der Nachkriegsgeschichte eine zwar randständige, aber auch selbständige und dynamische Randströmung war und ist, deren Gefahren für die Demokratie nicht überbewertet werden sollten, die aber dennoch eine ernst zu nehmende und längerfristige Bedrohung ist.

Historischer Rückblick

Es kann nicht überraschen, dass ehemalige Nationalsozialisten und ihre Anhänger auch nach der Kapitulation im Mai 1945 versuchten, ihre Ideen zu organisieren und durchzusetzen. Der militärischen Kapitulation folgte keineswegs die allgemein verbreitete Einsicht über den Irrweg des Nationalsozia-

---

1 Glyn Ford: Die internationale Skinhead-Bewegung, in: Searchlight u.a., White Noise, Hamburg/Münster 2000, S. 15.

lismus, Teile der Hitler-Jugend-Generation traten auch nach dem Ende des Krieges für ihre Überzeugung ein. Die „Stunde Null", den vollständigen Bruch mit der NS-Vergangenheit, hat es gegeben auf der Ebene der Verfassung und der Ordnung der Institutionen, nicht aber bei den Mentalitäten und Einstellungen. Auch die Entnazifizierung durch die alliierten Siegermächte vermochte nicht die Reste des Nationalsozialismus aus den Köpfen zu vertreiben. Demokratie war und ist ein langwieriger Lernprozess, NS-nahe Überzeugungen überlebten das Ende des Nationalsozialismus und prägten Teile der gesellschaftlichen Grundorientierungen auch nach 1945. Zunächst verhinderte die Vergabe der Partei-Lizenzen durch die Alliierten die Gründung einer neuen Rechtsaußen-Partei. Doch bald nach der Entstehung des westdeutschen Teilstaates 1949 und der Verabschiedung des Grundgesetzes meldeten sie sich zurück: Die Deutsche Reichs-Partei (DRP), eine eher gemäßigte, deutschnationale Gruppierung und die Sozialistische Reichspartei (SRP), ein Wurmfortsatz der NSDAP, betraten die Bühne. Unter den Mitbegründern der SRP fand sich auch der ehemalige Generalmajor Otto-Ernst Remer, der mitverantwortlich war an der Niederschlagung des Widerstandes am 20. Juli 1944. Als die SRP 1951 bei Landtagswahlen in Bremen 7,7 und in Niedersachsen 11 Prozent erzielte und damit das Nachleben des Nationalsozialismus bei Teilen der Wählerschaft nicht mehr zu übersehen war, entschloss sich die Bundesregierung zu einem Verbotsantrag. 1952 wurde die SRP vom Bundesverfassungsgericht verboten.

Meinungen, Haltungen und Orientierungen sind freilich nicht zu verbieten. Nach dem SRP-Verbot war klar, dass offenes Eintreten für nationalsozialistische Ideale dem Ansehen der Bundesrepublik im Ausland schadeten und deshalb von den staatlichen Stellen energisch verfolgt würden. Ein Großteil ehemaliger Nationalsozialisten begab sich in die innere Emigration und passte sich den Bedingungen der neuen Bundesrepublik an, arbeitete und lebte unauffällig, schloss sich den bürgerlichen Parteien an. Nazistische Überzeugungen lebten fort in den privaten sozialen Welten, in den Familien, Vereinen und den Nachbarschaftsbeziehungen. Unbelehrbare, buchstäblich „Ewig-Gestrige" organisierten sich in heute längst vergessenen Vereinigungen wie dem Kameradschaftsring Nationaler Jugendverbände, der Mitte der fünfziger Jahre immerhin 50 000 national gesinnte Jugendliche hinter sich brachte. Die Neuauflage der Hitler-Jugend nannte sich ab 1952 „Wiking-Jugend". Erst zweiundvierzig Jahre später, im November 1994, wurde sie vom Bundesinnenminister verboten.

Ausgrenzung und Integration waren freilich zwei Seiten derselben Medaille. Kleine, aber nicht unbedeutende Rechtsaußen-Parteien im Grenzbereich zwischen offenem Rechtsextremismus und Konservatismus wie etwa die Deutsche Partei (DP) des niedersächsischen Ministerpräsidenten Heinrich Hellwege, die Wirtschaftliche Aufbau-Vereinigung (WAV) und die Deutsche Gemeinschaft (DG) des späteren Grünen-Mitbegründers August Haussleiter waren in den fünfziger Jahren parlamentarisch präsent. Für diese Parteien und ihre Anhängerschaft gilt, was Wolfgang Gessenharter als Druck zur Anpassung an das nationale und konservative Spektrum bezeichnet hat: „Rassismus, Antisemitismus und autoritärer Führerglaube wichen immer stärker einer Haltung, die sich in der Kritik am ‚überzogenen' Pluralismus, an der Westbindung, aber auch in scharfem Antikommunismus mit den nationalkonservativen Kräften einig wußte. Zentraler Bezugspunkt aber blieb für das rechte Lager die Auseinandersetzung mit der NS-Zeit, die man allerdings nicht aus der Position des Schuldigen, sondern des Opfers in Gestalt des legalen Führerbefehlen gehorchenden, für verbrecherische Ziele mißbrauchten Untertanen führte".[1] Aufgrund der ideologischen relativen Nähe gelang es CDU und CSU bis Anfang der sechziger Jahre, das Wählerpotential rechtsaußen zu erobern, so dass rechts von der Union in der Tat kein Platz mehr war für eine demokratisch legitimierte rechtsextreme Partei, ganz so, wie es der CSU-Vorsitzende Franz-Josef Strauß immer gefordert hatte.

Der politische Druck auf den organisierten Rechtsextremismus führte zu einer Zersplitterung der Szene und zu einer Konzentration auf öffentlich wenig auffällige Aktionsformen. Das NS-Gedankengut wurde konserviert in kleinen kulturellen Zirkeln wie dem betulichen Deutschen Kulturwerk Europäischen Geistes oder der Gesellschaft für freie Publizistik und in Zeitschriften wie Nation Europa. Hier fanden die Dichter und Denker des Nationalsozialismus ihre Anhänger und Verehrer im Verborgenen, bei den Lippoldsberger Dichtertagen oder auch den öffentlich wenig beachteten Sonnenwendfeiern. Hier betrieben NS-Literaten wie Hans Grimm oder Hans Venatier Traditionspflege für Ewig-Gestrige, weitgehend unbeachtet von der Öffentlichkeit der Wirtschaftswunder-Gesellschaft mit ihrer „Ohne-mich"-Mentalität. Das politische und gesellschaftliche Getto solcher Positionen wurde von den Akteuren legi-

1 Wolfgang Gessenharter: Zur Funktion neurechter Freund-Feindbilder in Geschichte und Gegenwart der Bundesrepublik, in: Michael Th. Greven/Oliver von Wrochem (Hrsg.): Der Krieg in der Nachkriegszeit, Opladen 2000, S. 197-211, hier S. 198 f.

timiert vom Glauben an die künftige Elite, an die besseren Deutschen. Ihre Aktivitäten sind natürlich noch eng verbunden mit den biographischen Erfahrungen des noch nicht lange zurückliegenden Nationalsozialismus. Die rechtsextreme Szene der fünfziger Jahre agiert bewusst im gesellschaftlichen Abseits, sie bildet subkulturelle Verhaltensstile. Lebenspraktische Orientierungen, subjektive Wertsetzungen, Sprachregelungen, Feierrituale, soziale Beziehungsmuster und Umgangsformen stiften einen gemeinsamen Lebenszusammenhang, der das gesamte rechte Lager zusammenhält im kollektiven Selbstverständnis des Wartens auf bessere Zeiten.

Erst 1964 führten die Bemühungen der versprengten Rechten, eine schlagkräftige Sammlungsbewegung von rechts zu gründen, zum Erfolg. Die Nationaldemokratische Partei (NPD) wurde zur erfolgreichsten rechtsextremen Partei in der Bundesrepublik. Sie saß bis 1969 in sieben Länderparlamenten und scheiterte bei der Bundestagswahl 1969 nur knapp mit 4,3 Prozent. Sie bot sich als die traditionsbewahrende national-konservative Gegenströmung zur revoltierenden Studentenbewegung Ende der sechziger Jahre und als Alternative zur CDU/CSU, die in eben jenen Jahren eine Große Koalition mit der SPD eingegangen war und von vielen Konservativen des Verrats ihrer Ideale bezichtigt wurde.

Die Niederlage der NPD bei der Bundestagswahl 1969 und das anschließende parlamentarische Aus auch bei den folgenden Landtagswahlen schien all denen recht zu geben, die Rechtsextremismus für ein Problem der Kriegsgeneration hielten, das sich mit fortschreitender Zeit von selbst erledigen würde. „Da die heutigen Rechtsextremen“, schrieb Knütter schon 1961, „zum überwiegenden Teil mit den Anhängern des Nationalsozialismus und der vornationalsozialistischen Rechten identisch sind, deutet vieles darauf hin, daß sich das Problem in seiner heutigen Form mit dem Aussterben der Generation, die den Nationalsozialismus bewußt erlebt und bejaht hat, von selbst regeln wird“.[1] Diese damals weithin geteilte Auffassung sollte sich jedoch als falsch herausstellen.

In den siebziger Jahren vollzieht sich in Westdeutschland ein grundlegender Strukturwandel des organisierten Rechtsextremismus. Generationswechsel, Provokation und Militanz sind die Stichworte. Jüngere, in der Nachkriegszeit

1 Hans-Helmut Knütter: Ideologien des Rechtsradikalismus im Nachkriegsdeutschland, Bonn 1961, S. 208.

Geborene drängen nach vorne. In der NPD und anderen Organisationen geraten die Alten unter Druck, die Jüngeren wollen eine radikale Reform der Programmatik. Die Aktion Neue Rechte, nationalrevolutionäre Gruppen an den Hochschulen und andere, zumeist um kleine Zeitschriften gruppierte Strömungen nehmen sich die französische Neue Rechte, die Nouvelle Droite, zum Vorbild und starten den Kampf um die Köpfe. Die Rechte soll theorie- und programmfähig werden, rechtsgerichtete Schüler- und Jugendzeitschriften expandieren.[1] Ernst Jünger, Moeller van den Bruck und andere Vertreter der Konservativen Revolution der zwanziger Jahre werden gelesen und diskutiert, die Neue Rechte soll nach dem Muster der Neuen Linken antreten. Es geht um die Kritik am „american way of life", am Kapitalismus, die nationale Revolution soll Deutschland und Europa wieder auf die alteuropäischen, vorrevolutionären Entwicklungspfade bringen. In Deutschland operieren die kleinen Gruppen der Neuen Rechten letztlich ohne größere Erfolge, sieht man von kleinen Projekten, wie etwa der Wochenzeitung „Junge Freiheit" ab, die sich als Gegengründung zur „tageszeitung" (taz) versteht.

Folgenreicher sind die Provokationen der jungen Neonazis um Michael Kühnen und Christian Worch. Vor allem Kühnens Aktionsfront Nationaler Sozialisten (ANS) betreibt geschickte Öffentlichkeitsarbeit. Kühnen erklärt in der Rhetorik und im Gestus junger Intellektueller die Gaskammern zur Erfindung der Siegermächte und proklamiert die nationalsozialistische Revolution. Die westdeutsche Öffentlichkeit hatte lange Jahre, begleitet vom „Wirtschaftswunder", geringer Arbeitslosigkeit und steigenden Einkommen, den Rechtsextremismus zum Randproblem ewiggestriger Alt-Nazis erklärt und damit das Problem verdrängt. Nun aber war es eine neue Generation der Zwanzig- und Dreißigjährigen, die unter Bedingungen einer lange anhaltenden Krise des Arbeitsmarktes und verminderter Lebenschancen Jugendlicher nach der Ölkrise 1973/74 an den Zielen der NSDAP festhielten und durch spektakuläre Aufmärsche auf einen wunden Punkt der demokratischen Entwicklung in Westdeutschland hinwiesen.

Der Strukturwandel des organisierten Rechtsextremismus erhärtete die Annahme, dass die Rechtsaußen-Parteien NPD und DVU, eine Vielzahl neonazistischer Kleingruppen und ebenso viele sonstige Vereinigungen eine randständige, aber auch etablierte Randströmung des politischen Spektrums gewor-

1 Vgl. Peter Dudek/Hans-Gerd Jaschke: Revolte von rechts. Anatomie einer neuen Jugendpresse, Frankfurt/New York 1981.

den waren. Die 1981 öffentlich breit diskutierte so genannte „Sinus-Studie“ eines Heidelberger Umfrageinstituts kam zu dem Ergebnis, dass 13 Prozent der Bundesbürger ein konsistentes rechtsextremes Weltbild aufwiesen – ein in Fachkreisen lange bekanntes Phänomen, das durch die öffentliche Debatte nun aber unabweisbar ein erhebliches gesellschaftliches Potential des Rechtsextremismus in den Blickpunkt rückte. Die außerhalb der rechtsextremen Kernströmung 1984 erfolgte Gründung der Republikaner ergänzte dieses Bild von einer anderen Seite: Aus der konservativen Mitte heraus, in der bayerischen CSU, hatte sich Protest entzündet an der Ostpolitik der Partei. Drei CSU-Abtrünnige gründeten die Republikaner, ihr Zugpferd Franz Schönhuber konnte mit populistischen Parolen die Grauzone zwischen Rechtskonservatismus und Rechtsextremismus verwischen.

Die Republikaner galten zu Beginn der neunziger Jahre als aussichtsreichste Partei rechtsaußen, der auch längerfristig parlamentarische Erfolge zugetraut wurden. Maßgeblich für diese Einschätzung waren der wesentlich von Franz Schönhuber geprägte populistische Politikstil, die Attraktivität der Partei bei Arbeiter- und kleinbürgerlichen Wählern und das internationale Umfeld erfolgreicher rechtspopulistischer Parteien in Frankreich, Österreich und Italien. Es gelang den Republikanern eine zeitlang, das Asylthema wählerwirksam zu instrumentalisieren und die Sehnsüchte der Stammtische zu bedienen. Sie schienen in der Lage, das diffuse rechte Protestpotential längerfristig zu bündeln und ihm einen parlamentarischen Ausdruck zu verleihen. Ihre Themen zielten in die Mitte der Gesellschaft: Weltweite Armutswanderungen wurden wirkungsvoll als „Überfremdung“ der Deutschen durch Ausländer artikuliert. Der Vertrauensverlust der Institutionen und weitreichende Individualisierungsprozesse der Gesellschaft wurden übersetzt in autoritär-populistische Konzeptionen der inneren Sicherheit, in Probleme von Recht und Ordnung.

Überdies kamen die Republikaner nicht aus dem weitverzweigten rechtsextremen Netzwerk, sondern sie entstanden aus einer Abspaltung von der CSU. Auftrieb erhielten sie von Konservativen im Grenzbereich zwischen rechts und rechtsextrem, die mit dem Ausbleiben der von Kohl versprochenen „geistig-politischen Wende“ unzufrieden waren und diese Wende jetzt einforderten. Dieser bürgerlich-oppositionelle Herkunftsrahmen schien eine Garantie zu sein für eine wirksame Protestpartei jenseits des rechtsextremen Stigmas. Zwar stießen seit 1985 einige Funktionäre zu den Republikanern, die zuvor bei rechtsextremen Organisationen tätig waren, allen voran Harald

Neubauer, zuvor lange Jahre bei NPD und DVU und die rechte Hand des DVU-Chefs Gerhard Frey. Doch diese braunen Tupfer beeinträchtigten das nationalkonservative populistische Image der Republikaner nicht allzu sehr, zumal Schönhuber sich als geschickter Stratege und Redner erwies, der die Wirtshäuser und Festzelte der bayerischen Provinz problemlos füllen konnte. Zwischen 1989 und 1992 hatte die Partei beachtliche Wahlerfolge, seitdem nur noch in Baden-Württemberg 1996.

Die deutsche Vereinigung 1989/90 hat eine weitere Veränderung der Struktur des Rechtsextremismus zur Folge. Westdeutsche Organisationen versuchen, im Osten Fuß zu fassen und treffen dort auf eine Mentalität, der es an demokratischen Erfahrungen fehlt. Mehr als zehn Jahre nach der Vereinigung sind rechtsextreme Parteien im Osten noch immer schwach, aber das Gewaltpotential entwickelt sich dennoch überwiegend in den neuen Ländern. „Im Ergebnis", schreibt Peter Reif-Spirek, „führt dies zu einer rechten Alltagskultur, in der die alltägliche Diskriminierung von Fremden und Anderen (keineswegs nur durch gewalttätige Übergriffe militanter Cliquen) überhaupt nicht mehr als Problem wahrgenommen wird, sondern als normal und berechtigt gilt. Die sozialräumlichen Positionsgewinne der Rechten sind bereits so gravierend, daß zahlreiche Gegenden im Osten als ‚No-go-areas' für Minderheiten eingeschätzt werden müssen."[1] Diese politisch umstrittene, weil Standortnachteile nach sich ziehende Diagnose wird vom Bundesamt für Verfassungsschutz bestätigt. In einem Report über die Entwicklung des Rechtsextremismus in den neuen Ländern vom Januar 1999 heißt es: „Verschiedentlich sind rechtsextremistische Verhaltensweisen und Symbole in Bereiche der Jugendkultur, wie z.B. Jacken, Stiefel und Haarschnitt, eingedrungen und Teil des Alltagsgeschehens geworden. Rechtsextremisten sehen sich hier in ihrer strategischen Zielsetzung der Schaffung ‚national befreiter Zonen' bestätigt. Mit diesem auch von den ‚Jungen Nationaldemokraten' (JN) aufgegriffenen Terminus versuchen sie, eine politische, soziale, kulturelle und ethnische Vor-‚Herrschaft' über begrenzte Gebiete und Einrichtungen herzustellen und das staatliche Gewaltmonopol auszuhöhlen. Soweit es rechtsextremistischen Jugendlichen und Heranwachsenden in Ansätzen gelungen ist, in und über gemeinschaftliche Einrichtungen zu bestimmen und konkurrierende Kulturen auszuschließen – teils durch Drohungen, teils mit handfester Gewalt – so ist

1 Peter Reif-Spirek: Der Rechtsextremismus und das Sommerloch, in: Journal der Jugendkulturen, Heft 3/2000, S. 27-36, hier S. 28.

dies jedoch nicht das Ergebnis strategischer Planung, sondern des jeweiligen Kräfteverhältnisses vor Ort."[1]

Was in Westdeutschland kaum je gelungen ist, das scheint in Ostdeutschland Konturen anzunehmen: die soziale und kulturelle Verwurzelung des Rechtsextremismus vor Ort.

Probleme des Umgangs mit Rechtsextremismus

Der Anteil der Arbeitslosen unter den rechten Gewalttätern und den rechtsextrem Eingestellten ist nicht besonders hoch. Die meisten von ihnen sind Arbeitnehmer. Die Betriebe müssen zur Kenntnis zu nehmen, dass sich künftig gewaltige ethnische Konfliktpotentiale zusammenballen, wenn türkische und deutsche Jugendliche und jugendliche Aussiedler um die immer knapper werdenden Stellen konkurrieren. Gefragt sind mehr Lehrstellen, mehr Förderung der beruflichen und der politischen Bildung, mehr Teamarbeit und mehr Förderung sozialer Kompetenzen. In den Betrieben muss ein Verhaltenskodex etabliert werden, der Toleranz gegenüber den Kollegen gleich welcher ethnischen Zugehörigkeit zwingend verordnet und Verstöße dagegen auch empfindlich sanktioniert.

Ähnliches gilt für den öffentlichen Dienst. Hier müssten die Instrumente erst geschaffen werden, um das Diskriminierungsverbot des Grundgesetzes wirksam umzusetzen und im Umgang der Behörden mit Nicht-Deutschen ein alltägliches Klima der Toleranz herzustellen. In Sozialämtern, Polizeirevieren, Ausländerbehörden und anderen Dienststellen bedarf es entschlossener Durchsetzung des Diskriminierungsverbotes.

Die Gewerkschaften und die Parteien müssen zur Kenntnis nehmen, dass sich unter ihren Mitgliedern und Wählern ein erheblicher Anteil rechtsextrem Eingestellter befindet. Dies wurde zu lange totgeschwiegen, um die Anhängerschaft nicht zu verprellen. Das Engagement gegen rechts wirkt unglaubwürdig, wenn nicht auch vor der eigenen Tür gekehrt wird. Mehr noch: Unterbleibt die Selbstreflexion von Betrieben, Verbänden, Gewerkschaften und Parteien, dann legen sie sich selber Fesseln an und können eine nachhaltige Politik gegen rechts nicht betreiben.

---

1 Bundesamt für Verfassungsschutz: Entwicklungen im Rechtsextremismus in den neuen Bundesländern. Stand: Januar 1999 (http://www.verfassungsschutz.de/publikationen/gesamt/reo.html).

Drei Ebenen des Umgangs mit Rechtsextremismus

1. Ebene: **symbolische Politik, geistig-politische Auseinandersetzung**	2. Ebene: **Repression**	3. Ebene: **Politik der sozialen Integration**
	Beispiele	
Demonstrationen, öffentliche Aktionen, Publizistik, Öffentlichkeitsarbeit, politische Bildung	Polizei, Justiz, Verfassungsschutz, Politik der inneren Sicherheit / Gesetzgebung	Bildung, Sozialarbeit, Sozial-, Jugend-, Migrations-, Arbeitsmarktpolitik, politische Bildung
	Funktion	
Betroffenheit, moralische Empörung, Aufklärung / Information, Ächtung des Rassismus, aber auch: Durchsetzung von Gruppeninteressen	Gefahrenabwehr, Strafverfolgung, polizeiliche Prävention, Politikberatung über Extremismus, staatliche Drohpotentiale	soziale Integration in die Gesellschaft, Vermittlung von Werten und Fertigkeiten

Gemeinsames Ziel aller Ebenen ist die Minimierung von Gewalt, der Abbau von Diskriminierung, die Einübung demokratischer Formen der Konfliktregulierung und das Sicherstellen annähernder sozialer Chancengleichheit. Medienwirksam inszenierte Betroffenheit und die Rituale moralischer Empörung, Demonstrationen, Unterschriftenaktionen, Rockkonzerte, Prominenten-Bündnisse, Diskussionsrunden usw. haben mehrere Funktionen. Sie dienen – neben der eigenen Profilierung – der Mobilisierung, der kollektiven Vergewisserung über zugrunde liegende gemeinsame Werte, und nicht zuletzt sollen sie nach außen hin Signalwirkung haben für ein demokratisches Deutschland.

Repression durch Polizei und Justiz verfolgt nicht nur Zwecke der Abschreckung, der Sühne und der Sanktionierung von Gewalt. Sie hat auch symbolische Funktionen, indem sie das Funktionieren der öffentlichen Ordnung und ihrer Institutionen augenscheinlich sicherstellt. Sichtbare Repression beschwichtigt, indem die Täter nicht ungestraft davonkommen. Die symbolische Funktion der Repression zeigt sich auch darin, dass sie die verbreitete „Sehnsucht nach dem starken Staat" (Carl Schmitt) bedient. Politik der sozialen Integration zielt mittel- und langfristig auf die Verbesserung der Lebenschancen durch Bildung, Sozial- und Arbeitsmarktpolitik.

Politische Bildung innerhalb und außerhalb der Schule hat in diesem Zusammenhang eine wichtige Funktion, denn sie ist in allen drei Ebenen zu verorten:

- symbolische Politik und geistig-politische Auseinandersetzung haben ausreichende Kenntnisse der politischen Zusammenhänge zur Voraussetzung. Zudem ist öffentliche geistig-politische Auseinandersetzung mit dem Rechtsextremismus und all seinen Schattierungen selber Teil einer umfassenden demokratischen politischen Bildung.
- Innerhalb der repressiven Institutionen, vor allem der Polizei und des Verfassungsschutzes, ist politische Bildung deshalb von Bedeutung, weil ausreichende Information und angemessene Deutung des Rechtsextremismus neben den rechtlichen Handlungsvoraussetzungen und den personellen Ausstattungen eine zentrale Wissens-Ressource für wirksame Gegenstrategien sind.
- Auf der Ebene der sozialen Integration schließlich ist politische Bildung als Erziehung zur Demokratie, als Prozess reflexiver Verinnerlichung demokratischer Grundorientierungen unerlässlich und ein Kernelement für die Entwicklung einer offenen, pluralistischen Gesellschaft.

Symbolische Politik gegen rechts unterscheidet in Gut (die sich engagierenden Gut-Menschen) und Böse (Rechtsextremisten), in moralisch korrekt einerseits und verwerflich andererseits. Repression benennt Starke (Polizei, Justiz) und Schwache (Gewalttäter), beide, Symbolik und Repression beziehen ihre Faszination aus der Gegenüberstellung von Freund und Feind. Das macht sie attraktiv für die politische Arena.

Es kann nicht bezweifelt werden, dass entschiedenes repressives Vorgehen ebenso wie die Elemente der Symbol-Politik richtig und angemessen sind. Wohl aber muss auch darauf hingewiesen werden, dass eine Zuspitzung der Auseinandersetzung auf diese Ebenen kontraproduktiv ist. Die Verengung der Debatte auf das NPD-Verbot geht gänzlich an den Ursachen vorbei und wird dem organisierten Rechtsextremismus längerfristig sogar noch Zulauf bescheren.

Die Konzentration auf Symbolpolitik und Repression hat Gründe im Zeitfaktor und in der öffentlichen Wirkung. Symbolpolitik kann aus dem Stand heraus produziert werden mit nur geringer zeitlicher Verzögerung. Pressekonferenzen, Demonstrationen usw. können praktisch unmittelbar umgesetzt werden. Für die Politik der Repression ist nicht nur diese selbst von Bedeutung, sondern ihre öffentliche Ankündigung: Die Drohung mit dem NPD-Verbot, die öffentlich verkündete Verstärkung von Polizei und Bundesgrenzschutz, die Forderung nach Ausschöpfung des Strafrahmens begründen ein staatliches Drohpotential, das seine Wirkung nicht verfehlt.

Politik der sozialen Integration hingegen hat mittel- und langfristige Vorläufe. In Politikfeldern wie Sozial-, Jugend-, Arbeitsmarkt- oder Ausländerpolitik bedarf es häufig komplizierter Abstimmungen im Entscheidungsprozess, während die Auswirkungen oft erst Monate oder gar Jahre später zu sehen sind.

Die Auseinandersetzung mit Rechtsextremismus und Fremdenfeindlichkeit setzt nach allen Erfahrungen Nachhaltigkeit des Problembewusstseins und entsprechende praktische Schritte voraus. Dies bedarf deshalb der Erwähnung, weil die Debatte in Deutschland seit Jahren pendelt zwischen den Extremen der Verharmlosung und der Dramatisierung. Das Ergebnis ist entweder Wegsehen und Totschweigen oder aber blinder Aktionismus.

Eine Kombination von symbolischen, repressiven und sozial-integrativen Schritten und Maßnahmen lässt sich in einer offenen Gesellschaft zum Glück weder gänzlich planen noch dirigistisch verordnen. Symbolische Politik unterliegt dem freien Spiel des Meinungsmarktes und seiner pressure groups, Repression ist gebunden an die Gesetzeslage, Politik der sozialen Integration ist grundsätzlich geräuscharm und langfristig. Dennoch scheint eine sinnvolle Kombination die einzig wirklich erfolgversprechende Strategie.

Literatur

Alle drei Wochen ein Toter. Gewalttäter von rechts – gefährlicher als die Rote Armee Fraktion, in: „Der Spiegel", Nr. 36 vom 31.8.1992, S. 26 f.

Bundesamt für Verfassungsschutz: Entwicklungen im Rechtsextremismus in den neuen Bundesländern. Stand: Januar 1999 (http://www.verfassungsschutz.de/publikationen/gesamt/reo.html)

Dudek, Peter/Jaschke, Hans-Gerd: Revolte von rechts. Anatomie einer neuen Jugendpresse, Frankfurt/New York 1981

Ford, Glyn: Die internationale Skinhead-Bewegung, in: Searchlight u.a. (Hrsg.): White Noise. Rechts-Rock, Skinhead-Musik, Blood & Honour. Einblicke in die internationale Nazi-Musik-Szene, Hamburg/Münster 2000

Gessenharter, Wolfgang: Zur Funktion neurechter Freund-Feindbilder in Geschichte und Gegenwart der Bundesrepublik, in: Michael Th. Greven/Oliver von Wrochem (Hrsg.): Der Krieg in der Nachkriegszeit, Opladen 2000, S. 197-211

Jaschke, Hans-Gerd: Rechtsextremismus und Fremdenfeindlichkeit. Begriffe, Positionen, Praxisfelder, 2. Aufl., Wiesbaden 2001

Knütter, Hans-Helmut: Ideologien des Rechtsradikalismus im Nachkriegsdeutschland, Bonn 1961

Reif-Spirek, Peter: Der Rechtsextremismus und das Sommerloch. Oder: Wie man ein Problem umdeutet, indem man es öffentlich bespricht, in: Journal der Jugendkulturen, Heft 3/2000, S. 27-36

Klaus Ahlheim

Das Umfeld des Rechtsextremismus

Fremdenfeindlichkeit in der Mitte der Gesellschaft

Die seit dem Sommer 2000 endlich öffentlich geführte Debatte um Rechtsextremismus und fremdenfeindliche Gewalt zeichnet sich bei näherem Hinsehen durch eine gewisse argumentative Schieflage aus. Politische Erklärungsversuche und Ursachenbeschreibungen bleiben ebenso wie politische Handlungsansätze weitgehend fixiert auf den organisierten Rand des Rechtsextremismus, auf ein in der Wirkung wohl eher zweifelhaftes Verbot der NPD. Vor allem aber ist die öffentlich-politische Debatte von einer Sichtweise bestimmt, die rechtsextreme, fremdenfeindliche Gewalt fast ausschließlich als ein Problem junger Männer wahrnimmt und zu behandeln sucht. Auf diese Weise spricht sich die Mitte und Mehrheit der Gesellschaft mit ihrer inzwischen fast schon wieder ritualisierten Empörung über die rechtsextreme, fremdenfeindliche Gewalt öffentlich frei, denn das fremdenfeindliche Umfeld in der Mitte der Gesellschaft, von dem sich die rechtsextremen Jugendlichen – mit einem gewissen Recht – ermutigt fühlen („Wir machen genau das, was ihr Alten an Stammtischen, an Kathedern, am Familientisch sagt, aber nicht zu tun wagt."), wird nicht thematisiert, der mögliche eigene Anteil an einem Gewalt fördernden, fremdenfeindlichen Klima wird verdrängt. Doch zur fremdenfeindlichen Gewalt gehört die fremdenfeindliche Ideologie. Dem realen Mord geht die Vernichtung des Fremden und Anderen im Kopfe voraus. Genau das übrigens hat Daniel Jonah Goldhagen in seiner heftig diskutierten Arbeit über „Hitlers willige Vollstrecker" plastisch herausgearbeitet.[1] Auch

1 „Das Bild", schreibt Goldhagen, „das sich die Deutschen von den Juden machten, *prädestinierte* die Juden – anders als die Dänen oder die Einwohner von München – zur Vernichtung und machte diese Vernichtung *notwendig*. Darin müssen wir das Motiv zur totalen Vernichtung des jüdischen Volkes sehen." (Daniel Jonah Goldhagen: Hitlers willige Vollstrecker, Berlin 1996, S. 461) Und genau das machte einen Großteil der Irritation hierzulande aus. Die Frage nach der Schuld der Deutschen war mit solcher Erkenntnis gerichtet auf einen sehr weit verbreiteten Antisemitismus, von dem sich und andere freizusprechen so einfach nicht mehr war.

heute muss, will man dem rechtsextremen, fremdenfeindlichen Terror wirklich an die Wurzeln gehen, der alltägliche Rassismus, muss die Fremdenfeindlichkeit in der Mitte der Gesellschaft thematisiert und problematisiert werden.

Es ist vor allem die Ideologie der Ungleichheit mit ihren impliziten rassistisch-völkischen Diskriminierungen und Denkfiguren, die die rechtsextreme Ideologie anschlussfähig macht an einen weit verbreiteten „Alltagsdiskurs" mit seiner fremdenfeindlichen Ausgrenzungsideologie. Das ist angesichts der in der Tat vor allem von jungen Männern verübten rechtsextremen Gewalt der wirklich beunruhigende Befund: dass sich die jugendlichen Gewalttäter auf das berufen können, was Alphons Silbermann und Francis Hüsers den ganz „normalen" Fremdenhass[1] genannt haben. Problematisch und für die politische Bildung von besonderer Bedeutung ist also die gesellschaftliche Mitte, deren fremdenfeindliche Einstellungen das ideologische Umfeld des Rechtsextremismus ausmachen.

Analysiert man die Beiträge in der öffentlichen Diskussion um rechtsextreme Gewalt ein wenig genauer, dann tauchen immer wieder ähnliche Argumentationsmuster und Elemente auf. Rechtsextremismus und Fremdenfeindlichkeit, so gewinnt man nicht selten den Eindruck, sind vor allem ein Problem des *Ostens* unserer Republik, ein Problem der *Jugend* und der *Männer*, ein Problem der *Rechtsaußen-Parteien* und ihrer Wähler, eine Folge auch von *„schlechten Erfahrungen"* (Ausländer als Konkurrenten um Wohnung und Arbeitsplatz), ein Problem nicht zuletzt von *Arbeitslosen*. Wir haben in Essen eine empirische Studie zur Fremdenfeindlichkeit durchgeführt und unter dem Titel „Der unbequeme Fremde"[2] veröffentlicht. Wir haben uns mit den gängigen Erklärungsmustern auseinander gesetzt und überprüft, ob diese Erklärungen zutreffen. Ich kann das Ergebnis vorwegnehmen: Sie stimmen an kaum einem Punkt und sie stimmen schon gar nicht als jeweils ausschließliche Erklärungsansätze. Es gibt eine Vielzahl von Motiven für fremdenfeindliche Orientierungen und es gibt eine Vielzahl von Gruppen, die für fremdenfeindliche Vorurteile anfällig sind. Die „Partei" der Fremdenfeinde ist gewisser-

---

1 Alphons Silbermann/Francis Hüsers: Der „normale" Haß auf die Fremden. Eine sozialwissenschaftliche Studie zu Ausmaß und Hintergründen von Fremdenfeindlichkeit in Deutschland, München 1995.

2 Klaus Ahlheim/Bardo Heger: Der unbequeme Fremde. Fremdenfeindlichkeit in Deutschland – empirische Befunde, 2. Aufl., Schwalbach/Ts. 2000.

maßen eine große Volkspartei, in der sich alle Gruppierungen, alle Glaubensrichtungen, alle Parteien, auch manche Gewerkschafter, wiederfinden. Ich will das an wesentlichen Ergebnissen unserer Studie demonstrieren und am Ende dann einige Befunde herausgreifen, die unmittelbar mit Schule, Erziehung und politischer Bildung zu tun haben.

Unsere Studie basiert auf einer Sekundäranalyse mehrerer repräsentativer Datensätze, die zwischen 1980 und 1998 erhoben wurden. Unsere wichtigste Datenquelle war die „Allgemeine Bevölkerungsumfrage der Sozialwissenschaften" („ALLBUS")[1] aus dem Jahr 1996, eine mit fast 2200 Befragten ab 18 Jahren im Westen und gut 1100 im Osten der Republik sehr solide Datenbasis. Bei den Erziehungsfragen haben wir außerdem auf eine Befragung von etwa 900 west- und ostdeutschen Schülerinnen und Schülern im Alter von 14 bis 19 Jahren zurückgegriffen, die Gerda Lederer in den Jahren 1990 und 1991 durchgeführt hat.[2]

Die ALLBUS-Erhebung von 1996 enthielt mehr als 70 Fragen zum Themenschwerpunkt „Einstellungen zu ethnischen Minderheiten in Deutschland". Wir haben 16 davon anhand inhaltlicher und statistischer Kriterien ausgewählt und zu einer Skala „Fremdenfeindlichkeit" zusammengestellt. Die Zustimmungsquoten in den alten und neuen Bundesländern dokumentiert die Tabelle 1. Die meisten Aussagen – darunter die mittlerweile schon „klassischen" Vorurteile, Ausländer seien eine Belastung für das soziale Netz, nähmen den Deutschen die Wohnungen und die Arbeitsplätze weg und seien besonders kriminell – erreichen Zustimmungsquoten von mehr als 30 Prozent. Man sieht übrigens auch, dass fremdenfeindliche Einstellungen in den neuen Bundesländern in der Tat weiter verbreitet sind als im Westen der Republik. Bei fast allen Items ist die Zustimmung in den neuen Bundesländern größer. Gleichwohl kann man angesichts der Zustimmungsquoten bei den West-Befragten kaum behaupten, Fremdenfeindlichkeit sei ein spezifisches Problem des Ostens. Besonders gravierend fallen die Ost-West-Unterschiede bei all jenen Aussagen aus, die direkt oder indirekt den Bezug zum Arbeitsplatzproblem erkennen lassen, und es sicher kein Zufall, dass allein das Item zum

---

1 Die „Allgemeine Bevölkerungsumfrage der Sozialwissenschaften" wird seit 1980 in zweijährigem Turnus vom Zentrum für Umfragen, Methoden und Analysen e.V. in Mannheim (ZUMA) und vom Zentralarchiv für Empirische Sozialforschung in Köln durchgeführt. Die Daten sind beim Zentralarchiv für Empirische Sozialforschung erhältlich.

2 Vgl. Gerda Lederer/Peter Schmidt (Hrsg.): Autoritarismus und Gesellschaft, Opladen 1995.

Tabelle 1

Skala „Fremdenfeindlichkeit“

	Zustimmung in %	
	West	Ost
Die in Deutschland lebenden Ausländer sollten ihren Lebensstil ein bisschen besser an den der Deutschen anpassen.	59	61
Wenn Arbeitsplätze knapp werden, sollte man die in Deutschland lebenden Ausländer wieder in ihre Heimat zurückschicken.	25	41
Man sollte den in Deutschland lebenden Ausländern jede politische Betätigung in Deutschland untersagen.	36	37
Die in Deutschland lebenden Ausländer sollten sich ihre Ehepartner unter ihren eigenen Landsleuten auswählen.	20	29
Der Zuzug von Asylsuchenden soll völlig unterbunden werden.	21	21
Der Zuzug von Arbeitnehmern aus der Europäischen Union (EU-Staaten) soll völlig unterbunden werden.	12	37
Der Zuzug von Arbeitnehmern aus Nicht-EU-Staaten, z.B. Türken, soll völlig unterbunden werden.	31	48
Durch die vielen Ausländer in Deutschland fühlt man sich zunehmend als Fremder im eigenen Land.	29	29
Die in Deutschland lebenden Ausländer sind eine Belastung für das soziale Netz.	39	53
Ihre Anwesenheit in Deutschland führt zu Problemen auf dem Wohnungsmarkt.	47	41
Sie nehmen den Deutschen Arbeitsplätze weg.	31	56
Sie begehen häufiger Straftaten als die Deutschen.	38	50
Ich finde es in Ordnung, wenn Eltern ihrer 17jährigen Tochter die Freundschaft mit einem türkischen Jugendlichen verbieten.	31	38
Ich finde es in Ordnung, wenn ein Unternehmer, der Personal abbauen muss, zuerst die ausländischen Arbeitnehmer entlässt.	24	40
Ein Asylbewerber wäre mir als Nachbar unangenehm.	49	48
Ein Türke wäre mir als Nachbar unangenehm.	33	43

Wohnungsmarkt – eben eher ein Problem im Westen – in den alten Bundesländern auf größere Zustimmung trifft als in den neuen. Soziale Konflikte werden ganz offensichtlich – das ist ein zentraler Befund – ethnisiert, und das gilt für viele Gruppen, nicht nur, wie die öffentliche Debatte oft glauben macht, für die, die wirklich arbeitslos sind. Ich werde auf dieses Problem im Folgenden noch eingehen.

Wir haben dann eine Entscheidung gefällt, über die man diskutieren könnte, die aber, wie wir meinen, etwas Plausibles hat: Wir sprechen erst dann von Fremdenfeindlichkeit, wenn jemand *mindestens der Hälfte* der Aussagen zugestimmt hat – und das waren im Westen immerhin 27 Prozent, im Osten sogar 41 Prozent der Befragten. 27 Prozent der Personen in den alten und 41 Prozent in den neuen Bundesländern sind also – so, wie wir es „gemessen" haben – fremdenfeindlich eingestellt. Schon dieser „Grundbefund" macht deutlich, dass fremdenfeindliche Orientierungen hierzulande nicht nur bei isolierten Randgruppen, sondern auch in der Mitte der Gesellschaft anzutreffen sind. Wir haben den Befund weiter differenziert, u.a. nach Alter, Geschlecht und Parteienpräferenz, und wir haben zwei gängige Erklärungsmuster überprüft: dass nämlich Fremdenfeindlichkeit vor allem mit Arbeitslosigkeit zu tun habe und zudem auf „schlechten Erfahrungen" mit Ausländern beruhe.

Zunächst zur Frage, ob es vor allem die Jüngeren sind, die zu fremdenfeindlichen Einstellungen neigen. Wir haben dafür die Befragten in sieben Altersgruppen eingeteilt und für jede Gruppe – getrennt nach West und Ost – den Anteil der fremdenfeindlich eingestellten Personen bestimmt, der Personen also, die mindestens der Hälfte der 16 Aussagen unserer Fremdenfeindlichkeitsskala zustimmen. Das eindeutige Ergebnis zeigt die Abbildung 1. Anders als fremdenfeindliche *Gewalttaten* sind fremdenfeindliche *Einstellungen* alles andere als ein Problem der jungen Leute. Im Gegenteil nimmt die Fremdenfeindlichkeit – im Osten wie im Westen – von der ältesten zur jüngsten Altersgruppe stetig ab. Dieser Befund gibt zunächst Anlass zu vorsichtigem Optimismus, lässt er doch auf eine langfristige Liberalisierung des Meinungsklimas hierzulande hoffen, auf einen Rückgang der Fremdenfeindlichkeit gewissermaßen von Generation zu Generation. Es gibt allerdings einige aktuelle empirische Hinweise darauf, dass fremdenfeindliche Einstellungen inzwischen gerade unter den Jüngeren wieder zunehmen. So sind nach den Ergebnissen der jüngsten NRW-Jugendstudie zu „Rechtsextremismus und Gewalt" die Einstellungen der Jugendlichen zu Ausländern in den letzten Jahren „rigi-

Abbildung 1

Alter und Fremdenfeindlichkeit

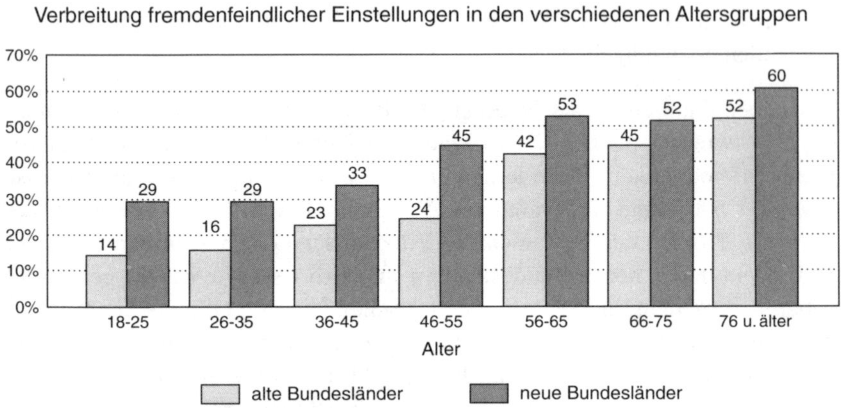

der" geworden.[1] Meinten etwa von den befragten Jugendlichen 1993 schon 63 Prozent, wenn „Ausländer hier leben wollen, dann müssen sie sich mehr anpassen", waren es im Jahr 2000 72 Prozent; die Zustimmung zu der Aussage „Mich stören die vielen Ausländer" stieg von 24 auf 30 Prozent, und auch die Forderung „Deutsche Frauen sollten keinen Ausländer heiraten" traf im Jahr 2000 auf größere Resonanz (29 Prozent Zustimmung) als noch 1993 (21 Prozent).[2] Nicht zuletzt aufgrund solcher Befunde haben wir in den inzwischen veröffentlichten Daten der ALLBUS-Erhebung des Jahres 2000 einmal nachgesehen, ob sich hier ähnliche Entwicklungen abzeichnen. Die ersten sieben Items unserer Fremdenfeindlichkeitsskala (vgl. Tabelle 1) waren nämlich auch in der 2000er ALLBUS-Umfrage enthalten, so dass wir aus diesen sieben Items für beide Jahre eine „Kurzskala" (die freilich weniger zuverlässig ist als die „Langfassung") bilden und die Ergebnisse von 1996 und 2000 vergleichen konnten. Als „fremdenfeindlich" haben wir hier eine Zustimmung zu mindestens vier Aussagen gewertet. Wie die Abbildung 2 zeigt, fällt der

1 Vgl. Ministerium für Frauen, Jugend, Familie und Gesundheit des Landes Nordrhein-Westfalen (Hrsg.): Rechtsextremismus und Gewalt. Ergebnisse einer Repräsentativbefragung bei Jugendlichen, Düsseldorf 2001, S. XVI f.

2 Vgl. ebd. S. 156 f.

Abbildung 2

Alter und Fremdenfeindlichkeit 1996 und 2000

Verbreitung fremdenfeindlicher Einstellungen in den verschiedenen Altersgruppen

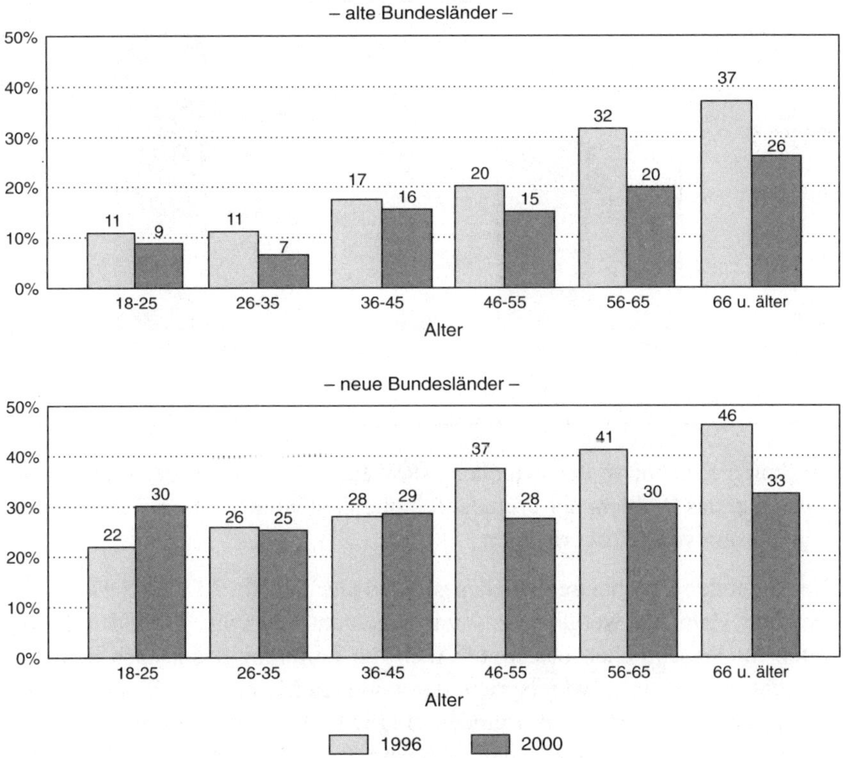

Trend in Ost und West recht unterschiedlich aus. Während die Fremdenfeindlichkeit im Westen in allen Altersgruppen – mehr oder weniger deutlich – zurückgeht und das „Altersgefälle" insgesamt erhalten bleibt, gleichen sich die Einstellungen im Osten an, bei den Älteren nimmt die Fremdenfeindlichkeit ab, bei den Jüngeren zu. Insgesamt machen die Ergebnisse zweierlei deutlich: Fremdenfeindliche Einstellungen sind nach wie vor kein „Jugendproblem". Zugleich warnen unsere Befunde für die neuen Bundesländer ebenso wie die

Abbildung 3

Geschlecht und Fremdenfeindlichkeit

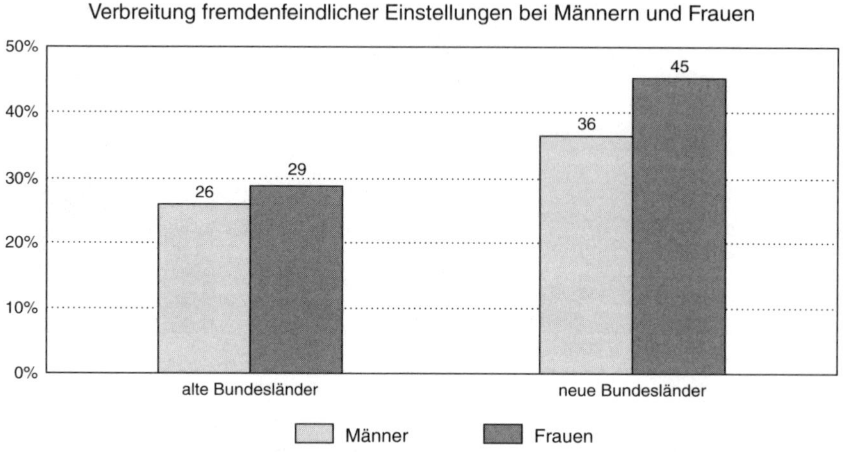

erwähnten Ergebnisse der aktuellen NRW-Jugendstudie vor der trügerischen Hoffnung, das Problem der Fremdenfeindlichkeit werde sich im Lauf der Jahre gleichsam von selbst erledigen.

Die folgenden Ergebnisse beziehen sich wieder auf die ALLBUS-Daten aus dem Jahr 1996. Sie werden aber – wir haben das überprüft – von den 2000er Daten im Wesentlichen bestätigt.[1] Auch die Differenzierung nach dem Geschlecht der Befragten widerspricht der gängigen Meinung. Zumindest in den neuen Bundesländern sind fremdenfeindliche Einstellungen unter Frauen häufiger anzutreffen als bei den Männern (vgl. Abbildung 3). Der Anteil fremdenfeindlich eingestellter Personen fällt bei den Frauen im Osten mit 45 Prozent signifikant höher aus als bei den Männern (36 Prozent). Im Westen zeigt sich nur ein geringer, statistisch nicht signifikanter Unterschied, der

1 Gegenüber den etwas aktuelleren Daten aus dem Jahr 2000 hat die 1996er ALLBUS-Erhebung für die folgende Analyse zwei wichtige Vorteile. Zum einen enthält die 2000er Erhebung weniger Fragen zum Thema Fremdenfeindlichkeit, so dass hier nur eine weniger zuverlässige „Kurzskala" konstruiert werden kann; zum anderen wurden gerade diese Fragen nur einem Teil der Befragten gestellt („Fragebogensplit"), wodurch die zum Thema Fremdenfeindlichkeit auswertbare Stichprobe nur 2053 Personen (gegenüber 3290 im Jahr 1996) umfasst.

Abbildung 4

Sind die Wähler der „Republikaner" fremdenfeindlich?

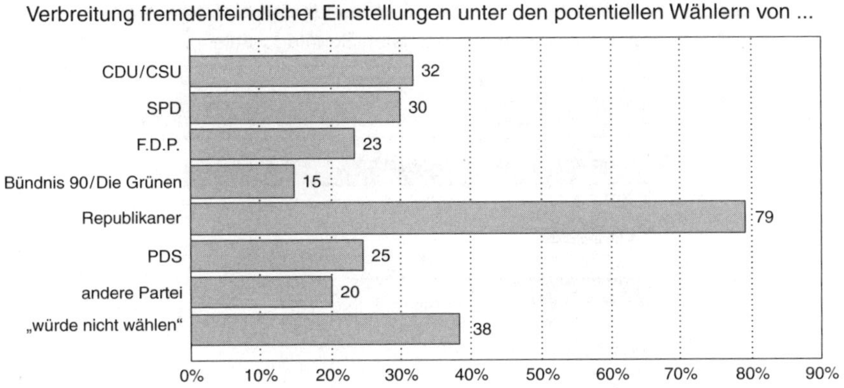

allerdings in dieselbe Richtung weist. Hier neigen 29 Prozent der Frauen und 26 Prozent der Männer zu fremdenfeindlichen Einstellungen.

Der nächste Befund greift die Frage auf, ob Fremdenfeindlichkeit – und das inzwischen beim Bundesverfassungsgericht anhängige NPD-Verbotsverfahren signalisiert das ja – vor allem und vorab ein Problem rechtsextremer Parteien ist. Wir haben das am Beispiel der „Republikaner" untersucht, da die anderen Rechtsaußen-Parteien in den ALLBUS-Daten nicht extra ausgewiesen werden. Der Befund dürfte aber – wie andere Studien zeigen[1] – für NPD und DVU ganz ähnlich ausfallen. Wir haben untersucht, ob die (potentiellen) Wähler der Republikaner besonders fremdenfeindlich sind – und dieser Verdacht hat sich zunächst bestätigt (vgl. Abbildung 4). Der Anteil fremdenfeindlich eingestellter Personen ist unter den potentiellen „Rep"-Wählern mit 79 Prozent weit größer als bei den Anhängern der anderen Parteien (zwischen 15 Prozent bei den Wählern von Bündnis 90/Die Grünen und 32 Prozent bei den CDU-Wählern). Dieses Ergebnis belegt übrigens einmal mehr, dass es

1 Nach den Analysen von Jürgen W. Falter etwa zeigen sich in Umfragen und amtlichen Statistiken nur geringe weltanschauliche, demographische und sozialstrukturelle Unterschiede zwischen den Wählern etwa von DVU und „Republikanern" (vgl. Jürgen W. Falter: Wer wählt rechts?, München 1994, S. 10 f.).

Abbildung 5

Wählen „Fremdenfeinde" die Republikaner?

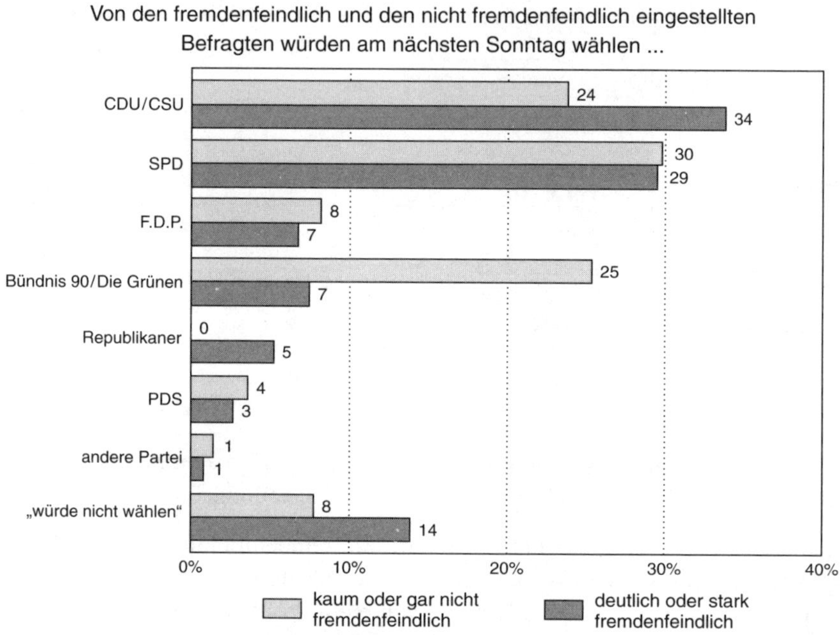

sich bei den „Rep"-Wählern – wie bei den Wählern anderer rechtsextremer Parteien auch – eben nicht um reine „Protestwähler" handelt, die mit ihrer Stimme für die Rechtspartei den etablierten Parteien einen „Denkzettel" verpassen wollte, ohne von den rechten, fremdenfeindlichen Parolen der gewählten Partei wirklich überzeugt zu sein.

Ist Fremdenfeindlichkeit damit aber auch ein Problem vor allem am rechten Rand der Gesellschaft? Wir haben die Fragestellung umgedreht und nun nicht mehr nach der Verbreitung fremdenfeindlicher Einstellungen unter den Wählern einzelner Parteien gefragt, sondern untersucht, welche Partei die Befragten mit fremdenfeindlicher Einstellung wählen würden, „wenn am nächsten Sonntag Wahlen wären". Zum Vergleich haben wir dieser Gruppe in der Abbildung 5 die Befragten gegenübergestellt, die „gar nicht" oder „kaum" fremdenfeindlich eingestellt sind[1]. Die Abbildung widerlegt zunächst noch einmal eindeutig die Protestwahl-Hypothese: Von den Befragten, die gegen die fremdenfeindlichen Parolen der rechtsextremen Parteien weitgehend immun sind, würde nicht einer die „Republikaner" wählen. Käme es dagegen nur auf die Stimmen der fremdenfeindlich eingestellten Befragten an, würden die „Republikaner" die Fünf-Prozent-Hürde überspringen. Gleichwohl machen die potentiellen „Rep"-Wähler auch unter den Befragten mit fremdenfeindlicher Orientierung bei weitem nicht die Mehrheit aus. Vielmehr würde die Mehrheit der fremdenfeindlich eingestellten Befragten eine der „großen Volksparteien" wählen, 34 Prozent die CDU/CSU und 29 Prozent die SPD. Der Befund ist eindeutig: Fremdenfeindliche Einstellungen sind nicht nur am rechten Rand der Wählerschaft verbreitet, sie reichen weit hinein in die Mitte der Gesellschaft.

Wir haben dieses Auswertungsschema noch bei einer weiteren Frage angewandt, die in der politischen und auch in der wissenschaftlichen Debatte eine zentrale Rolle spielt. Vor allem in politischen Reden aller Parteien hört man immer wieder – und manche meiner Kollegen nehmen das auch in der wissenschaftlichen Debatte so auf – man müsse die Arbeitslosigkeit abschaffen, dann werde sich auch das Problem der Fremdenfeindlichkeit und des Rechtsextremismus erledigen. Wir haben also zunächst gefragt: Macht Arbeitslosigkeit fremdenfeindlich? Dabei haben wir nicht nur die Auswirkung aktueller Arbeitslosigkeit untersucht, sondern die Befragten im „Erwerbsalter" (bis 65 Jahre) in insgesamt vier Gruppen aufgeteilt, die in unterschiedlicher Weise vom Problem der Arbeitslosigkeit betroffen sind: (1) Personen, die zum Zeitpunkt der Befragung arbeitslos waren; (2) Befragte, die den Verlust des Arbeitsplatzes befürchteten; (3) Befragte, die früher einmal arbeitslos waren; (4) alle übrigen Befragten, Personen also, die Arbeitslosigkeit weder erfahren hatten noch für die Zukunft befürchteten. Berechnet man für jede dieser Gruppen den Anteil fremdenfeindlich eingestellter Personen, dann wird deutlich, dass (drohende) Arbeitslosigkeit die Neigung zu fremdenfeindlichen Orientierungen durchaus begünstigt. Immerhin 53 Prozent der Arbeitslosen im Osten und 37 Prozent im Westen haben eine fremdenfeindliche Einstellung (vgl. Abbildung 6). Diese Anteile liegen deutlich über denen jener Befragten, die noch nie arbeitslos waren und auch aktuell keine Arbeitslosigkeit befürchten. Und schon die Furcht vor Arbeitslosigkeit wirkt sich aus, vor

1 Das sind jene Befragten, die höchstens drei Items der „Fremdenfeindlichkeitsskala" zustimmen.

Abbildung 6

Arbeitslosigkeit und Fremdenfeindlichkeit

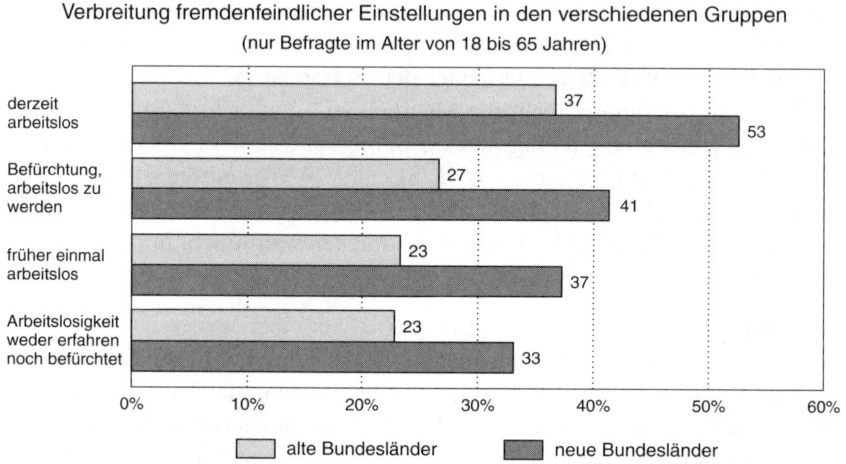

allem wieder in den neuen Bundesländern, wo 41 Prozent derer, die um ihren Arbeitsplatz fürchten, fremdenfeindlich eingestellt sind. Man kann also durchaus sagen, dass Arbeitslosigkeit fremdenfeindliche Einstellungen zumindest aktualisiert und verstärkt. Gleichwohl ist Fremdenfeindlichkeit damit keineswegs nur ein Problem der Arbeitslosen. Wechselt man auch hier, wie schon bei der Parteienpräferenz, noch einmal die Blickrichtung und untersucht, wie viele der fremdenfeindlich eingestellten Personen denn tatsächlich von Arbeitslosigkeit betroffen sind, erhält man das in Abbildung 7 vorgestellte Ergebnis: Ein großer Teil der fremdenfeindlich eingestellten Befragten im Osten (40 Prozent) und die überwiegende Mehrheit fremdenfeindlicher Personen im Westen (72 Prozent) waren noch nie arbeitslos oder von Arbeitslosigkeit bedroht. Fremdenfeindliche Orientierungen, so kann man folgern, werden zwar *auch* durch Arbeitslosigkeit und die Furcht vor ihr begünstigt, gefördert, aktualisiert. Wo die Welt in Ordnung ist oder zumindest scheint, braucht man die Sündenböcke ja erst gar nicht. Von Arbeitslosigkeit *verursacht* aber wird Fremdenfeindlichkeit so eindeutig, wie es das gängige Erklärungsmuster meint, eben nicht.

Abbildung 7

Sind „Fremdenfeinde" arbeitslos?

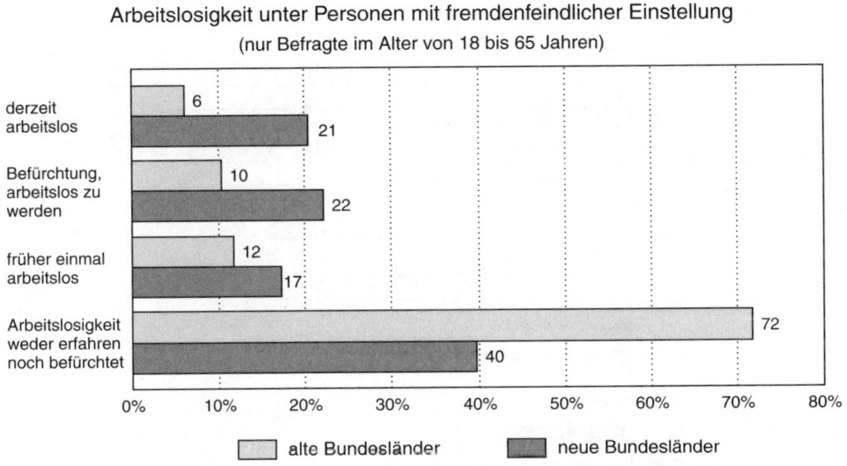

Es gibt noch ein zweites Argument, das in der Debatte recht häufig – auch von Politikern – vorgebracht wird, um fremdenfeindlichen „Unmut" in der Bevölkerung zu erklären. „Haben Sie", so wird dann argumentiert, „schon einmal erlebt, wenn eine deutsche Familie eine Wohnung sucht, und die ist gerade an Ausländer vergeben worden?" Wir sind dieser Erklärung, Fremdenfeindlichkeit resultiere wesentlich aus „schlechten Erfahrungen" mit Ausländern, an einem ganz einfachen Punkt nachgegangen und haben die Ausländeranteile in den einzelnen Bundesländern verglichen mit dem jeweiligem Anteil fremdenfeindlich eingestellter Personen. Denn das angeführte Erklärungsmuster setzt ja voraus, dass es überhaupt genug Ausländer gibt, mit denen man „schlechte Erfahrungen" machen könnte. Das Ergebnis ist frappierend (vgl. Abbildung 8): Gerade in den Bundesländern, in denen kaum Ausländer leben, sind fremdenfeindliche Einstellungen besonders ausgeprägt. So fällt in den neuen Bundesländern der Ausländeranteil an der Bevölkerung – mit Quoten zwischen 1,2 Prozent in Thüringen und 2,4 Prozent in Brandenburg – erheblich geringer aus als in den alten. Dennoch sind fremdenfeindliche Einstellungen im Osten der Republik besonders weit verbreitet. Umge-

Abbildung 8

Fremdenfeindlichkeit braucht keine Ausländer

Verbreitung fremdenfeindlicher Einstellungen
und Ausländeranteile in den Bundesländern

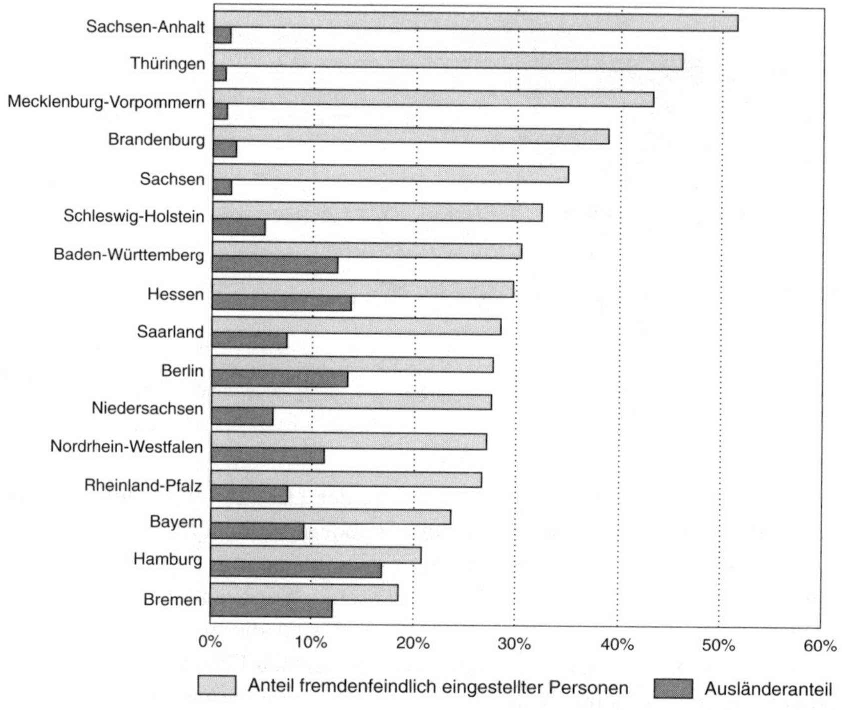

kehrt gehört etwa das Land Hamburg, das mit 16,9 Prozent den bundesweit höchsten Ausländeranteil aufweist, zu den Bundesländern mit der geringsten Fremdenfeindlichkeit. Ganz ähnlich fällt der Befund übrigens auf der Ebene der Landkreise und kreisfreien Städte aus: Vor allem in den neuen Bundesländern sind fremdenfeindliche Einstellungen umso weiter verbreitet, je *weniger* Ausländer im jeweiligen Kreisgebiet wohnen.[1]

1 Vgl. Klaus Ahlheim/Bardo Heger: Der unbequeme Fremde, S. 30 f.

Man könnte aus diesen Befunden einige pädagogisch-politische Schlüsse ziehen, was zu tun wäre, um Fremdenfeindlichkeit abzubauen, gewinnt man doch den Eindruck, die besonders hohe Fremdenfeindlichkeit im Osten könnte auch damit zusammenhängen, dass in den neuen Bundesländern nicht etwa zu viele, sondern im Gegenteil zu wenige Ausländer leben. Diese These ist nur auf den ersten Blick paradox. Denn einerseits fällt es dem Vorurteilsvollen umso leichter, sein Vorurteil aufrechtzuerhalten, je weniger er mit dem Opfer seiner Vorurteile wirklich zu tun hat. Andererseits könnte die geringe Ausländerquote in weiten Teilen der neuen Bundesländer bei manchem die abstruse Illusion nähren, das von rechtsextremen Gruppen propagierte Programm der von Ausländern „befreiten Zonen“[1] könnte Aussicht auf „Erfolg“ haben. Eines zumindest wird deutlich: Fremdenfeindlichkeit braucht keine Ausländer. Alle Erklärungsversuche, die die Fremdenfeindlichkeit hierzulande mit einer wachsenden „Belastung“ durch Migranten in Verbindung bringen wollen, laufen angesichts solcher Befunde ins Leere.

Fremdenfeindliche Einstellungen und Vorurteile, auf die sich rechtsextreme Gewalttäter immer wieder legitimierend berufen, sind – das habe ich bislang empirisch belegen und begründen können – kein Problem von gesellschaftlichen Randgruppen und Minderheiten, sie sind vielmehr in der Mitte der Gesellschaft etabliert. Der ganz „normale Fremdenhass“ macht einen wichtigen Teil des ideologischen Umfelds aus, das den Rechtsextremismus stärkt und Rechtsextreme bisweilen auch ermutigt, ermuntert, zumindest „sicherer“ macht.

Dass (ehemals) rechtsextreme Parolen und typisches „Inventar“ rechtsextremer Propaganda ihrerseits – bis zur Mehrheitsfähigkeit – die Mitte erobern können, zeigt ein Topos, der noch vor wenigen Jahren typisch war für rechtsextremes Vokabular und Denken, inzwischen aber längst den Status des ganz und gar Normalen erreicht hat. Es ist der Satz „Ich bin stolz, ein Deutscher zu sein“. Lange Zeit vor allem trotziges Erkennungszeichen auf den T-Shirts rechter Skinheads, trifft er inzwischen längst beim Großteil der Deutschen auf Zustimmung – Tendenz steigend: Bekundeten schon in der ALLBUS-Erhebung des Jahres 1996 63 Prozent der Befragten, sie seien „sehr“ oder doch „ziemlich stolz“, Deutsche zu sein, waren es vier Jahre später 73 Pro-

1 Vgl. dazu Ullrich Fichtner: Hitlergrüße hinter der Maske der Biedermänner, in: „Frankfurter Rundschau“ vom 26.2.1997, S. 3.

Tabelle 2

Stolz, ein Deutscher zu sein

„Würden Sie sagen, dass Sie: sehr stolz, ziemlich stolz, nicht sehr stolz oder überhaupt nicht stolz darauf sind, ein(e) Deutsche(r) zu sein?"

	sehr stolz	ziemlich stolz	nicht sehr stolz	überhaupt nicht stolz
1996	19%	44%	23%	14%
1998	18%	52%	22%	8%
2000	24%	49%	20%	8%

zent (vgl. Tabelle 2). Unter Jugendlichen ist der Nationalstolz, wie die schon erwähnte Befragung in Nordrhein-Westfalen aus dem Jahr 2000 ergab, zwar (noch) deutlich schwächer ausgeprägt, aber auch hier ist in den letzten Jahren ein gravierender Anstieg festzustellen: Der Anteil der 14- bis 25-Jährigen, die „stolz" oder „sehr stolz" sind, Deutsche zu sein, stieg zwischen 1993 und 2000 von 29 auf 47 Prozent.[1]

Nun enthält die Betonung des „Wir", die Hervorhebung der „Gruppe", in die man – ja wohl eher zufällig – hineingeboren ist, stets auch ein starkes Moment der Ab-, sogar der Ausgrenzung. Es ist deshalb kaum überraschend, dass sich der neue nationale Stolz in signifikanter Weise mit fremdenfeindlicher Einstellung verbindet (vgl. Abbildung 9). Von jenen Befragten der 96er ALLBUS-Erhebung, die „sehr stolz" darauf sind, Deutsche zu sein, sind 45 Prozent, also beinahe die Hälfte, fremdenfeindlich eingestellt, gegenüber 14 Prozent unter denen, die auf ihr Deutsch-Sein „überhaupt nicht stolz" sind. Auch antisemitische Einstellungen – ein weiteres zentrales Element rechtsextremer Ideologie – korrelieren übrigens signifikant mit dem Natio-

1 Vgl. Ministerium für Frauen, Jugend, Familie und Gesundheit des Landes Nordrhein-Westfalen (Hrsg.): Rechtsextremismus und Gewalt, S. 148.

Auch unter Studierenden ist, wie eine Befragung ergab, die wir an der Universität Essen durchgeführt haben, der Wunsch nach einem neuen nationalen Selbstbewusstsein inzwischen weit verbreitet. 39 Prozent der befragten Studentinnen und Studenten halten die „Stärkung der deutschen Identität" für ein wichtiges politisches Ziel – weit mehr als in früheren Befragungen unter Studierenden – und sogar 61 Prozent meinen, die Deutschen sollten „endlich wieder ein gesundes Nationalbewusstsein entwickeln" (vgl. Klaus Ahlheim/Bardo Heger: Die unbequeme Vergangenheit. NS-Vergangenheit, Holocaust und die Schwierigkeiten des Erinnerns, Schwalbach/Ts. 2002, S. 40 ff.).

Abbildung 9

Nationalstolz und Fremdenfeindlichkeit

Verbreitung fremdenfeindlicher Einstellungen unter Befragten, die die Frage, wie stolz sie darauf sind, Deutsche zu sein, beantworten mit ...

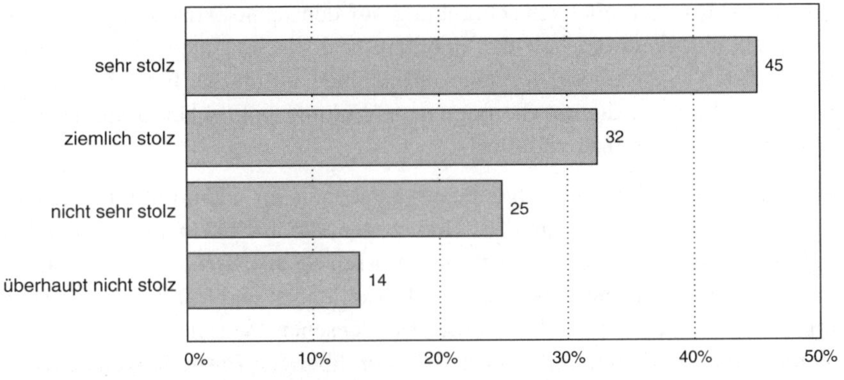

nalstolz. So wäre es 17 Prozent der „sehr stolzen" Befragten unangenehm, einen Juden als Nachbarn zu haben, 32 Prozent meinen, Juden hätten „auf der Welt zuviel Einfluss", und 56 Prozent unterstellen den Juden, sie versuchten, „aus der Vergangenheit des Dritten Reiches heute ihren Vorteil zu ziehen und die Deutschen dafür zahlen zu lassen". Unter den Befragten, die auf ihre Nationalität „überhaupt nicht stolz" sind, fallen die Anteile jeweils weit niedriger aus (3, 16 und 36 Prozent).[1]

1 Auch diesen Zusammenhang haben wir in unserer Befragung unter Studierenden detaillierter untersucht. Dabei wurde deutlich, dass die „traditionellen" antijüdischen Vorurteile (etwa die Behauptung, Juden hätten „nur Geschäfte im Kopf") von Studierenden fast einstimmig zurückgewiesen werden. Bei fast einem Viertel der Studierenden findet allerdings eine neue, „moderne" Form des Antisemitismus Anklang, die Thema und Dynamik aus dem problematischen Umgang mit der NS-Vergangenheit und dem Holocaust gewinnt, die sich an der „Schuldfrage" festmacht und an der für viele Deutsche ganz und gar nicht bequemen Erinnerungsarbeit und -„leistung". Auch unter Studierenden ist der Wunsch weit verbreitet, endlich einen „Schlussstrich" unter die nationalsozialistische Vergangenheit zu ziehen (36 Prozent stimmten dieser Forderung zu), endlich ein „normales Volk" zu sein, das auch wieder ein „gesundes Nationalbewusstsein" entwickeln darf. Und in solchem Streben fühlt man sich durch die Erinnerung an den Holocaust von „den Juden" gestört, belästigt, behindert, wähnt sich gar selbst dauerhaft verfolgt und reagiert darauf mit antijüdischem Affekt. (vgl. Klaus Ahlheim/ Bardo Heger: Die unbequeme Vergangenheit, insbes. S. 48 ff.).

So bedenklich nun freilich politisch-gesellschaftlich die Tatsache auch sein mag, dass das ideologische Umfeld des Rechtsextremismus, zumindest in wichtigen Elementen, bis in die gesellschaftliche Mitte reicht, so „ermutigend“ – das mag zunächst paradox klingen – ist solcher Befund für jeden Versuch des pädagogischen Handelns, der über Ansätze der – durchaus nötigen – Sozialarbeit hinausreicht. Gibt man nämlich die im pädagogisch-politischen Diskurs verbreitete Beschränkung auf den rechtsextremen, gewalttätigen Rand auf, dann ergeben sich durchaus realistische Perspektiven für pädagogisches Gegensteuern, für eine aufklärende politische Jugend- und Erwachsenenbildung, die um die begrenzte Wirkung politischer Bildung weiß, ohne der Resignation zu verfallen.

Politischer Unterricht in der Schule etwa hat es ja vor allem mit jener großen Gruppe von Schülerinnen und Schülern zu tun, die noch keinem ganz und gar gefestigten Weltbild, auch keinem geschlossen rechtsextremen anhängen, die vielmehr – ihrer Lebensphase gemäß – Einstellungen und Haltungen erst noch erproben und deshalb stärker als die Erwachsenen zwischen rigiden Denkstereotypen und flexibleren, vorurteilsfreien, liberalen Einstellungen schwanken, deren Selbstideal also demokratische Züge mit umfasst, aber Vorurteilsfreiheit nicht garantiert. Eine politische Bildung, die durch die Vermittlung politischen Wissens eine als bedrohlich und unüberschaubar erlebte Wirklichkeit analysiert und strukturiert, die ideologiekritisch Wirklichkeitsverklärungen und -verfälschungen entgegenarbeitet, macht tendenziell den Rückgriff auf Vorurteile überflüssig, wehrt schließlich dem bequemen (Nicht-) Denken, das ohne Stereotype und Schwarz-Weiß-Malerei nicht auskommt.

Der Bedeutung von Bildung und Erziehung für die Bereitschaft zu fremdenfeindlichen Vorurteilen sind wir in unserer Fremdenfeindlichkeitsstudie am Ende ausführlicher nachgegangen. Ich will die Ergebnisse abschließend kurz referieren. Der erste Befund bestätigt einen Zusammenhang, der sich schon in zahlreichen früheren Untersuchungen regelmäßig zeigte[1]: Mit höherer formaler Schulbildung sinkt die Neigung zu fremdenfeindlichen Orientierungen.

---

1 Vgl. etwa Alphons Silbermann/Francis Hüsers: Der „normale“ Haß auf die Fremden, S. 49 f.; vgl. auch die bei Wulf Hopf (Familiale und schulische Bedingungen rechtsextremer Orientierungen von Jugendlichen, in: Zeitschrift für Sozialisationsforschung und Erziehungssoziologie, Heft 1/1991, S. 43-59, hier S. 56 f.) und Albert Scherr (Soziale Identitäten Jugendlicher, Opladen 1995, S. 45) erwähnten Studien sowie die zusammenfassenden Befunde bei Kai Uwe Schnabel (Ausländerfeindlichkeit bei Jugendlichen in Deutschland, in: Zeitschrift für Pädagogik, Heft 5/1993, S. 799-822, hier S. 818).

Abbildung 10

Schulbildung und Fremdenfeindlichkeit

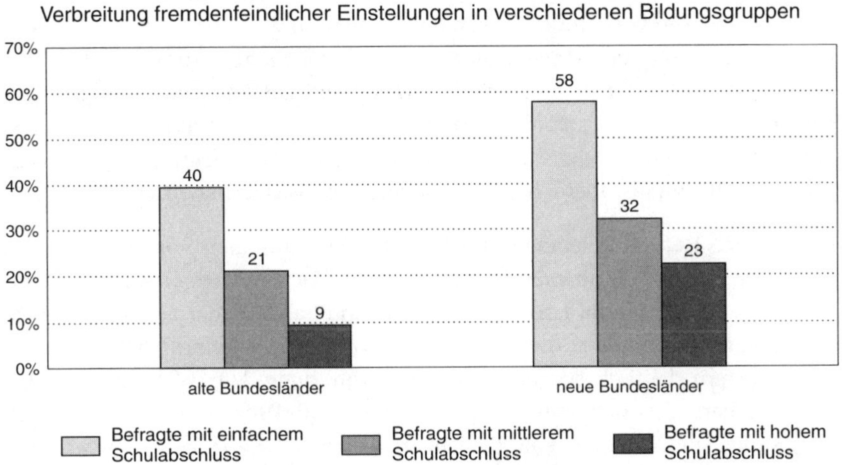

In den alten Bundesländern fällt der Anteil fremdenfeindlicher Personen von 40 Prozent in der Gruppe der Befragten mit einfacher Schulbildung auf 9 Prozent unter den Befragten mit hohem Schulabschluss, in den neuen Bundesländern von 58 auf 23 Prozent (vgl. Abbildung 10).

Für diesen immer wieder erhobenen Zusammenhang bieten sich mindestens zwei Erklärungen an, die vermutlich beide bis zu einem gewissen Grad zutreffen. Zum einen hängt der Grad der Schulbildung mit einer Reihe weiterer Faktoren zusammen, die ihrerseits die Entwicklung und Verbreitung fremdenfeindlicher Denk- und Orientierungsmuster beeinflussen. So hängt die eingeschlagene Schullaufbahn nach wie vor auch von der Schulbildung der Eltern ab und ist damit zugleich bis zu einem gewissen Grad ein Indikator für den Interaktions- und Erziehungsstil wie für die ökonomische Situation in der Herkunftsfamilie. Und natürlich hat auch die soziale und ökonomische Lage der Befragten selbst viel mit dem Grad der Schulbildung und den damit eröffneten oder versperrten Berufs- und Lebenschancen zu tun. Die Schule produziert eben notwendig auch die Verlierer des Bildungssystems, und diese Verlierer sind anfälliger für Fremdenfeindlichkeit, weil sie der Sündenbockpraktiken auch eher bedürfen. Zum anderen aber – und diese zweite Erklärung ist mir pädagogisch viel sympathischer – sollte man doch auch annehmen, dass eine längere und „anspruchsvollere" Schulbildung dazu beiträgt, mit Problemen diskursiv umzugehen, und dass sie nicht zuletzt auch umfangreicheres Wissen vermittelt, Wissen unter anderem über politische und gesellschaftliche Zusammenhänge, das den allzu einfachen, vorurteilsvollen „Erklärungen" und dem bequemen „Schwarz-Weiß-Denken" ein wenig entgegenwirkt. Es läge nahe, an dieser Stelle ein wenig über die aktuelle Bildungspolitik nachzudenken, die sich inzwischen offenbar über Eliteförderung mehr Gedanken macht als über Chancengleichheit und Begabungsreserven.

Der nächste Befund beleuchtet den Einfluss der familialen Sozialisation. Wir haben für diesen Teil unserer Studie die Daten der eingangs erwähnten Schülerbefragung von Gerda Lederer analysiert und haben dabei vier Erziehungs-Dimensionen gefunden, die die Neigung zu fremdenfeindlichen Orientierungsmustern deutlich beeinflussen (vgl. Abbildung 11): Während von den Jugendlichen, die liebevoll erzogen wurden, 10 Prozent fremdenfeindlich eingestellt sind, zeigen von den nicht liebevoll erzogenen Jugendlichen 18 Prozent eine fremdenfeindliche Einstellung. Jugendliche, deren Erziehung gewaltfrei verlief, neigen seltener zu fremdenfeindlichen Orientierungen als Jugendliche, die von ihren Eltern geschlagen wurden, Jugendliche, die das Familienklima als demokratisch beschreiben, seltener als jene, deren Meinung zu Hause nicht gefragt war. Einen besonders deutlichen Einfluss zeigt die Zuverlässigkeit des elterlichen Erziehungsverhaltens: Der Anteil fremdenfeindlich eingestellter Jugendlicher ist unter jenen, die das Erziehungsverhalten ihrer Eltern als zuverlässig beschreiben, nur etwa halb so groß (8 Prozent) wie unter Jugendlichen, die ihre Eltern als unberechenbar erlebten (15 Prozent).

Bündelt man die Erziehungsmerkmale zu einem Erziehungsstil, den wir *„akzeptierend-zuverlässig"* genannt haben, wird das Ergebnis noch eindeutiger (vgl. Abbildung 12): Von den Jugendlichen, die liebevoll *und* demokratisch *und* zuverlässig *und* gewaltfrei erzogen wurden, zeigen nur 5 Prozent eine fremdenfeindliche Einstellung, während von den Jugendlichen, auf deren Erziehung *keines* der vier Merkmale zutrifft, 22 Prozent fremdenfeindlich eingestellt sind. Eine akzeptierend-zuverlässige Erziehung kann der Neigung zu fremdenfeindlichen Orientierungsmustern also offenbar durchaus entgegenwirken.

Abbildung 11

Erziehungsmerkmale und Fremdenfeindlichkeit

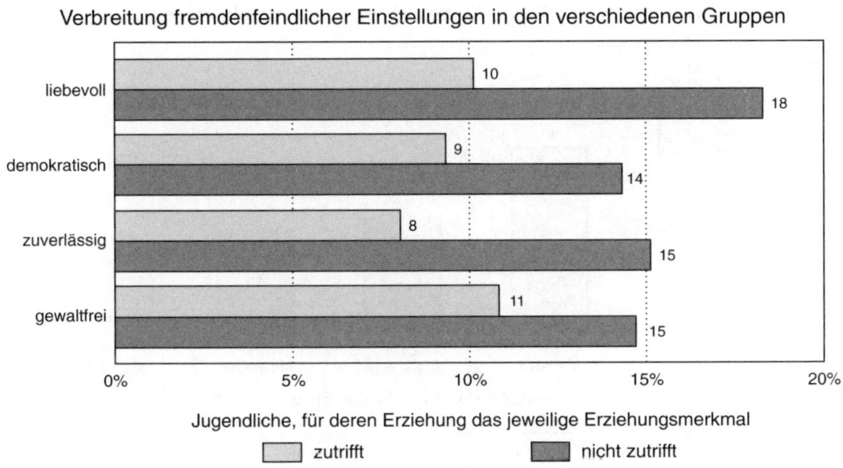

Liebevoll: *Zustimmung zu den* ***beiden*** *Aussagen:*

- Als ich Kind war, hat mir meine Mutter viel Liebe geschenkt und hat mich so akzeptiert, wie ich war.
- Als ich Kind war, hat mir mein Vater viel Liebe geschenkt und hat mich so akzeptiert, wie ich war.

Demokratisch: *Zustimmung zu den* ***beiden*** *Aussagen:*

- Wenn bei uns zu Hause eine wichtige Entscheidung getroffen werden soll, wird die Ansicht aller Familienmitglieder einschließlich der Kinder berücksichtigt.
- Meine Eltern glauben, dass ein Kind niemals zu einer Handlung aufgefordert werden sollte, ohne dass ihm eine Begründung angegeben wird.

Zuverlässig: *Ablehnung der* ***beiden*** *Aussagen:*

- Als Kind konnte ich kaum vorhersehen, ob meine Eltern sich freuen oder ärgern würden über etwas, was ich getan hatte.
- Manchmal bestraften mich meine Eltern für eine wirklich schlimme Tat überhaupt nicht und dann wieder unvermutet ganz streng für eine Kleinigkeit.

Gewaltfrei: *Zustimmung zu der Aussage:*

- Selbst wenn ich als Kind etwas ganz Falsches getan hatte, haben mich meine Eltern nicht geschlagen.

Abbildung 12

Erziehungsstil und Fremdenfeindlichkeit

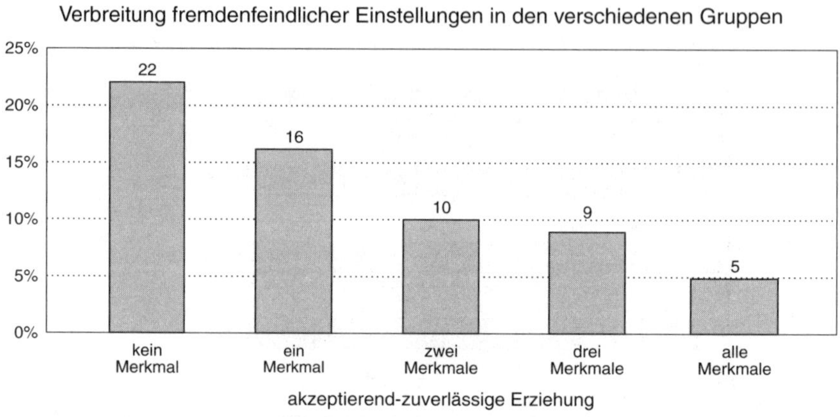

Allerdings – und das schränkt den pädagogischen Optimismus dann gleich wieder ein – ist ein solcher Erziehungsstil nicht eben weit verbreitet. Eine Erziehung, die alle vier Merkmale in sich vereint, haben nur 8 Prozent der westdeutschen und gerade 1 Prozent der ostdeutschen Jugendlichen erfahren.[1]

Ein letzter Befund, jetzt wieder auf Basis der 96er ALLBUS-Daten, verweist noch einmal auf den Zusammenhang von Wissen und Vorurteil (vgl. Abbildung 13). Personen, die sich politisch gut informiert fühlen, neigen weit seltener (21 Prozent) zu fremdenfeindlichen Einstellungen als jene, die annehmen, „die meisten Leute" seien besser über Politik informiert als sie selbst (46 Prozent). Auch politische Informiertheit kann also helfen, fremdenfeindlichen Vorurteilen nicht allzu schnell auf den Leim zu gehen.

Man kann und sollte diesen Befund als Hinweis werten, dass auch die schulische und außerschulische politische Bildung eine wichtige Rolle spielt bzw. spielen könnte in der Auseinandersetzung mit fremdenfeindlichen Einstellungen und Vorurteilen. Information und Wissen gegen Vorurteile: Ich bin –

1 Vgl. Klaus Ahlheim/Bardo Heger: Der unbequeme Fremde, S. 88.

Abbildung 13

Politische Informiertheit und Fremdenfeindlichkeit

„Ich glaube, die meisten Leute sind besser über Politik informiert, als ich es bin."

Verbreitung fremdenfeindlicher Einstellungen unter Befragten, die der Aussage ...

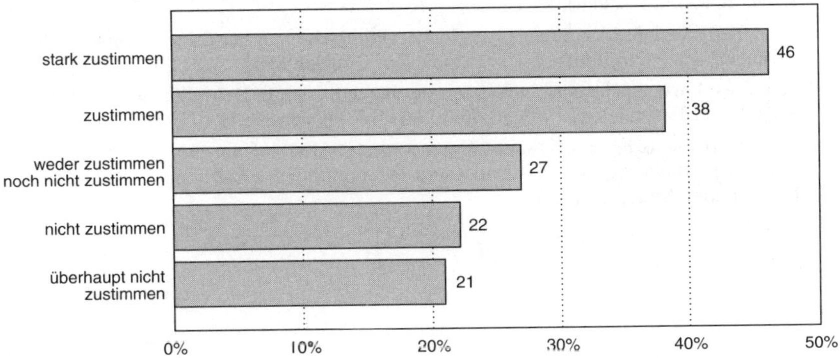

nicht nur wegen der zuletzt skizzierten empirischen Ergebnisse – davon überzeugt, dass politische Bildung – auch die gegen vorurteilsvolle Fremdenfeindlichkeit – vor allem als historisch-aufklärende und wissensorientierte Veranstaltung ihre Chance und ihren Charme hat. Aber solche Überzeugung argumentiert gegen den Trend zum eventkonformen Beliebigkeitsangebot, das nicht nur die politische Bildung längst erfasst hat.

Literatur

Ahlheim, Klaus/Heger, Bardo: Der unbequeme Fremde. Fremdenfeindlichkeit in Deutschland – empirische Befunde, 2., durchges. Aufl., Schwalbach/Ts. 2000

Ahlheim, Klaus/Heger, Bardo: Die unbequeme Vergangenheit. NS-Vergangenheit, Holocaust und die Schwierigkeiten des Erinnerns, Schwalbach/Ts. 2002

Falter, Jürgen W.: Wer wählt rechts? Die Wähler und Anhänger rechtsextremistischer Parteien im vereinigten Deutschland, München 1994

Fichtner, Ullrich: Hitlergrüße hinter der Maske der Biedermänner. Dank der Kurzsichtigkeit der Behörden schaffen sich Rechtsextreme ihre eigenen sogenannten befreiten Zonen, in: „Frankfurter Rundschau" vom 26.2.1997, S. 3

Goldhagen, Daniel Jonah: Hitlers willige Vollstrecker. Ganz gewöhnliche Deutsche und der Holocaust, Berlin 1996

Hopf, Wulf: Familiale und schulische Bedingungen rechtsextremer Orientierungen von Jugendlichen, in: Zeitschrift für Sozialisationsforschung und Erziehungssoziologie, Heft 1/1991, S. 43-59

Lederer, Gerda/Schmidt, Peter (Hrsg.): Autoritarismus und Gesellschaft. Trendanalysen und vergleichende Jugenduntersuchungen von 1945-1993, Opladen 1995

Ministerium für Frauen, Jugend, Familie und Gesundheit des Landes Nordrhein-Westfalen (Hrsg.): Rechtsextremismus und Gewalt. Ergebnisse einer Repräsentativbefragung bei Jugendlichen, Düsseldorf 2001

Scherr, Albert: Soziale Identitäten Jugendlicher. Politische und berufsbiographische Orientierungen von Auszubildenden und Studenten, Opladen 1995

Schnabel, Kai Uwe: Ausländerfeindlichkeit bei Jugendlichen in Deutschland. Eine Synopse empirischer Befunde seit 1990, in: Zeitschrift für Pädagogik, Heft 5/1993, S. 799-822

Silbermann, Alphons/Hüsers, Francis: Der „normale“ Haß auf die Fremden. Eine sozialwissenschaftliche Studie zu Ausmaß und Hintergründen von Fremdenfeindlichkeit in Deutschland, München 1995

Wolfgang Frindte, Jörg Neumann

Biografische Hintergründe und Motivationen fremdenfeindlicher Gewalttäter

Vorbemerkungen

Der Verfassungsschutzbericht 2000 diagnostiziert für das Jahr 2000 im Vergleich zum Vorjahr einen starken Anstieg der Straf- und Gewalttaten mit erwiesenem oder zu vermutendem rechtsextremistischem Hintergrund (vgl. Tabelle 1). Im Hinblick auf die prozentuale Verteilung der genannten Straftaten findet sich ein eindeutiger Schwerpunkt in den ostdeutschen Ländern. Auf zwei weitere Gesichtspunkte wird in den Berichten hingewiesen: erstens auf das Nachahmungspotential nicht aufgeklärter Gewalttaten und zweitens auf die durch die öffentlichen Diskussionen gewachsene Sensibilität der Bevölkerung. Mit anderen Worten: Umfang und Ursachen fremdenfeindlicher und rechtsextremer Gewalttaten sind nicht losgelöst von den öffentlichen Diskursen über eben diese Umfänge und Ursachen.

In den öffentlichen Argumentationen werden nun aber aus politischen, propagandistischen oder auch wissenschaftlichen Gründen nicht selten notwendige theoretische, praktische und methodische Differenzierungen missachtet: Eine erste notwendige Differenz ergibt sich aus dem Unterschied und den Gemeinsamkeiten von Fremdenfeindlichkeit und Rechtsextremismus: Fremdenfeindlichkeit ist – nach unserer Auffassung – Teil von Rechtsextremismus, aber nicht mit diesem identisch.

Eine zweite notwendige Differenzierung, die wir unserem Forschungsvorhaben zugrunde legten, ist eher praktisch-politischer Art und hängt mit den Personenkreisen zusammen, über die öffentlich gesprochen wird:

- Die rechten Gewalttäter (die Akteure im Vordergrund). Sie scheinen – folgt man den Berichterstattungen und statistischen Analysen – vor allem aus den ostdeutschen Bundesländern zu kommen.

Tabelle 1

Gewalttaten und sonstige Straftaten mit erwiesenem oder zu vermutendem rechtsextremistischem Hintergrund[1]

	1999	2000
Gewalttaten		
Tötungsdelikte	1	2
Versuchte Tötungsdelikte	13	15
Körperverletzungen	630	874
Brandstiftungen	35	41
Herbeiführen einer Sprengstoffexplosion	2	7
Landfriedensbruch	65	59
Gewalttaten gesamt	**746**	**998**
Sonstige Straftaten		
Sachbeschädigungen	373	704
Nötigung/Bedrohung	220	320
Verbreiten von Propagandamitteln und Verwenden von Kennzeichen verfassungswidriger Organisationen:	6.719	10.435
Störung der Totenruhe und andere Formen der Schändung jüdischer Friedhöfe und Gedenkstätten	47	56
Andere Straftaten, insbesondere Volksverhetzung	1.932	3.438
Sonstige Straftaten gesamt	**9.291**	**14.953**
Straftaten insgesamt	**10.037**	**15.951**

- Personen mit rechtsextremen Einstellungen, die als Ideologen im Hintergrund agieren. In den Verfassungsschutzberichten werden meist solche Leute wie Thomas Wulff, Christian Worch oder Manfred Roeder genannt.
- Die rechtsextremen Parteien und Organisationen wie die DVU, die NPD, die „Jungen Nationaldemokraten (JN)“ oder auch der Thüringer Heimatschutz.
- Personen oder Gruppen mit fremdenfeindlichen Einstellungen ohne rechtsextremes Weltbild.
- Menschen mit nationalistischen oder autoritären Einstellungen ohne ausgeprägte politische Orientierung.

1 Bundesministerium des Innern (Hrsg.): Verfassungsschutzbericht 2000, Berlin/Bonn 2001, S. 30.

Eine empirische Untersuchung von Fremdenfeindlichkeit und Rechtsextremismus vermag keinesfalls die komplexe Vielfalt der Phänomene zu erfassen. Reduktionen auf Ausgewähltes sind, will man die Probleme der geschilderten öffentlichen Diskurse vermeiden, deshalb geboten. Aus praktischen und politischen Gründen konzentrierten wir uns deshalb vor allem auf die Motivlagen und biografischen Hintergründe fremdenfeindlicher und u.U. rechtsextremer Gewalttäter. Im Focus steht somit nur einer der oben genannten Personenkreise.

Zu fragen bleibt also:

1. Wie lassen sich die rechtsextremen Orientierungen beschreiben, operationalisieren, empirisch erforschen und theoretisch erklären?
2. Wie weit verbreitet sind rechtsextreme Orientierungen in der Bevölkerung?
3. Wie ideologisiert sind die rechtsextremen Gewalttäter?
4. Und: Wie haben sich rechtsextreme Gewalttäter in die rechtsextreme Szene „eingeschaukelt“?

Begriffliches: Rechtsextreme Orientierungen

Unsere bisherigen Forschungen konzentrierten sich weitgehend auf das Ausmaß, die Qualität und die sozialpsychologischen Hintergründe fremdenfeindlicher Einstellungen „normaler“ deutscher Jugendlicher.[1] Wir wollen zunächst etwas von diesen Studien berichten, um die beiden ersten Fragen zu beantworten:

- Wie lassen sich die rechtsextremen Orientierungen beschreiben, operationalisieren, empirisch erforschen und theoretisch erklären?
- Wie weit verbreitet sind rechtsextreme Orientierungen in der Bevölkerung?

Wir wissen wenig über die fremdenfeindlichen und rechtsextremen Einstellungen erwachsener Deutscher. Die meisten vorliegenden Studien beziehen sich auf die Orientierungen von Jugendlichen. Das ist einerseits bedauerlich. Andererseits sollten wir davon ausgehen, dass Jugendliche auch als Spiegelbild oder Vexierbild erwachsener Kulturen fungieren können. Wie heißt es in einem Gedicht von Erich Fried: „Wendet euch / nicht ab / sondern schauet /

1 Vgl. z.B. Wolfgang Frindte (Hrsg.): Fremde, Freunde, Feindlichkeiten. Sozialpsychologische Untersuchungen, Wiesbaden 1999.

Abbildung 1

Dimensionen des Rechtsextremismus

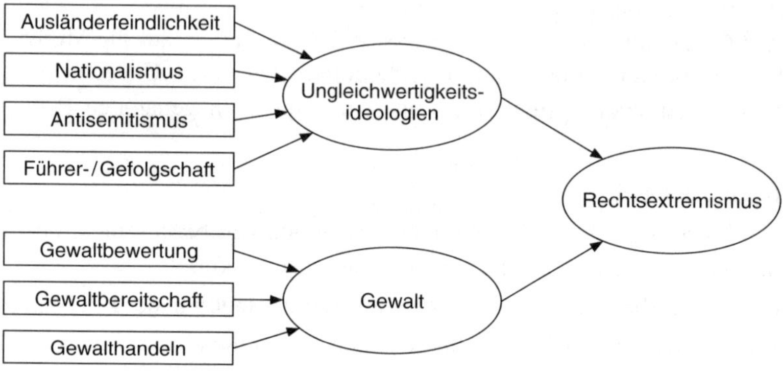

ihr braven Bürger / den jungen Neonazis / die in euerem Staat / von neuem den Glauben / an den alten Irrsinn / gelernt haben / tief in die Augen / Ihr schaut nicht / genau genug hin / wenn ihr in diesen blauen / oder braunen / oder auch grauen Augen / nicht / einen Augenblick lang / euer eigenes / Spiegelbild seht“[1].

„Rechtsextremistische Orientierungsmuster“ besitzen aus unserer Sicht, in Anlehnung an Heitmeyer u.a.[2], zwei Grundelemente, die wiederum verschiedene Facetten aufweisen können. Das eine Grundelement ist die „Ideologie der Ungleichheit“ (oder Ungleichwertigkeit, ausgedrückt z.B. durch Ausländerfeindlichkeit), das andere ist die „Gewaltakzeptanz/Gewaltbereitschaft“. Von rechtsextremen Orientierungen sprechen wir bei jenen, die sich *erstens* gegenüber anderen sozialen Gruppen und Gemeinschaften abgrenzend und abwertend äußern und *zweitens* bereit sind, die kognitiv und emotional vollzogenen Abgrenzungen auch mit Gewalt zu realisieren. Ausländer- oder Fremdenfeindlichkeit ist aus dieser Sicht nur ein und keinesfalls das hinreichende Merkmal, um jemanden als rechtsextrem zu bezeichnen. Die Abbildung 1 illustriert die von uns präferierte Auffassung.

1 Erich Fried: Gesammelte Werke. Gedichte 3, Berlin 1993, S. 55 f.

2 Wilhelm Heitmeyer u.a.: Die Bielefelder Rechtsextremismus-Studie. Erste Langzeituntersuchung zur politischen Sozialisation männlicher Jugendlicher, Weinheim/München 1992, S. 13.

Abbildung 2

Statistisches Basismodell „Rechtsextremismus – korrelierte Zweifaktorenstruktur"[1]

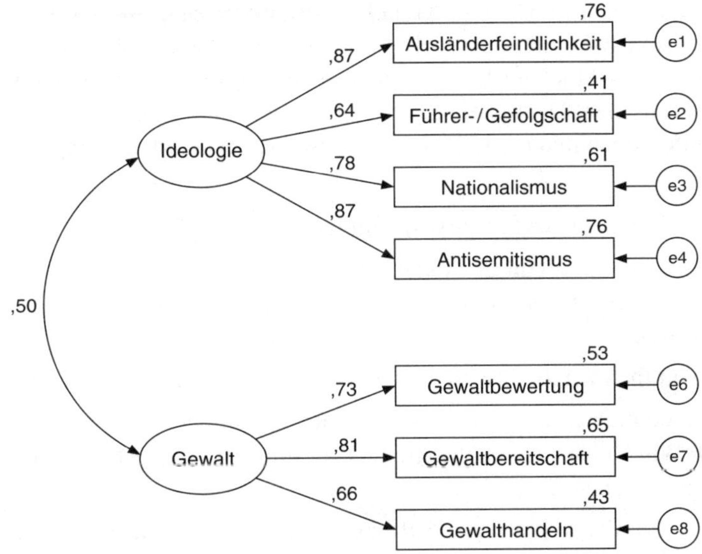

Das Modell wurde von uns mehrfach getestet: 1998 in einer Befragung von 2130 Jugendlichen aus Brandenburg, Bayern, Schleswig-Holstein und Thüringen[2] und 1999 im Rahmen einer Befragung von 1033 Thüringer Schülerinnen und Schülern[3]. Die Ergebnisse einer Second-Order-Analyse auf der Basis von Strukturgleichungsmodellen wiesen ein Zweifaktormodell mit korrelierten Faktoren eindeutig als das Modell aus, das den empirischen Daten am besten entspricht (vgl. Abbildung 2). Damit kann – wie theoretisch angenommen – davon ausgegangen werden, dass sich rechtsextreme Orientierungen bei Jugendlichen in einer zweifaktoriellen Struktur abbilden, wobei die beiden Faktoren Ideologie und Gewalt hoch zusammenhängen.

1 Chi-Quadrat=73,386; df=13; p=,000; NFI=,995; CFI=,996; RFI=,990; RMSEA=,067. Das schlechte Verhältnis von Chi-Quadrat und Freiheitsgraden ist der großen Stichprobe geschuldet.

2 Wolfgang Frindte (Hrsg.): Fremde, Freunde, Feindlichkeiten.

3 Jörg Neumann: Aggressives Verhalten fremdenfeindlicher Gewalttäter, Münster u.a. 2001.

In früheren Untersuchungen konnten wir immer wieder zeigen, dass fremdenfeindliche Konstruktionen (ohne Gewalt) zu rechtsextremen Konstruktionen (mit Gewalt) in einem Verhältnis von 2 zu 1 stehen (ca. 30 Prozent Fremdenfeinden stehen 15 Prozent Fremdenfeinde mit Gewaltbejahung gegenüber)[1].

Diese Zahl scheint im Übrigen relativ zeitstabil zu sein: Bereits 1979/80 ergab die SINUS-Studie, dass sich gut 13 Prozent der Bevölkerung rechtsextrem äußern.[2] Aktuellere Untersuchungen zeigen überdies, dass wir auch bei den erwachsenen Deutschen davon ausgehen können, dass ca. 30 Prozent fremdenfeindlich und ca. 15 Prozent rechtsextrem eingestellt sind.

Wie ideologisiert sind rechtsextreme Gewalttäter?

Die Frage ist nun, ob unser Modell des Rechtsextremismus auch auf die Personengruppe passt, die als rechtsextreme Gewalttäter im Fokus der Öffentlichkeit steht.

Damit kommen wir zu unserer dritten und vierten Frage:

- Wie ideologisiert sind die rechtsextremen Gewalttäter?
- Und: Wie haben sich rechtsextreme Gewalttäter in die rechtsextreme Szene „eingeschaukelt"?

In einem von der Volkswagen-Stiftung geförderten Projekt beschäftigten wir uns zwischen 1999 und 2001 mit rechtsextremen Gewalttätern.[3] In einem interdisziplinären Forscherteam (Kooperation mit dem Deutschen Jugendinstitut München) sollten die situativen und biografischen Bedingungen für fremdenfeindliches Gewalthandeln junger Menschen untersucht werden, um Vorschläge für potentielle Prävention und Intervention ableiten zu können.

In dieser Untersuchung wurden 101 Täter mittels leitfadengestützter Interviews und Fragebogen befragt. Das durchschnittliche Geburtsjahr der Täter war 1978 und variierte zwischen 1970 und 1983. Ost- und westdeutsche Befragte unterschieden sich im mittleren Alter nicht voneinander, ebenso Täter- und Vergleichsgruppe. Alle interviewten Gewalttäter waren männlich.

---

1 Jörg Neumann u.a.: Strukturen rechtsextremer Wirklichkeitskonstruktionen, Poster, 41. Kongress der Deutschen Gesellschaft für Psychologie, Dresden 27.9.-1.10.1998.

2 SINUS-Institut: 5 Millionen Deutsche: „Wir sollten wieder einen Führer haben ...", Reinbek bei Hamburg 1981, S. 78.

3 Vgl. auch Wolfgang Frindte u.a.: Rechtsextremismus = „Ideologie plus Gewalt" – Wie ideologisiert sind fremdenfeindliche Gewalttäter?, in: Zeitschrift für Politische Psychologie, Heft 2-3/2001, 81-98.

Dass sich fremdenfeindlich und rechtsextrem motivierte Gewalttäter dann, wenn sie mit fremdenfeindlichen und rechtsextremen Aussagen konfrontiert werden, extremer als Jugendliche aus einer Durchschnittsstichprobe äußern, dürfte eine triviale Feststellung sein. Tatsächlich stimmen die von uns interviewten fremdenfeindlichen Gewalttäter ausländerfeindlichen, antisemitischen, nationalistischen und rechtsextremistischen Aussagen eher zu als die Jugendlichen aus den verschiedenen Durchschnittsstichproben.

Man könnte meinen, die von uns interviewten rechtsextremen Gewalttäter hätten ihre Gewalttaten vor dem Hintergrund sehr elaborierter und extremer Ideologiebindungen ausgeführt. Aber so ist es eben nicht. Im November 1990 gelang es uns, Interviews mit drei Mitgliedern der Nationalen Alternative (NA), zur damaligen Zeit als legale Partei im Parteiregister Nr. 39/90 registriert, zu führen.[1] Auf unsere Frage „Was ist für euch Gewalt?“ erhielten wir die Antwort:

> „Laut Parteiprogramm und Statut lehnen wir Gewalt ab. Wir wollen auf legale Art und Weise Politik machen“. Aber „es liegt nicht im Interesse von Leuten, die maßgeblich in der nationalsozialistischen Politik aktiv sind, solche Leute wie Skins über wahre Ursachen aufzuklären, sondern sie in ihrem Denkschema zu lassen“. Der Skin auf der Straße „wird bewusst dumm gehalten“.

Sich als „rechtsaußen“ kategorisierende und in der deutschen Öffentlichkeit auch so agierende Jugendgruppen und Gewalttäter übernehmen nicht nur externe Kategorien zur Legitimation gruppenspezifischer Gewaltaktionen, sie werden in nicht seltenen Fällen auch von rechtsextremistischen Parteien, Organisationen und Funktionären zu politischen Zwecken instrumentalisiert. Daran hat sich auch zehn Jahre nach unseren ersten Interviews nichts geändert. Deshalb interessierten wir uns dafür, ob und inwieweit die Interviewten im Gespräch mehr oder weniger elaborierte fremdenfeindliche Ideologien präsentieren. Wir finden innerhalb der Stichprobe der fremdenfeindlichen Gewalttäter alle Formen der Fremdenfeindlichkeit wieder, die auch für die Normalpopulation beschrieben werden können.[2] Der Unterschied liegt vielmehr in der Brutalität und Ausschließlichkeit der geäußerten Diskriminierungen.

---

1 Dazu ausführlich Wolfgang Frindte/Klaus Jabs/Jörg Neumann: Sozialpsychologische Befindlichkeiten von Jugendlichen in den neuen Bundesländern unter besonderer Berücksichtigung rechtsextremer Tendenzen, in: Geschichte, Politik und ihre Didaktik, Heft 3-4/1992, S. 235-244.

2 Vgl. Wolfgang Frindte (Hrsg.): Fremde, Freunde, Feindlichkeiten; Jörg Neumann u.a.: Sozialpsychologische Hintergründe von Fremdenfeindlichkeit und Rechtsextremismus, in: Frieder Dünkel/Bernd Geng (Hrsg.): Rechtsextremismus und Fremdenfeindlichkeit. Bestandsaufnahme und Interventionsstrategien, Mönchengladbach 1999, S. 111-138.

Als erste Form von Fremdfeindlichkeit begegnet uns *Fremdenangst.* Diese Fremdenangst äußert sich als eine allgemeine und generalisierte *Angst vor Überfremdung.*

„Ich rege mich halt bloß ein bissel mehr auf, Ausländern gegenüber. Wenn ich die im Fernsehen sehe, ich kannte das von früher nicht. Es ist ja schon in jeder Werbung, in jedem Lied sind ja schon Fremde, Neger." (Arno, 5112-5116)

Es gilt, deutsche Interessen zu wahren und gegen Eindringlinge zu verteidigen. Daraus folgt konsequenterweise die Forderung nach einer unterschiedlichen Zuteilung von insbesondere materiellen Ressourcen in dem Sinne von „Deutsche zuerst".

Nur ein kleiner Schritt ist es dann noch zu einer Form der Fremdenfeindlichkeit, die vom Fremden die komplette Aufgabe seiner kulturell-ethnischen Identität fordert und vollständige Anpassung an die deutsche Kultur als Aufgabe stellt: die *assimilatorische Fremdenfeindlichkeit.*

„Wenn irgendwie ein Kanake oder so aus seiner Heimat hier rüberkommt, weil er dort drüben irgendwie politisch verfolgt wird oder so ja, weil sie halt ihm jetzt ans Leder wollen oder so, da habe ich nichts dagegen wenn er hierher kommt. Sich hier eine Unterkunft und alles aufbaut und so weiter, aber er soll bitte wenn schon denn schon seine Sitte bei sich lassen, sein Schwanz in der Hose lassen und so na ja nichts dergleichen, was irgendwie dem deutschen Volk schadet oder so ... aber wenn halt die Leute auf illegalem Wege hier rüber kommen, ja nur weil sie halt jetzt irgendwie was, ein Stückchen vom großen Kuchen oder so haben wollen ja und demzufolge hier das Land betrügen." (Rolf, 5154-5181)

Als Konsequenz werden zumindest *die* Fremden nicht (so stark) abgelehnt, die den jeweiligen Erwartungen von Anpassung entsprechen. Damit einher geht die auch in der politischen Öffentlichkeit diskutierte Unterscheidung von Fremden anhand eines *Nützlichkeitskriteriums.*

Von diesen noch moderaten Spielarten der Fremdenfeindlichkeit hebt sich die dritte Form drastisch ab: die *eliminatorische Fremdenfeindlichkeit.*

I: „Was empfinden Sie eigentlich, wenn Sie einen Ausländer auf der Straße sehen?"
Ben: „Abscheu. Na eben Abscheu. Dass ich mit den Leuten nichts zu tun haben will. Dass ich sie nicht sehen möchte ..." (Ben, 1790-1802)

„... dann kommt mir irgendwo nur das Kotzen. Ich habe irgendwie nur Abscheu für diese Leute, weil es ist für mich ein Bananenvolk irgendwie ja und ... eine minderwertige Rasse in meinen Augen. (Rolf, 3296-3300)

Häufig mit viel Hass und starken Emotionen vorgetragen, fordern und praktizieren die Interviewpartner das Entfernen von Fremden aus unseren Lebensräumen. Nicht selten wird dabei in den Kategorien rassistischer Stereotype gedacht und „argumentiert". Überhaupt wird bei allen beschriebenen Formen von Ablehnung und Diskriminierung von Fremden bevorzugt auf Stereotype zurückgegriffen. Anhand dieses Sachverhalts wird deutlich, dass der ideologische Gehalt der präsentierten Aussagen wenig elaboriert ist, sondern einfachen Schemata (Stereotypen und Vorurteilen) folgt. Mit anderen Worten: Die eigentlichen Ideologietäter waren es nicht, die wir interviewten. Die ideologischen Drahtzieher im Hintergrund lassen sich schwer fassen. Die Ausführung rechtsextremer Gewalt überlassen sie jenen, die dumm und brutal genug sind, dies auch zu tun und sich erwischen zu lassen.

Erst die Gewalt, dann die Ideologie

In einem weiteren Auswertungsschritt haben wir versucht, aus den Aussagen der Interviews Hinweise über das erste Auftreten von Gewalttätigkeiten und fremdenfeindlicher bzw. rechtsextremer Ideologisierung in der Biografie der Interviewpartner zu erhalten. Die individuelle Sozialisation der Interviewten bis zur eigentlichen Tat verläuft in der Regel mehrphasig:

Die *familiale Sozialisation:* Bis auf sehr wenige Ausnahmen wuchsen alle Täter von der Geburt an mit der *Mutter* auf, drei Viertel bis zum 14. Lebensjahr, 40 Prozent bis zum 18. Lebensjahr, 18 Prozent bis zur Inhaftierung. Die *Väter* haben sich deutlich rarer gemacht. Jeder fünfte Befragte berichtet, dass der Vater die Familie bereits zur Geburt des Kindes verlassen hatte, nur 44 Prozent lebten mir ihrem leiblichen Vater bis zum 14. Lebensjahr zusammen, nur jeder Fünfte bis zum 18. Lebensjahr und sogar nur 6 Prozent bis zur Inhaftierung. Knapp 40 Prozent lebten zu irgendeinem Zeitpunkt mit einem Stiefvater oder einem neuen Freund der Mutter zusammen. 30 Prozent der Befragten erzählten, dass sie zu irgendeinem Zeitpunkt in ihrem Leben im *Heim* gewesen seien (10 Prozent bis zu einem Jahr, 13 Prozent bis zu vier Jahren und 7 Prozent länger).

Eingebunden in die Erzählung über ihre Kindheit berichten die Befragten explizit von gewaltförmigen Bestrafungen, im Einzelfall auch sehr drastisch. Immerhin 63 Prozent erzählen von Gewalt durch ihre Mutter (davon 46 Prozent schwere Gewalt – Prügel und Schläge mit Gegenständen) und 60 Prozent durch den Vater (davon 80 Prozent schwere Gewalt). Auch der bei vielen für das Aufwachsen relevantere Stiefvater verhält sich diesbezüglich nicht anders: 60 Prozent schildern Gewalt, davon 80 Prozent schwere Gewalt durch den Stiefvater.

Den Familienalltag in der Kindheit beschreiben die Mehrzahl der Täter als von Streit, Geschrei und Disharmonie geprägt: 64 Prozent erlebten das mit der Mutter, 89 Prozent mit dem Vater und drei Viertel mit dem Stiefvater. Von einem *autoritärem Erziehungsstil*, der kaum Möglichkeiten zu eigenen Entscheidungen ließ, erzählen im Durchschnitt 60 Prozent der Gewalttäter (48 Prozent bzgl. der Mutter, 60 Prozent bzgl. des Vaters und 71 Prozent bzgl. des Stiefvaters). Gewalt wird in der *familialen Sozialisation* als Hauptmittel zur Regulation alltäglicher Situationen erlebt und bereits im frühen Alter eingesetzt.

Diese Negativ-Entwicklung setzt sich in der zweiten Phase, der *schulischen Sozialisation*, fort, stabilisiert bzw. verhärtet sich: Die befragten Täter hatten in einer erschreckenden Anzahl eine nur mangelhafte formale Bildungsbiografie. 38 Prozent verließen die Schule ohne einen Abschluss, 44 Prozent verfügten über einen Sonder- oder Hauptschulabschluss, 16 Prozent den Abschluss der 10. Klasse und nur zwei einen gymnasialen Abschluss. 9 Prozent derjenigen, die zunächst keinen Schulabschluss hatten, holten diesen später nach, so dass zum Zeitpunkt der Befragung aber immer noch 28 Prozent über keinen Schulabschluss verfügten.

Die negativen Entwicklungslinien aus Familie und Schule kumulieren nachfolgend und führen zum völligen Abbruch des Bildungsverlaufs und zu gehäufter Inhaftierung sowohl aufgrund fremdenfeindlicher Gewalttaten als auch allgemeiner (Gewalt-)Kriminalität. So haben fast drei Viertel keinen Berufsabschluss. Die hohe Rate von Ausbildungsabbrüchen ist dabei zum Teil auch auf Inhaftierungen zurückzuführen, die in die Zeit einer Ausbildung fielen. Nur 18 Prozent können eine abgeschlossene Facharbeiterausbildung nachweisen. Fünf Personen befanden sich zum Zeitpunkt des Interviews in Ausbildung.

Die frühe Auffälligkeit der interviewten Täter bezüglich sozial unangepasstem und delinquentem Verhalten spiegelt sich auch in einem biografisch sehr zeitigen Kontakt zu Hilfe- und Strafverfolgungsinstitutionen wider. Fast neun von zehn Tätern hatten im Laufe ihres Lebens bereits vor ihrer Tat Kontakt zum Jugendamt bzw. zu Sozialarbeitern, dabei im Westen signifikant mehr. Das durchschnittliche Alter ihres Erstkontakts lag bei 13 Jahren. Zwei Drittel hatten bereits bis zu ihrem 14. Lebensjahr den ersten Kontakt mit dem Jugendamt gehabt. Mit 13,5 Jahren fand dann durchschnittlich der erste Kontakt mit der Polizei statt, mit knapp 16 Jahren hatten die Täter erstmals mit dem Richter zu tun. Bis zum Abschluss des ersten Jahres der Strafmün-

Abbildung 3

Erst die Gewalt, dann die Ideologie

Lebensalter des ersten Auftretens von allgemeiner und fremdenfeindlicher Gewalt sowie rechter Ideologie in der biografischen Erzählung fremdenfeindlicher Gewalttäter[1]

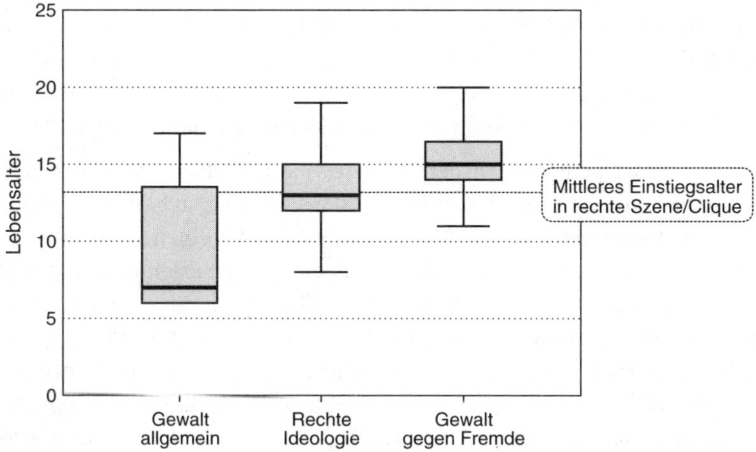

digkeit (14 Jahre) hatten bereits zwei Drittel Polizei- und ein Drittel Gerichtskontakt. Bis zum vollendeten 17. Lebensjahr verfügten neun von zehn Tätern über Gerichtserfahrung. Westdeutsche Täter hatten in der Tendenz den ersten Kontakt zu diesen Institutionen ein Jahr früher.

Die *Cliquensozialisation* stellt im Anschluss an die familiale und die Schulsozialisation die dritte Phase der Entwicklung zum fremdenfeindlichen Gewalttäter dar. Diese dritte Phase wird eingeläutet durch den Anschluss an eine rechte Clique oder Szene. Und *erst während dieser Cliquensozialisation erfolgt der explizite Kontakt mit rechtsextremen Ideologien, dem sich in relativ kurzer Zeit (im Durchschnitt innerhalb von zwei Jahren) die erste fremdenfeindliche Gewalttat anschließt.* Die Abbildung 3 zeigt die beschriebene Reihung der untersuchten Ereignisse. Beide Entwicklungslinien (Gewalt und

1 „Vor der Einschulung" wurde einheitlich als 6 Jahre kodiert, da hier das Alter nur ungenau erinnert werden konnte. Der Abbildung können folgende Kennwerte entnommen werden: das mittlere Alter pro Ereignis als dicke schwarze Striche, die Altersvarianz als graue Kästen sowie das höchste und niedrigste Alter als schmale mit dem Kasten verbundene Striche.

Ideologie) kumulieren nachfolgend und führen zum völligen Abbruch des Bildungsverlaufs und zu gehäufter Inhaftierung, sowohl aufgrund fremdenfeindlicher Gewalttaten als auch allgemeiner (Gewalt-)Kriminalität. Wie die Auswertung der Interviews ergab, haben die Interviewten im Durchschnitt im Alter von neuneinhalb Jahren und früher erstmalig Gewalt gegen andere Personen ausgeübt. Erst nachgeordnet folgt der Beginn der rechtsextremen Ideologisierung im durchschnittlichen Alter von dreizehneinhalb Jahren. In nahezu allen Fällen vollzieht sich dies zeitgleich mit dem Eintritt in die rechte Szene bzw. eine rechte Clique. Für das Alter von 15 Jahren terminieren die befragten Täter im Durchschnitt ihre erste fremdenfeindliche Gewalttat.

Folgt man den Darstellungen der Interviewpartner, dann kann man herausstellen, dass wir es bei den biografischen Verläufen der inhaftierten fremdenfeindlichen Gewalttäter in der Mehrzahl primär mit einem frühzeitigen allgemeinen aggressiven Verhalten zu tun haben, welches sich erst später durch die Ideologisierung in rechten Szenen und Cliquen zu einer spezifisch fremdenfeindlichen Aggression entwickelt. So geben auch fast 80 Prozent der Befragten im Interview an, dass sie durch ihre Clique ideologisch beeinflusst wurden. Dass diese Ideologisierung eine solche Wirksamkeit hat, könnte vor allem damit zusammenhängen, dass die Jugendlichen etwas erfahren, was sie bislang nur eingeschränkt erlebt hatten: soziale Unterstützung, und dies vor allem im emotionalen Bereich. Zwei Drittel geben an, durch ihre Clique emotionale Unterstützung zu erhalten, womit überwiegend ein Gefühl der Zugehörigkeit, der Akzeptanz und Anerkennung verbunden ist. Entsprechend meinen auch 88 Prozent der Täter, dass die Clique eine große Bedeutung für ihr Leben habe (zum Vergleich: Mutter knapp 50 Prozent, Väter: 30 Prozent).

Beispielhaft für die beschriebene zunehmende Ideologisierung durch die Clique sei nachfolgend die Darstellung von Arno zitiert.

> „Ich habe eigentlich mit 13 angefangen mit der Meinung ... ich bin in die Gruppe, ge, so. Und da habe ich dann angefangen Glatze zu tragen. Und dann langsam so meine rechte Meinung zu bilden. Aber nach der Zeit ist es jetzt direkt geworden, dass ich das auch von mir drin habe, dass es von meinem Inneren stärker geworden ist, dass es von mir aus kommt, nicht durch die anderen Leute. Es hat durch die anderen Leute angefangen, aber es hat sich alles bei mir gefestigt." (Arno, 3882-3895)

Neben der Beschreibung dieses ideologischen Sozialisationsprozesses durch die Gruppe wird in einer Reihe von Fällen ein zweiter Umstand beschrieben: Sowohl Arno als auch seine „älteren Freunde", die ihm ideologischen Unterricht geben, werden in dieser Zeit in Maßnahmen der Jugendhilfe betreut. Das heißt, die betroffenen Jugendlichen waren in dieser Zeit durch die Jugendhilfe nicht nur leicht erreichbar, sondern sie befanden sich in der Betreuung von Sozialpädagogen. Möglicherweise hätte also durch professionelle Hilfe der Prozess der zunehmenden ideologischen Verhärtung verhindert werden können. Durch die ungestörte Sozialisation in einer rechtsextremen Gruppe wird aus einem Schläger und Mitläufer, der keine Ahnung vom ideologischen Gehalt seiner Handlungen hat, ein bewusster Rechtsextremist, der beginnt, sich äußerlich zu „tarnen", um gezielter und effizienter politische Arbeit für die rechtsextreme Sache zu machen.

Wie weiter? – Die Ausstiege

Was die Gewalt angeht, zeigt sich ganz deutlich, dass sich die Mehrzahl der Täter durch die Hafterfahrung von ihrer Gewalttätigkeit distanziert. Vorrangiges Ziel ist es dabei für die Täter, nicht mehr inhaftiert zu werden, sondern ein „normales" Leben ohne Polizei und Justiz zu führen.

„Auf jeden Fall will ich nicht mehr straffällig werden. Das ist erst einmal Fakt. Da habe ich keinen Bock darauf noch einmal meinen Arsch hier rein zu schieben, äh Abfahrt. Das war mir doch eine Lehre." (Stefan, 4321-4324)

Bezüglich des Szene- und Cliquenbezugs verschieben sich die Veränderungsabsichten bereits ein wenig, aber immerhin noch 40 Prozent der Täter wollen sich von ihrer rechten Gruppe lossagen. Ursachen sind dafür nicht selten die Ernüchterung bezüglich des vorher so idealisierten Gruppenzusammenhalts, die sie während der Ermittlungs- und Prozessphase erlitten haben. Bezogen auf diese Zeit berichten die Täter, dass die einstigen Kumpels nur noch bestrebt waren, „ihre eigene Haut zu retten", und erlebter „Verrat" an der Tagesordnung war. Trotzdem fühlen sich immer noch knapp 60 Prozent zu ihrer Clique, Gruppe oder Szene zugehörig.

Am deutlichsten fällt der Befund bei der Frage nach der Veränderung der fremdenfeindlichen und rechtsextremen Einstellung der Täter aus. Wie in der Abbildung 4 zu sehen ist, berichten fast alle darüber, dass sich diese Einstellung nicht verändert habe, bei jedem Zehnten hat sie sich sogar noch verstärkt.

Zusammengefasst bedeuten diese Ergebnisse, dass der Prozess der Strafverfolgung und Inhaftierung oder auch die begleitenden sozialpädagogisch-psychologischen Interventionen in der Haft bei den fremdenfeindlichen Gewalttätern die Bereitschaft fördern, vom sozial auffälligen Gewaltverhalten abzurücken. Eine Distanzierung von ihrer fremdenfeindlichen Einstellung findet

Abbildung 4

Gewaltbefürwortung, Gruppenbezug und fremdenfeindliche Einstellung fremdenfeindlicher Gewalttäter
– Veränderungen zum Zeitpunkt des Haftaufenthalts –

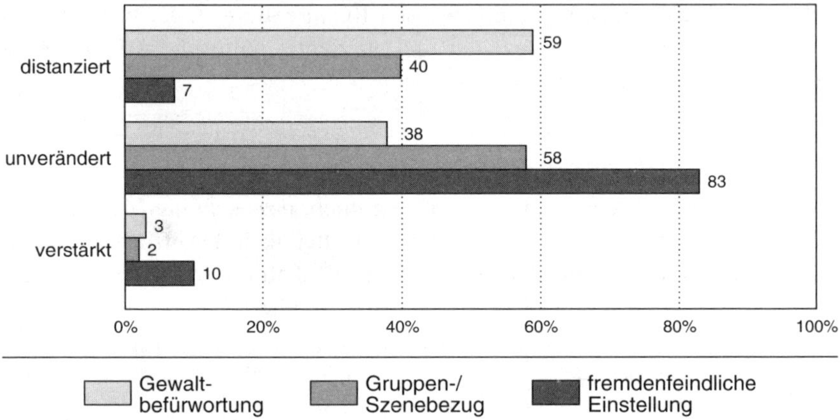

dagegen nicht statt. Diese Täter äußern vielmehr, dass ihr Gewaltverhalten ihnen und der „rechten Sache“ nur geschadet habe und sie deshalb ihren politischen Kampf auf einem anderen, unauffälligeren Weg weiterführen wollen. Dazu suchen und finden sie auch Kontakte zu neuen politisierteren Gruppen und Kameradschaften.

„Ich sag mal so, ich bin schlauer geworden, ich weiß, dass mer ohne Schlägerei, ohne Alk mit seiner Meinung a bisschen was mehr bezwecken kann, wenns nur parteimäßig is. Jetz hab ich nur noch Kontakte, Auswärtige, rechtsextreme daneben auch en paar große Leute, e paar Ältere, die mich auch regelmäßig besuchen hier.“ (Michael, 1193-1215)

Fazit und Handlungsempfehlungen

Vor allem für die rechtsextremen Gewalttäter zeigt sich ganz offensichtlich die nachhaltige negative Wirkung gewaltbesetzter familialer Erziehung. Sicher sind die staatlichen Möglichkeiten begrenzt, den sich im familiären Kontext vollziehenden frühen Gewaltsozialisationen entgegenzusteuern. Dennoch: Formen aufsuchender Familienhilfe bieten die Potenz, auch mit Familien zu arbeiten, die durch Beratungsstellen nicht erreichbar sind. Entsprechende Konzepte haben sich für die Delinquenz- und Kriminalitätsprävention bewährt. Angebote von Beratungsstellen sollten darüber hinaus niedrigschwelliger organisiert sein. Überdies: Kinder und Jugendliche, die sich längere Zeit in Maßnahmen der Kinder- und Jugendhilfe befinden, müssten durch die verantwortlichen Sozialpädagogen auch in ihrer politischen Sozialisation begleitet und durch entsprechende Bildungs- und Erziehungsarbeit gefordert und gefördert werden.

Wie wir zeigen konnten, zeichnet sich die *schulische Sozialisation* der rechtsextremen Gewalttäter durch zunehmendes Leistungsversagen, Schulabbruch und delinquentes Verhalten aus. Das verweist einerseits auch auf das Potential schulischer Einflussnahmen, zeigt andererseits aber auch, dass Schule – zumindest im Falle der von uns interviewten Personen – nicht in der Lage war, die Gewaltaffinität der Jugendlichen rechtzeitig zu erkennen und präventiv zu reduzieren. Insgesamt sollte in den Schulen ein Erziehungsgedanke (wieder) Einzug halten bzw. akzentuiert werden, der Normverletzungen nicht übersieht, konkrete negative Handlungen sanktioniert, aber auch Möglichkeiten schafft, damit Jugendliche lernen, ihre konkreten Lebensräume demokratisch gestalten zu können. Dazu gehört auch die stärkere Verbindung von Schule und Jugendarbeit in Form von Schulsozialarbeit, die auf die Förderung von Eigenverantwortlichkeit und Teamfähigkeit gerichtet sein sollte.

Eine *Gruppensozialisation in rechten Jugendcliquen* beginnt im durchschnittlichen Alter von 14 Jahren, in manchen Fällen bereits davor. Zeitgleich mit der Integration in jugendliche Cliquen beginnen die Jugendlichen, sich mit rechtsextremen Ideologien zu identifizieren. Das heißt, die Gruppen- oder Cliquensozialisation ist gekoppelt mit einer zunehmenden rechtsextremen Ideologie-Sozialisation. Flächendeckende Jugendfreizeitzentren mit einem verbindlichen Programmangebot zur Förderung sozialer Kompetenzen sowie einem niedrigschwelligen Beratungsangebot könnten mögliche Gegensteuerungen in diesen Fällen sein.

Forderungen, die Jugend von der Straße zu holen, greifen meist zu kurz. Jugendarbeit muss als eine sinnvolle Mischung von akzeptierender und normvermittelnder Arbeit organisiert und angeboten werden. Ähnlichen Anforderungen muss sich die Straßensozialarbeit stellen, wenn sie mit Gruppen rechter Jugendlicher konfrontiert ist. Ebenso sind die Angebote zur sozialen Gruppenarbeit, sowohl speziell für Gewaltbereite als auch für Jugendliche, die nicht oder weniger gewaltbereit sind, auszubauen. Wenn das Kind erst einmal in den Brunnen gefallen ist, kann es – dem Sprichwort nach – nicht mehr herausgeholt werden. Dennoch, in der Arbeit mit straffällig gewordenen und gewalttätigen Jugendlichen bieten Varianten konfrontativ angelegter Trainingsprogramme erste erfolgversprechende Ansatzpunkte zum *Abbau von Aggression und Gewalt.* Für eine wirksame *politische Bildung* dieser Tätergruppe mit mehr oder weniger verfestigten rechtsextremen Einstellungen sind dagegen keinerlei Konzepte in Sicht. Die Ergebnisse unserer Untersuchung belegen aber nachhaltig, dass – gerade im Kontext von „Aussteiger"-Programmen – solche Konzeptionen einen nicht zu vernachlässigenden Baustein darstellen sollten, wollen die pädagogisch-psychologischen Bemühungen im „Kampf gegen Rechts" von Erfolg getragen sein.

Literatur

Bundesministerium des Innern (Hrsg.): Verfassungsschutzbericht 2000, Berlin/Bonn 2001

Fried, Erich: Gesammelte Werke. Gedichte 3, Berlin 1993

Frindte, Wolfgang (Hrsg.): Fremde, Freunde, Feindlichkeiten. Sozialpsychologische Untersuchungen, Wiesbaden 1999

Frindte, Wolfgang/Jabs, Klaus/Neumann, Jörg: Sozialpsychologische Befindlichkeiten von Jugendlichen in den neuen Bundesländern unter besonderer Berücksichtigung rechtsextremer Tendenzen, in: Geschichte, Politik und ihre Didaktik, Heft 3-4/1992, S. 235-244

Frindte Wolfgang/Neumann, Jörg/Hieber, Kathy/Knote, André/Müller, Christiane: Rechtsextremismus = „Ideologie plus Gewalt" – Wie ideologisiert sind fremdenfeindliche Gewalttäter?, in: Zeitschrift für Politische Psychologie, Heft 2-3/2001, 81-98

Heitmeyer, Wilhelm/Buhse, Heike/Liebe-Freund, Joachim/Möller, Kurt/Müller, Joachim/Ritz, Helmut/Siller, Gertrud/Vossen, Johannes: Die Bielefelder Rechtsextremismus-Studie. Erste Langzeituntersuchung zur politischen Sozialisation männlicher Jugendlicher, Weinheim/München 1992

Neumann, Jörg: Aggressives Verhalten fremdenfeindlicher Gewalttäter, Münster/New York/München/Berlin 2001

Neumann, Jörg/Frindte, Wolfgang/Funke, Friedrich/Jacob, Susanne: Sozialpsychologische Hintergründe von Fremdenfeindlichkeit und Rechtsextremismus, in: Frieder Dünkel/Bernd Geng (Hrsg.): Rechtsextremismus und Fremdenfeindlichkeit. Bestandsaufnahme und Interventionsstrategien, Mönchengladbach 1999, S. 111-138

Neumann, Jörg/Frindte, Wolfgang/Funke, Friedrich/Jacob, Susanne/Niebergall, Beate: Strukturen rechtsextremer Wirklichkeitskonstruktionen, Poster, 41. Kongress der Deutschen Gesellschaft für Psychologie, Dresden 27.9.-1.10.1998

SINUS-Institut: 5 Millionen Deutsche: „Wir sollten wieder einen Führer haben ...", Reinbek bei Hamburg 1981

Ulrike Prokop

Das Phantasma der Gewalt

Die Mythen der Rechten und ihre Faszination für junge Frauen

Zwischen Frauen und den gleichaltrigen jungen Männern in der rechten Szene gibt es wesentliche Unterschiede. Vor allem sind Gewaltakzeptanz und Organisationsgrad bei jungen Frauen erheblich niedriger.[1]

Daraus ergeben sich Fragen:

- Bedeutet das eine stärkere Grenzziehung zur rechten Ideologie? Dazu ist anzumerken: Je näher dem Thema Familie, umso radikaler sind die Aussagen von Frauen; die Differenz schwindet, je näher das Alltägliche rückt.
- Gibt es spezifische weibliche Muster und Rollen? Wie sind Frauen in der rechten Szene integriert? Wie sieht ihre Partizipation aus? Vielleicht ist ihre Teilhabe in den herkömmlichen Schemata von Partizipation nicht zu fassen.
- Welche Identität stellt die rechte Szene als aggressiver Männerbund für Frauen in der Adoleszenz zur Verfügung?
- Was bedeutet dabei Gewalt für Frauen?

Diesen Fragen werde ich im Folgenden anhand von Äußerungen in biographischen Interviews nachgehen. Es geht um Gespräche mit 19- bis 25-jährigen Frauen, die sich der rechten Szene zuordnen.[2] Ich versuche eine weitergehende Deutung, die sozialpsychologische Aspekte einbezieht. Ich versuche herauszufinden, was „Rechtssein" bedeutet und wie die jungen Frauen in die rechte Szene hineingekommen sind, auch, welche Identität ihnen in den politischen Gruppen des rechten Spektrums angeboten wird.

---

1 Vgl. Gertrud Siller: Rechtsextremismus bei Frauen. Zusammenhänge zwischen geschlechtsspezifischen Erfahrungen und politischen Orientierungen, Opladen 1997; Ursula Birsl: Rechtsextremismus: weiblich-männlich? Eine Fallstudie zu geschlechtsspezifischen Lebensläufen, Handlungsspielräumen und Orientierungsweisen, Opladen 1994.

2 Ich beziehe mich dabei vor allem auf Interviews, die Franziska Tenner 1994 publiziert hat: Franziska Tenner: Ehre, Blut und Mutterschaft. Getarnt unter Nazi-Frauen heute, Berlin 1994.

Es geht also um Verstehensprozesse. Ich glaube, dass es für die pädagogische Praxis sehr wichtig ist, sich in die zunächst einmal fremden oft fast unzugänglichen Innenwelten hineinversetzen zu können. Es sind Welten, die bei näherem Betrachten allerdings weniger fremd und unzugänglich sind, als es auf den ersten Blick scheint.

Das wird in der Bemerkung einer Studentin deutlich, die ihre Erfahrung in der Feldforschung mit rechten Frauen so beschreibt: „Bei den von mir untersuchten Frauen machte sich die Kluft zwischen den politischen Inhalten der Republikaner (sie hat aktive Republikaner-Frauen untersucht; U.P.) und meinem persönlichen Eindruck von ihnen während des Interviews immer stärker bemerkbar. Ihr Auftreten unterschied sich kaum von dem anderer Frauen. Meine Ängste und Widerstände schlugen trotz der emanzipations- und ausländerInnenfeindlichen Ausbrüche in Mitleid oder gar partielle Sympathie um. Ihre unkonventionelle Lebensweise, das in der Wohnung herrschende wilde Chaos und die unkonventionellen Beziehungen führten bei mir zu einer Teilidentifikation.“[1] Diese Aussage ist für die Interviewerfahrung typisch. Die Studentin fühlte sich ihrer eigenen Identität nicht mehr sicher. Sie hat sich sehr gequält und sich zugleich sehr genau selbst beobachtet. Sie schreibt weiter: „Es entstand eine Nähe, die ich zunehmend als unangenehm empfand. Trat ich wirklich so auf, als stünde ich ihnen politisch nahe oder könnte mich überzeugen lassen? Hatte ich diesen Eindruck schon bei meinen Informanten hinterlassen? Was war mit meiner politischen Überzeugung? Konnte sie einer persönlichen Sympathie so wenig entgegensetzen? Diese Gedanken“, fährt sie fort, „beschäftigten mich während der Interviews und führten schließlich zu der Einsicht, daß ich die empirische Arbeit abbrechen mußte. Eine weitere Verstrickung mit dem Feld, weitere Verwicklungen der Grenzen zwischen mir und meinem Feld konnte und wollte ich nicht mehr zulassen.“[2]

In diesem Zitat wird eine wesentliche Problematik sichtbar. Sie betrifft alle, die sich auf eine intensive Auseinandersetzung einlassen.[3] Es geht um die

---

1 Anne Claire Groffmann: Frauen und Rechtsradikalismus, unveröffentl. Magisterarbeit. Johann Wolfgang Goethe-Universität, Fachbereich Kulturanthropologie und europäische Ethnologie, 1992, S. 10.

2 Ebd. S. 9.

3 Für die Sozialpädagogik wurde dieses Thema schon 1992 von Klaus Ahlheim zur Debatte gestellt. Vgl. Klaus Ahlheim: Wider den sozialpädagogischen Gestus – Rechtsextremismus als Herausforderung an die Pädagogik, in: Mechtild M. Jansen/Ulrike Prokop (Hrsg.): Fremdenangst und Fremdenfeindlichkeit, Frankfurt/M. 1993, S. 219-233.

Schwierigkeit der Grenzziehung, und die wird natürlich in einem narrativen, biographischen Interview immer wichtig sein. Das Interview funktioniert ja nur und ist nur ertragreich, wenn die beiden im Gespräch zusammenfinden. Das schließt Kritik durchaus ein. Gefordert ist im narrativen Interview aber immer Empathie, sonst wird entweder gar kein Gespräch zustande kommen, oder es entsteht ein sehr unfruchtbares Gerede. In dem Umfang aber, in dem mit den Republikaner-Frauen eine gemeinsame Situation hergestellt wurde, es also zum Gespräch kam, fühlte die Interviewerin ihre Grenzen bedroht.

Es stellt sich nun die Frage: Was bedeutet eine solche Verwicklung? Es wird aus den wenigen Zitaten schon deutlich: Die Studentin erlebt bedrohliche Nähe und sie empfindet zugleich Abscheu; sie beobachtet bei sich ein extremes Unbehagen. Sie weiß nicht, wie sie richtig handeln soll. Ihre beiden Optionen findet sie unerträglich, sich einfach abzuwenden wäre ein Ausweichen, aber noch schwieriger wäre es, den Verstehensprozess voranzutreiben. Ich glaube, dass diese Problematik auch in der akzeptierenden Jugendarbeit ein sehr verbreitetes Problem ist und dass wir damit besser umgehen können, wenn wir die Innenwelten der Rechten besser verstehen und uns unsere Reaktionen darauf bewusst machen.

Wie kann man mit Nähe und Distanz richtig umgehen?

Wie ist Grenzziehung und gleichzeitig ein Verstehen des Gegenübers möglich? Frankfurter Psychoanalytiker führten 1990 intensive Gespräche mit Journalisten, die bei ihrer Darstellung der rechten Gewaltszene ähnliche Probleme wie die eingangs zitierte Interviewerin hatten. Entweder war die Abgrenzung vom rechten Gesprächspartner schroff und das Interview wurde unergiebig, oder es entstand zu viel Nähe und das Produkt konnte sogar als positive Schilderung ausgelegt werden. (Am Beispiel des Films „Beruf Neonazi“ von Winfried Bonengel wurde das Problem öffentlich diskutiert.[1]) Der Psychoanalytiker Werner Bohleber formulierte das Problem von Nähe und Distanz in der Gesprächssituation am Beispiel seiner therapeutischen Erfahrungen mit gewaltbereiten Klienten. Es werde, so Bohleber, die „archaische

1 Vgl. Lena Inowlocki: Zur Intensivierung rechtsextremer Zugehörigkeit am Beispiel des Films „Beruf Neonazi“ von Winfried Bonengel, in: Hans-Dieter König (Hrsg.): Sozialpsychologie des Rechtsextremismus, Frankfurt/M. 1998, S. 347-371.

seelische Welt in einem selbst aktiviert ... Man wird in eine Welt der Totalität und Radikalität hineingezogen, der man sich zunächst ausgeliefert fühlt, was eine affektive Erregung auslöst. Das kann ängstigen und Abwehr hervorrufen. Die Folgen sind Sprachlosigkeit (es fallen einem keine Argumente mehr ein), Gegenaggression, moralisierendes Argumentieren oder Flucht in intellekturelle Überheblichkeit." Und er folgert: „Es erscheint mir deshalb wichtig, diese primitiven seelischen Mechanismen und Vorstellungswelten, die in allen Menschen schlummern, kennenzulernen und dafür sensibel zu werden, um ihnen in der Auseinandersetzung mit Rechtsextremen nicht einfach anheimzufallen"[1]. Er bemerkt zur Gesprächssituation: „Im Umgang mit gewaltbereiten Klienten wird an ein Tabu gerührt, da für uns das zentrale Zivilisationstabu ja die Gewalt ist."[2]

Neben den Inhalten des rechten Weltbilds – dem Wissen, das ich zunächst angesprochen hatte – geht es, wie Werner Bohleber verdeutlicht, auch um die Affektivität, die eigene und die des Gegenübers. Im Zentrum steht bei rechten Argumentationen die chronifizierte Wut-Reaktion, ein kaum gezügelter Hass, der sich auch im Gespräch ausdrückt und der auf hasserfülltes Handeln verweist. Unser eigenes Verhältnis zur Gewalt muss also ebenfalls thematisiert werden.

Kehren wir noch einmal zu dem eingangs zitierten Gespräch der Studentin mit Rep-Frauen zurück, das in einem Abbrechen der Untersuchung endete. Was bedeutet eine solche Verwicklung? Vielleicht ist es ja so, dass diese Interviewerin, wenn sie Männer interviewt hätte, gar nicht in derartige Schwierigkeiten gekommen wäre. Vermutlich stellt sich zu den Frauen eine besondere Nähe her, weil Frauen, die in der rechten Szene interviewt werden, sehr oft Positionen einer *halbierten Frauenemanzipation* vortragen. Diese *halbierte Frauenemanzipation* besteht vor allem in dem immer wieder vorgebrachten Argument der gesellschaftlichen Benachteiligung von Frauen mit Kindern. Es geht in der Argumentation der rechten Frauen um die realen, gravierenden Mängel unseres Zusammenlebens. Das jedenfalls ist in den Gesprächen ein ganz zentrales Argument. Darin liegt zum Beispiel für die oben zitierte Interviewerin eine Nähe, denn sie teilt diese Kritik.

---

1 Werner Bohleber: Das rechtsextremistische Weltbild. Anmerkungen über Affekte im Umgang mit Fremdenfeinden und Rechtsradikalen, in: Beate Winkler (Hrsg.): Die Täter-Opfer-Falle, Weinheim o.J. (1998), S. 51-62, hier S. 53.

2 Ebd. S. 52.

Was ist das Angebot der rechten Mythen? Sie liefern eine Antwort auf aktuelle Problemlagen. Es geht dabei um Zukunftsängste und es geht um eine ganzheitliche Erfahrung, die politisch angesprochen wird; es geht um das Gefühl einer tiefgehenden Unzufriedenheit mit den Verhältnissen. Das Unbehagen an der aktuellen Lebenssituation und die Zukunftsängste teilen viele, obgleich sie keine rechtsradikale Antwort wählen. Klaus Ottomeyer hat es so formuliert: „Gesteigerter Rassismus oder Ethnozentrismus ist auch eine Antwort auf bedrohliche Verschiebungen in der äußeren Realität.“[1] Eine Ebene, auf der die Erfahrungen von Interviewerin und Gesprächspartnerin in unserem Beispiel zusammentreffen, ist die geteilte Erfahrung sozialer Konflikte und die Angst, zum Modernisierungsverlierer zu werden. Und diese Übereinstimmung verstärkt sich noch durch die Betonung der besonderen weiblichen Konfliktlage in der rechten Argumentation. Es kommt also zu einer Teil-Identifikation, weil eine Gleichheit von Erfahrungen und Reaktionen festgestellt wird, die so nicht erwartet wurde.

Mit dem Problem von Nähe und Distanz hatte, ohne dass sie die Gespräche abbrach, auch Franziska Tenner zu kämpfen, auf deren Falldarstellungen ich mich im Folgenden beziehen werde. Ihre Interviews mit Frauen aus der rechten Szene sind deshalb so aufschlussreich, weil sie sich auf ein intensives Gespräch einließ. Sie beschreibt ihre Schwierigkeiten: „Zu dieser Zeit, ich beschäftigte mich gerade ein halbes Jahr mit den Rechten, bemerkte ich das erstemal, daß ich in der Auseinandersetzung mit dieser deutschen Realität die Grenze des für mich Erträglichen erreicht hatte. Die Distanz schien nicht auszureichen.“[2] Und später bemerkt sie: „Diese ‚Geschichten‘ nahmen mich gefangen. Andererseits konnte ich mich nicht vor ihnen schützen. Es schien, als bestimmten sie in jener Zeit, in der ich an ihnen arbeitete, mein Leben, vor allem meine Gedanken. Solange die Kraft reichte, hat das funktioniert. Ich habe nicht probiert, was würde, wenn ich noch weiter ginge. Ich lebe wieder in meiner eigenen ‚Geschichte‘, jedenfalls versuche ich es. Wenn das Buch erscheint, dann ist es fast genau ein Jahr her, daß ich (als Journalistin; U.P.) gekündigt habe.“[3] Franziska Tenner führte ihre Interviews in der rechten

---

1 Klaus Ottomeyer: Psychoanalytische Erklärungsansätze zum Rassismus. Möglichkeiten und Grenzen, in: Paul Mecheril/Thomas Teo (Hrsg.): Psychologie und Rassismus, Reinbek bei Hamburg 1997, S. 111-131, hier S. 112.

2 Franziska Tenner: Ehre, Blut und Mutterschaft, S. 31.

3 Ebd. S. 244.

Szene, ohne ihre Zugehörigkeit zur Linken zu offenbaren. Sie befragte ihre Gesprächspartnerinnen als „Studentin der Psychologie", die über anerkannte Mitglieder der Szene empfohlen wurde. In dieser Konstellation gelang es ihr, ungemein aufschlussreiche Gespräche zu führen, da sie ihrem Gegenüber als fremd (Universität und Wissenschaft), aber auch als bedeutsames Gegenüber (eine, die studiert und es zu etwas bringt) und zugleich als ungefährlich, ja vertrauenswürdig (von Häuptlingen der Szene empfohlen) gegenübertrat. Sie war wie ein Spiegel, vor dem sich die Gesprächspartnerinnen unbefangen darstellen konnten. Für viele war es offensichtlich ein Bedürfnis, so über sich selbst zusammenhängend sprechen zu können. F. Tenner bot den Gesprächspartnerinnen die Gelegenheit, im Reden über sich nachzudenken. Auf diese Weise entstanden die wohl aussagekräftigsten Gespräche mit Frauen der rechten Szene, die bis heute publiziert worden sind.

Obgleich nur wenige Frauen der Rechten Gewalt als legitim bezeichnen und noch weniger offen Gewalt akzeptieren, möchte ich im folgenden deutlich machen, dass die Gewalt das Kennzeichen der Szene ist und dass es dieser Aspekt ist, der auch die beteiligten Frauen einbindet. Gewalt macht die Aura des Vereinslebens und die Attraktivität der rechten Szene aus. Wer Drogen nimmt oder sich einer Sekte anschließt, wählt ein anderes Szenario. Auch Frauen, die sich von Gewalt distanzieren, sind deshalb in der rechten Szene engagiert, *weil Gewalt hier das Kennzeichnende der inszenierten Gruppenästhetik ist*. Wer die rechte Szene wählt, orientiert sich an einem Szenario des Männerbundes, zugleich an Bildern von Macht, Kampf und Gewalt. Die Riten der Gewalt, die Montur, das Zeichensystem, die Zelebrierung von Aufmärschen, Gedenkfeiern, Sonnenwend-Feiern, Helden-Gedenktagen, Zeltlagern mit paramilitärischer Struktur, liefern ein geschlossenes Gemeinschaftserlebnis. Hier wird das Gefühl von Zugehörigkeit ebenso organisiert, wie Verfolgung und Ausschluss praktiziert und ideologisch abgestützt. Wie Gewalt von Frauen eingebracht wird, ist höchst unterschiedlich. Ich unterscheide die reale Gewaltausübung, die *inszenierte Gewalt*, von der Bewunderung und Idealisierung von Gewalttätern, der *phantasmatischen Gewalt*. Im zweiten Fall wird Gewalt nicht direkt ausgeübt, sondern an Männer delegiert.

Bei der nun folgenden Überlegung geht es darum, *den Stellenwert von einzelnen Aussagen* in den Interviews herauszufinden. Es kommt ja nicht nur darauf an, was – etwa zum Thema Gewalt – gesagt wird, sondern die Frage ist: Sind einzelne Aussagen überhaupt handlungsrelevant; sind sie sehr emotional besetzt? Ist eine Distanzierung von Gewalt vielleicht nur Legitimation, die im Augenblick des Gesprächs vorgebracht wird, weil man sich vor dem Gegenüber auch schämt? Um näher bestimmen zu können, was es mit einzelnen Aussagen – etwa der *halbierten Frauenemanzipation* – auf sich hat, ist eine Einbeziehung des psychoanalytischern Interpretationsverfahrens (Tiefenhermeneutik) notwendig, da dieses geeignet ist, die einzelnen verbalen Äußerungen im Gesamt-Kontext des Lebensentwurfs des Betreffenden zu verstehen.[1]

Inszenierte Gewalt

Man geht von etwa 3 Prozent gewaltbereiten Frauen in der rechten Szene aus. Jedoch ist diese kleine Gruppe in verschiedener Hinsicht von Bedeutung. Gibt es einen „nicht-weiblichen" Platz für Frauen in rechten Gruppen? Bezogen auf das geschlechterpolarisierende Weltbild der Rechten entsteht hier schließlich eine Irritation. Frauen als Kämpferinnen scheinen angesichts der Geschlechterpolarisierung im rechtsextremen Weltbild unpassend. Irritationen gibt es auch bei den Analysen dieses Sachverhalts: Gewalt durch Frauen ist zum Beispiel in der Frauenbewegung durchaus ambivalent besetzt, denn die Frau als Täterin ist eine Metapher für das Ende des weiblichen Opfers. Manche Autorinnen fragen daher nach dem Emanzipationsgehalt weiblicher Gewalt und nach der Bedeutung von Frauen in männlicher Rollen in einem hierarchischen Männerbund.[2] Was ist mit der Rollenverteilung: Die Frau widmet sich der Hege und Pflege; der Mann zieht in den Krieg? Das Konstrukt der Männlichkeit basiert in der rechten Szene auf Bildern des Soldatischen und auf der Abgrenzung gegen die Frau, die eben als Bewundernde, als idealisierender Spiegel und als imaginäres Schutzobjekt des Männerbundes dazugehört. Frau-Sein bedeutet gebären; Mann-Sein heißt siegen oder sterben. Welchen Ort in der Gruppe und im Weltbild nehmen dann aber gewaltbereite junge Frauen ein, die sich „wie Männer" geben? Einen charakteristischen biographischen Verlauf für die „inszenierte Gewalt" bei jungen Frauen möchte ich im folgenden skizzieren.

1 Zum Verfahren vgl. Alfred Lorenzer: Tiefenhermeneutische Kulturanalyse, in: Alfred Lorenzer (Hrsg.): Kultur-Analysen. Psychoanalytische Studien zur Kultur, Frankfurt/M. 1986, S. 11-98.

2 Interessante Überlegungen finden sich zum Beispiel bei Theresa Wobbe: Rechtsradikalismus – nur eine Männersache?, in: Mechtild M. Jansen/Doron Kiesel/Heike Deul (Hrsg.), Rechtsradikalismus. Politische und sozialpsychologische Zugänge, Frankfurt/M. 1992, S. 61-83.

Zur Zeit des Interviews mit F. Tenner ist N. 24 Jahre alt. Sie hat eine Tochter. Sie kommt aus den Neuen Bundesländern. Aufgewachsen ist sie in einer Plattenbausiedlung in einer Braunkohleregion, einem von Industrieabbau und Arbeitslosigkeit gekennzeichneten Wirtschaftsraum. Mittelständisches Handwerk ist so gut wie nicht vorhanden. Auch N. verlor den Arbeitsplatz. Der Vater der Befragten gibt die Stimmung in der Herkunftsfamilie wieder, wenn er ungefragt zu F. Tenner sagt: „Viele Politiker geben mehr für Kriege als für die eigenen Leute aus. Das ist ein Verbrecherstaat. Als erstes müssen die Ausländer raus.“[1] In der Familie ist Gewalt etwas Alltägliches. Der Vater schlug die Mutter, auch wenn eines der sechs Kinder anwesend war. Die Gesprächspartnerin ihrerseits braucht körperliche Gewalt seit ihrer Jugend, auch gegen Männer. Als sie zwanzig war, verübte sie zusammen mit zwei anderen Frauen einen Anschlag auf ein Asylbewerberheim. Sie selbst warf den Brandsatz im letzten Augenblick zu Boden, weil sie dachte, es könnten Kinder im Haus sein. Es kam durch Zufälle und glückliche Umstände niemand zu Schaden. Der Gewaltakt, gemeinsam mit den beiden anderen Frauen, geschah in alkoholisiertem Zustand. Alkohol wurde zunehmend ein Problem, nachdem der Partner sie verließ. Das gemeinsame Kind war zur Zeit der Inhaftierung ein Jahr alt. Das Sorgerecht wurde wegen Alkoholmissbrauchs und Delinquenz der Großmutter des Kindes übertragen. Nach zwei Jahren Haft sind die Kontakte zur rechten Szene ihre einzige Orientierung geworden. Sie gehört zu jenen, die sich im Knast durch rege Lektüre rechter Schriften politisiert haben. Das Gespräch mit der nur wenig älteren Interviewerin zeigt ein von Wut, Hass und Rache bestimmtes inneres Erleben. Psychologisch ist Hass eine chronifizierte Wutreaktion. Die Bruchstücke ideologischer Gewissheit, die N. vorträgt, können die überwältigenden Gefühle von Leere, Angst und Wut kaum überdecken.

Zur Zeit des Interviews stehen drei Aspekte im Zentrum ihrer Selbstdarstellung: Ordnung, Ehre und Gewalt.

Was versteht sie unter *Ordnung*? Es ist eine Einteilung der Welt in Territorien: die homogene Eigengruppe im Gegensatz zur bedrohlichen Fremdgruppe. Ordnung hat für sie auch die Bedeutung: eingebunden sein in die Mit-Welt, wahrgenommen werden. Sie sagt: Die Alten „bleiben auf der Straße stehen und singen uns ein paar alte Lieder vor – ‚Oh ich wurde aus Schlesien

1 Franziska Tenner: Ehre, Blut und Mutterschaft, S. 124.

vertrieben. Ich werde meine Heimat nie wieder sehen.‘ Mich bedrückt das ...“[1] Ordnung gibt also einen Platz in der Welt, ein Territorium und einen Ort in der Zeit, als Delegierte und als Erbin der Vergangenheit. Der Hass erscheint so als Antwort aus der kollektiven Normalität heraus. Die Jugendlichen, die zu gewalttätigen Akteuren werden, handeln jedoch getrieben von der eigenen, chronifizierten Wut, die aus ihrem ganz persönlichen Schicksal hervorgeht. Das Umfeld verdeckt aber das Private daran und lässt für die Täter und Täterinnen das persönliche Drama und die persönliche Schuld als Dienst am Ganzen und als Rettung der Ehre erscheinen.

Ehre und *Gewalt* gehören zusammen. Dem Gewalttäter wird keine Verachtung und Ausgrenzung entgegenschlagen. Die Logik ist: Wer Gewalt ausübt, kann nicht ignoriert werden. Auf ihn wird keiner mehr herabsehen. Die soziale Überlegenheit der anderen hört auf, wo in der direkten face to face Beziehung physische Gewalt ins Spiel kommt. Jeder Körper ist verletzlich. Diese Grunderfahrung, dass völlig neue Hierarchien etabliert werden, wenn die Grenze zur physischen Gewalt überschritten wird, bindet an Gewalt als soziale Praxis.

Die biographischen Mitteilungen von N. zeigen das Erleben des Scheiterns, das sich durch alle Erinnerungen zieht: Familie, Kindheit, Schule, Berufsbildung und Arbeit. Die Funktion, die für sie die rechte Ideologie und „die Szene“ hat, wird vor dem Hintergrund eines kurzen Kommentars über die Eltern deutlich: „Mit meinen Eltern habe ich politisch Schwierigkeiten. Die sind so’n bißchen verblendet ... was im Fernseher gesprochen wird, stimmt eben ... Die hatten nie so ’ne richtige Meinung gehabt, obwohl ich sagen muß, daß mein Vater ziemlich ausländerfeindlich ist. Aber wie ein deutscher Mann benimmt er sich bei weitem auch nicht immer. Ein deutscher Mann, der schlägt nicht seine Frau. Deswegen komme ich nicht klar mit meinen Eltern. Ich bin so und so auf der Seite meiner Mutter und wenn ich dann den Streit geschlichtet habe, haben die sich beide wieder vereinigt, und ich bin dran ... Einen Prügelknaben gibt es überall, und das mußte wahrscheinlich ich sein.“[2]

Ihre Kritik, vor allem am Vater, beruft sich auf den „deutschen Mann“. In dieser Erinnerungsszene halten die Eltern letztlich zusammen und sie selbst ist die Ausgeschlossene, für die es keinen Ort gibt. Das Thema, ausgeschlos-

---

1 Ebd. S. 156. .

2 Ebd. S. 144.

sen zu werden, ist der rote Faden, der sich durch das gesamte Gespräch mit F. Tenner zieht. Ob es am Arbeitsplatz, vorher in der Schule oder im Wohnviertel ist – die Grunderfahrung ist, von den anderen ausgestoßen zu werden. Damit ist nichts darüber gesagt, wie real diese Erfahrung ist und wie viel N. selbst dazu beiträgt. Es ist eben die Grundfigur ihrer Selbst- und Fremdwahrnehmung. Das kränkende Gefühl der Zurückweisung und des Ausschlusses ist die Grundlage ihrer chronischen Wut. N. verwandelt den Schmerz in aktive Aggression. Das ist eine Koppelung, die sie immer weniger kontrollieren kann. Die Reden von N. im Interview funktionieren als verbale Inszenierung ihrer Macht, die sich für sie an der Bereitschaft festmacht, Konflikte mit der Faust zu regeln und so die Situation zu kontrollieren.

Die Interviewte vermag es nicht, konkret zu den Eltern oder zu anderen wichtigen Personen etwas zu sagen, weder zu den Gefühlen ihrer Mutter oder des Vaters, noch zu ihren eigenen. Die Personen, die sie beschreibt, bleiben wie Raster. Empathische Momente, Formen von Mitgefühl, Schmerz und Leid sind wie eingefroren. Zum Scheitern ihres Berufswunsches beispielsweise sagt sie: „Eigentlich wollte ich Pferdezüchterin werden. Dafür habe ich mich auch jahrelang beworben, aber 40 Absagen gekriegt ... Dann hab ich irgendwas mit Tieren, ... ist ja egal. Das war so auf den letzten Drücker, so eine Notlösung gewesen. Kühe, dafür habe ich mich nie interessiert. Es hat keinen Spaß gemacht.“[1] Das ist eine typische Sequenz. Wunschträume und Realität klaffen auseinander. Die Selbstwahrnehmung ist affektfern. Es gibt keine Ziele. Keine Vorstellung, mit Anstrengung etwas zu erreichen, taucht in irgendeinem Zusammenhang auf. Die adoleszente Entwicklung brach in ihrer eigenen Erinnerung zum Negativen um, als sie – von der Arbeitsstelle enttäuscht – das Trinken anfing und schließlich die Stelle verlor. „Vorher“, sagt sie, „war ich eigentlich ein fleißiges, zielstrebiges Mädchen gewesen.“[2]

Die Zeit vor der Gewalttat wird als ein Außer-sich-Sein erinnert: „Die letzten drei Monate vorm Knast standen wir jeden Tag unter Strom. Was mit der Außenwelt passiert, das wollten wir alles nicht mehr mitkriegen.“[3] Zu dieser Zeit wäre N. vielleicht noch für eine Hilfe von außen ansprechbar gewesen. Ihre Rettung – in ihren eigenen Worten – wird der Strafvollzug: „Alle, die wir im Knast waren, haben uns wieder eingekriegt. Wir sind dahin wieder zu-

---

1 Ebd. S. 145.

2 Ebd.

3 Ebd. S. 146.

rückgekommen, was wir wirklich sind und waren, keine Alkis, sondern vernünftige und ordentliche Menschen, alles auch Familienleute ... Irgendwie wars ein guter Bremsklotz für mich, daß ich in den Knast kam, sonst wär da bestimmt noch was Besseres rausgekommen als bloß die 2½ Jahre."[1]

Im Interview wurde deutlich, dass sich diese Jugendliche über die Motive Ordnung, Ehre und Gewalt definiert. Im Kontrast dazu zeigt ihr Lebenslauf das Zerbrechen haltender Ordnungen und eine schwere Vorbelastung durch Gewalterfahrung in der Familie.

Wie der Übergang von der Kindheit zur Erwachsenen verläuft? Generell kann man sagen, dieser Übergang stellt sich als Entstrukturierung dar. Die Krise wird als Panik und Realitätsverlust wahrgenommen, in ihren eigenen Worten: „Was mit der Außenwelt passiert, das wollten wir alles nicht mehr mitkriegen".

N. erzählt, wie sich ihre diffusen Gefühle von Desorientierung, Beschämung und Wut in das Selbstgefühl von Zugehörigkeit und zielgerichtetem Handeln verwandeln. Hier wird der Übergang von einem bedrohten Ich, das Schuld einzugestehen hat, das zugleich von Kränkung und Verletzung gezeichnet ist, zu einer Gruppenidentität sichtbar. Die Erzählung ihrer politischen Wandlung ist aufschlussreich, denn sie war völlig unpolitisch als sie die Tat beging, enthemmt durch Alkohol. Die folgende Beschreibung ihres „Auftritts" vor Gericht zeigt exemplarisch den Perspektivwechsel, ein Kippen von einer Diffusion der Identität zu einer fundamentalistischen, rechten Identität:

„Wie ich bei der Verhandlung aufgetreten bin, war schon provokativ von mir gewesen, aber nicht, um politisch ... Ich wollte mal wissen, wie die reagieren, wenn ich da mit schwarz-weiß-rot ankomme und mit Stiefeln. Ich hatte auch keine anderen Klamotten. Naja, habe ich gesehen, wie sie reagiert haben. Stand in jeder Zeitung, ich hätte eine Reichskriegsflagge an ... Schwarz weiß rot? Das hat mich neulich schon mal jemand gefragt. Für mich sind das mit der Nationalität identische Farben. Normalerweise kam das immer von den Uniformen und vor allem vom Adler aus. Schwarz weiß rot, daß es eben für den Adler gilt. So kenne ich das."[2]

Ich finde das Zitat deshalb so interessant, weil es zeigt, wie diese provokativen Zeichen zunächst spielerisch benutzt werden. Sie sind zunächst ein Ver-

1 Ebd.
2 Ebd. S. 131 f.

suchsballon der Provokation und zugleich schafft sie damit eine neue Realität. Sie wird nämlich schlagartig von außen definiert durch die Medien, aber auch durch die rechte Szene. Sie erhält den Status eines Symbols oder eines Idols in der rechten Szene und findet damit plötzlich ein neues Umfeld, in dem sie eine Rolle spielen kann, in dem Erwartungen an sie gerichtet werden. Es ist ganz eindeutig, dass sie sich in der Gerichtsverhandlung gegen die Schuld immunisiert. Es ist auch sehr interessant, dass sie sich im Interview gewaltbereiter inszeniert, als sie wirklich gewesen ist und gehandelt hat. Es kommt also zu einer Spaltung der Person mit der Übernahme einer fundamentalistischen rechten Identität, bei der die Einsprüche eines Teils dieser Persönlichkeit – nämlich Schamgefühl, Mitgefühl, das Gefühl, dass das nicht geht – zum Schweigen gebracht werden zugunsten einer neuen Identität, die dem verbrecherischen und vollkommen entgleisten Handeln plötzlich eine moralische Flagge umhängt und sie damit von Schuld entlastet.

In der Szene der Rechten bekommt die Ausübung von Gewalt für die Berichtende aber noch eine weitere Funktion. Es ist ihr Einstiegsticket in die Hierarchie der rechten Szene, in die sie nun plötzlich gehört. Und diese rechte Szene dominiert auch ihr Leben im Knast, versorgt sie mit Literatur, sorgt für das Kind, schickt Karten, liefert also einen Familienzusammenhang, der bestimmten Bedürfnissen sehr stark entspricht, nämlich dem Bedürfnis, in einer harmonischen Welt ohne Konflikte zu leben und versorgt zu werden. Gewalt hat aber im Gruppenzusammenhang der Rechten neben der symbolischen noch eine andere Funktion. Gewaltbereite Täterinnen wie Täter bedrohen objektiv die Zögernden, Unsicheren und Kritischen in der Szene, indem sie physisch gefährlich sind und auch indem sie zeigen, dass eine Grenze überschritten wurde, hinter die es kein Zurück mehr gibt. Dafür erhalten sie Respekt und werden von den intellektuellen Führern gehätschelt. So ist es dieser Gesprächspartnerin ja auch ergangen.

Kommen wir noch einmal zu der Frage nach dem Emanzipationsgehalt weiblicher Gewalt. Dahinter steht eine unausgesprochene Faszination, die Gewalt durchaus für jene Frauen haben kann, die selber nie Gewalt ausüben würden, nämlich Gewalt als Metapher für Selbstbehauptung, Stärke und Mut. Hier aber, wenn wir genauer hinschauen, gibt es gar keinen Anlass, eine solche Metapher aus einem solchen Schicksal zu machen.

Betrachten wir die Situation der Befragten in der Organisation des hierarchischen Männerbundes. Es ist ja nicht so, als würde die gewaltbereite, weibliche

Jugendliche irgendetwas am Frauenbild oder an den Haltungen zu Frauen in dieser Szene ändern. Es ist anders. Innerhalb des Männerbundes sind diese gewaltbereiten Frauen quasi exterritorial: Keine Frauen, sondern Kameraden, die wie Männer sind. Man könnte ergänzen: wie soldatische Männer. Sie tangieren das Weiblichkeitsbild in der Szene nicht. Sie suchen ihrerseits auch keine dauerhaften Liebesbeziehungen und sie kommen dafür auch nicht in Frage, denn sie werden von den anderen als unheimliche Wesen wahrgenommen. Als Mann-Weiber. Sie werden zugleich benutzt und ausgegrenzt. Nur als Symbol und als Kettenhund – oder Kettenhündin in diesem Fall – sind sie verwendbar. Es kommt wegen dieses exterritorialen Status auch nicht zu Konflikten um die Geschlechterrollen.

Fragen wir abschließend nach den politischen Aussagen, die dieses Interview charakterisieren. N. spricht vor allem vom großen Aufräumen mittels der Aktion: „Wenn die Gesellschaft versagt, helfen Kameraden. Die Gesellschaft wird auch nicht mehr lange bestehen bleiben. Das sind nur noch die letzten Zuckungen, die sie hat. Ein untergehendes System mit Verboten, wenn man so nicht mehr durchkommt, dann wird man illegal. Klar ist der Staat in seinem Kampf gegen uns schon illegal geworden ... Wer sich so gegen den Tod wehrt, der kann nicht mehr lange überleben. Irgendwann machen sie mal Fehler. Irgendwann muß das alles auffliegen ...“[1] Wie aus dem Gesamtbild heraus unmittelbar einsichtig ist, hat das politische Reden für N. nicht die Bedeutung einer Verständigung über komplizierte Sachverhalte. Das Reden ist expressiv. Freud bezeichnete das Denken als „Probehandeln im Kopf“. Mit Probehandeln meinte er, dass in der Person ein beobachtender Anteil die imaginäre Szene begutachtet und dann entscheidet, ob das Probehandeln reales Handeln werden soll. Von einer solchen inneren Instanz der Beobachtung ist bei N. nichts zu spüren. Ihr Reden ist ein erregtes imaginäres Agieren. Distanz ist kaum möglich. Ihre eigenen Worte treiben sie vorwärts zu neuen Worten, ohne dass sie nachdenken könnte. Der Übergang zum Handeln liegt jederzeit im Bereich des Möglichen, schon um dem Schwebezustand der Rede zu entkommen, bei dem sie selbst doch irgendwo das Ziellose und die Leere spürt. Aktionen sind demgegenüber entlastend Die lebensgeschichtlichen Katastrophen haben die seelische Entwicklung von N. so schwer beschädigt, dass sie ständig von Kontrollverlust bedroht ist, dass sie dabei zugleich andere und sich selbst bedroht.

---

1 Ebd. S. 155 f.

Das Gespräch mit N. spiegelt Lebensrealitäten und Deutungsmuster, die der Soziologe Michael Vester für etwa ein Viertel der Deutschen ausmacht: „Der Umfang dieser *deklassierten* Bevölkerungsgruppen ist heute auf ein *Viertel der Bevölkerung* angewachsen. Sie umfassen v.a. die ältere Generation aus traditionellen Berufsgruppen, aber auch schlecht ausgebildete Jüngere aus benachteiligten Milieus. Beide leben in reduzierten sozialen Netzen und Standards, fühlen sich sozial ausgegrenzt und grenzen andere ebenfalls aus.“[1] In der Konfrontation mit der Destruktivität, die aus diesen benachteiligten Lebenslagen hervorgeht[2], fühlt die Interviewerin F. Tenner, wie die Leserinnen und Leser des Interviews, das starke Unbehagen, das aus der Wahrnehmung der Versäumnisse an gesellschaftlicher Unterstützung hervorgeht. Zugleich zeigt das Interview, dass Unterstützung und klare Betonung der Legalität – wie Kernberg hervorhebt – in der Begegnung gleichermaßen unverzichtbar sind. Gefordert ist eine doppelte Haltung: Empathie und die Übernahme einer legitimen Rolle der Autorität, die Grenzen setzt und durchsetzt.

Phantasmatische Gewalt: Die „Rebellin“ und die „rechte Hand des Führers“

Ich möchte nun zu der phantasmatischen Gewalt bei Frauen der rechten Szene kommen. Ich bin, wie schon erwähnt, der Auffassung, dass Gewalt auch dann den Hintergrund der Identifikation von Frauen mit der Rechten bildet, wenn diese Gewalt für sich persönlich ablehnen und so genannte „unkontrollierte Aktionen“ negativ beurteilen. Man kann – meiner Ansicht nach – in diesen Fällen von einer Delegation von Gewaltausübung an andere sprechen. Ich nenne diese beiden Formen, die ich kurz skizzieren will, die „Rebellin“ und die „Rechte Hand des Führers“.

Das sind unterschiedliche Muster weiblicher Identifikation und auch verschiedene Rollen innerhalb der rechten Szene. Ich hebe hervor, dass Gewalt

1 Michael Vester: Wer sind heute die „gefährlichen Klassen“? Soziale Milieus und gesellschaftspolitische Lager im Wandel, in: Dietmar Loch/Wilhelm Heitmeyer (Hrsg.): Schattenseiten der Globalisierung, Frankfurt/M. 2001, S. 298-345, hier S. 335.

2 Dieser Zusammenhang wurde anhand von Fallanalysen bisher nur für männliche Jugendliche aus der Sicht von Therapeutinnen und Therapeuten beschrieben, so von Annette Streeck-Fischer: „Geil auf Gewalt“. Psychoanalytische Bemerkungen zu Adoleszenz und Rechtsextremismus, in: Psyche, Heft 8/1992, S. 745-768 und von Hans-Jürgen Wirth: Fremdenhaß und Gewalt als familiäre und psychosoziale Krankheit, in: Psyche, Heft 11/2001, S. 1217-1244.

das Kennzeichen der Szene ist und dass es dieser Aspekt ist, der die Aura des Vereinslebens und die Attraktivität ausmacht. Die Bilder der mythischen Volkseinheit, die in der Rechten dominieren, gehören mit dem Phantasma der ausgrenzenden Verfolgung zusammen; sie sind gewaltbestimmt und die Attraktivität der Szene funktioniert genau darüber, dass es diese Gewalt wirklich gibt, auch wenn sie im Zentrum des Geheimnisses und eines gewissen Nebels bleibt. Es macht gerade das Faszinosum aus, dass die Szene ein Ort der Gefahr ist – und einer gefährlichen Männlichkeit.

Phantasmatische Gewalt bedeutet Delegation an Männer, die dafür idealisiert werden. Das heldische Bild des Mannes spielt eine große Rolle.

Wer ist die *Rebellin*? Die Rebellin ist ein für sozialpädagogische Betreuung oft sehr schwieriger Fall. Auch hier stellt sich eine Nähe sehr leicht her – vor allem, wenn es kritische junge Leute sind, die Jugendliche aus der rechten Szene befragen –, denn die Rebellin ist dadurch charakterisiert, dass sie einen ausgeprägten Konflikt mit Autoritäten hinter sich hat, bevor es zur Einbindung in die rechte Szene kommt. Dann aber wird die Autorität in der Eigengruppe vorbehaltlos bejaht. Diese Wendung vom Antiautoritären zum Hierarchischen wird häufig mit Irritation vermerkt – zumal Elemente des Antibürgerlichen hinzukommen. In der pädagogischen Arbeit hoffen wir oft, an Gemeinsames anknüpfen zu können, an demokratische oder antiautoritäre Haltungen, die sich ja mit der Rebellion leicht verbinden lassen. Doch ist diese Nähe nur oberflächlich, was wichtig zu wissen ist. Die Rebellin hat eine Vergangenheit, die gekennzeichnet ist durch Protest in der Pubertät und der frühen Adoleszenz. Es ging gegen die Eltern und gegen die Schule; es folgt oft ein Experimentieren mit den verschiedenen Jugendszenen. Diese Rebellion hat bei näherer Betrachtung eine besondere Struktur, die Sennett in seinem Buch über die Autorität mit dem Begriff der „Ablehnungsbindung" treffend beschrieben hat.[1] „Ablehnungsbindung" heißt: Es geht gegen die Autorität, aber es geht nicht weiter zur Selbständigkeit, zur Eigenverantwortung. Das Opponieren und Anrennen führt nicht zu einer Neuorientierung, sondern dreht sich in der Pubertät im Kreis, im Wiederholungszwang. Es kommt nicht zu einem Reifungsprozess, der das Erwachsen-Werden gerade ausmacht. Reifungsprozess bedeutet Folgendes: Einerseits wird der/die Jugendliche fähig zu Kritik an konkreten Personen und Missständen, das Kritikbewusstsein ent-

1 Richard Sennett: Autorität, Frankfurt/M. 1985.

wickelt sich. Das ist bei der Rebellin extrem ausgeprägt; sie verfügt damit über eine Fähigkeit. Aber, und das ist der springende Punkt, es kommt im gelingenden Fall – und dann wird die Ablehnungsbindung überwunden – trotz der Kritik zu einer Anerkennung der Prinzipien des Zusammenlebens wie Gerechtigkeit, Demokratie, Gewaltfreiheit und Solidarität. Im Fall der Ablehnungsbindung erscheinen aber diese Werte den Jugendlichen ausschließlich als Fassade, die ständig entlarvt werden muss. Es kommt so zu einer unfruchtbaren Rebellion, wobei die Rebellin in der Pubertät und frühen Adoleszenz eine unglaubliche Begabung entwickelt, alle Formen von Opportunismus, Heuchelei, Doppeldeutigkeit, Doppelmoral in ihrer Umgebung auch wirklich aufzufinden. Aber diese Erkenntnis hilft ihr nicht weiter.

Manchmal endet die Rebellion in einer zynischen Haltung. Der Weg zu einer Balance zwischen dem Ego und den Werten des Zusammenlebens ist blockiert. Diesem Zynismus liegt die Resignation zugrunde. Die Welt wird als übermächtiges, feindliches Gegenüber wahrgenommen. Die äußere Anpassung und perfekte Regeleinhaltung verdecken die asoziale Feindseligkeit. Die Ablehnungsbindung kann aber auch in fundamentalistische Positionen führen. In diesem Fall werden neue Autoritäten gesucht, denen man ohne Zweifel und Kritik folgen kann.

Die Rechte kann als ein solches fundamentalistisches Glaubensangebot aufgefasst werden. Ebenso wie religiöse Sekten ermöglicht sie das Opfer der Persönlichkeit, bindet sie ein in eine Alltagsreligion, um einen Begriff von Detlev Claussen aufzunehmen.[1] Es geht um eine totale Einbindung. Alltagsreligion will auch genau dies ausdrücken. Es geht um eine durchgehende Lebenshaltung und Lebensstrukturierung, wie sie auch autoritäre religiöse Gemeinschaften und Sekten ihren Mitgliedern anbieten. Aber die rechte Szene liefert ein soldatisches, militärisches Schema, das sie von anderen autoritären Szenen deutlich unterscheidet. Die Entscheidung für diese Szene bedeutet – wie schon deutlich wurde – die Entscheidung für eine männerdominierte, gewaltbetonte und zugleich öffentlich-politische Welt, die auf Gruppenebene die Provokation der Autoritäten wiederholt, die die Rebellin ja schon gut eingeübt hat, aber sie ist nun von Eigenverantwortung und von persönlichem Gewissen zugleich entlastet, denn sie steht nicht mehr allein gegen den Rest der Welt, sondern sie ist Teil einer Gruppe.

---

1 Detlev Claussen: Die mißglückte Säkularisierung, in: Mechtild M. Jansen/Ulrike Prokop (Hrsg.): Fremdenangst und Fremdenfeindlichkeit, Frankfurt/M. 1993, S. 183-194.

Fromm hat diesen Typus einer vordergründigen Opposition schon 1934 in der Untersuchung „Autorität und Familie“ beschrieben: „Es kommt nicht darauf an, ob eine Autorität vernünftig oder unvernünftig ist ... das Vorhandensein von Autorität überhaupt lässt diesen Charaktertypus sofort in eine rebellische Haltung geraten. Mit dem ‚revolutionären‘ Typ ist ihm rein äusserlich gesehen eine autoritätsfeindliche Haltung gemeinsam. Wenn der positiv-autoritäre Charakter die feindselige Seite seiner ambivalenten Gefühlseinstellung zur Autorität verdrängt, so verdrängt der rebellische, negativ-autoritäre seine Liebe zu ihr. Seine ganze Auflehnung ist nur oberflächlich. In Wahrheit hat er die gleiche Sehnsucht nach Liebe und Anerkennung der Mächtigen ... Er kämpft im Grund mit all seinem Trotz um die Liebe der Autorität, und mag er sich noch so trotzig und feindselig gebärden.“[1]

Vor diesem Hintergrund einer tiefen, unbewussten Sehnsucht danach, gehorchen zu dürfen, ist es nicht erstaunlich, dass die Wendung zur autoritären rechten Szene speziell im Fall der Rebellin häufig als beglückendes Erweckungserlebnis beschrieben wird. Es ist charakteristisch, dass die Wendung zur Rechten wie ein quasi religiöses Erlebnis erscheint. Außerdem geht es hier immer auch um die (erotische) Bindung an Personen, denen Gewaltbereitschaft zugeschrieben wird. Gewalt wird so nicht selbst ausgeübt, sondern „der Szene“, dem Partner oder dem idealisierten Führer zugeschrieben. Im folgenden Zitat aus einem Interview von F. Tenner wird diese Haltung anschaulich. Eine junge Frau erinnert sich: „Als ich ... (den zukünftigen Ehepartner; U.P.) kennengelernt habe, da wußte ich von Anfang an, was er sagt und denkt, das war genau meine Wellenlänge ... Vom ersten Tag an war mir klar, daß das genau das ist, was ich immer gedacht habe ... Ich bin relativ schnell zum ersten Treffen gefahren ... Ich habe gleich gewußt, DAS ist es. Das war gleich klar. Ich war total fasziniert und beeindruckt von Michael Kühnen. Ich wußte, hier möchte ich mich gern engagieren, obwohl ich das bisher nie wollte. Da wollte ich es sofort. Das war für mich der richtige Weg.“[2]

Die Beschreibung folgt dem Schema „vom Dunkel zum Licht“ Das Erweckungserlebnis kann als Darstellung einer Herstellung von Ordnung, aber einer repressiven Ordnung, verstanden werden. Im Erleben des Subjekts wird

---

1 Erich Fromm: Autorität. Sozialpsychologischer Teil, in: Max Horkheimer u.a. (Hrsg.): Studien über Autorität und Familie, Paris 1936, S. 77-135, hier S. 131.

2 Franziska Tenner: Ehre, Blut und Mutterschaft, S. 105.

alles an seinen Platz gerückt. Das begleitende Gefühl ist eine neue Geborgenheit und Sicherheit. Eine starke Entlastung wird erlebt.

Ich möchte noch einmal auf den Aspekt der Gewalt kommen, weil er hier eine besondere Rolle spielt, gerade in Bezug auf die Frage, wie die gewaltablehnenden Äußerungen in Interviews einzuschätzen sind. „Die Rebellin" sagt folgendes: Gewalt – „Das sind irgendwelche Irrläufer. Damit muß man nun mal leben, daß das so ist ... Es gibt viele Leute in der rechten Szene, die das nicht gut heißen. Die Wenigsten finden das wahrscheinlich gut, aber deshalb nehme ich es nicht als Aufhänger: Ich steige jetzt aus. Das ist Unsinn. Das hat mit der Sache, für die wir kämpfen, überhaupt nichts zu tun. Es ist nicht schön, aber es passiert nun mal."[1] Das sind schönrednerische und auch sehr brutale Redensarten, wenn man sich überlegt, was die Aussage wirklich bedeutet. Sie distanziert sich von den Taten. Betrachtet man aber das gesamte Gespräch in seinem Verlauf, so wird zunehmend klar, wie stark dennoch die Vorstellung einer Delegation von Gewalt an andere ist. So kommt z.B. die Rede auf einen Aussteiger aus der rechten Szene, ein Thema, das die Rebellin ganz besonders berührt, weil sie grundsätzlich immer Verrat und Betrug, also „die Fassade" und das Geheime dahinter wittert. Nun ist sie in der rechten Szene, und da soll nun alles wahrhaftig, eindeutig und ganz und auf gar keinen Fall hintergründig sein. Insofern ist der Impuls gegen „den Verräter" von starken Gefühlen und von unbewussten Phantasien getragen. Sie sagt: „Dafür wird er seine Strafe noch bekommen ... Er sagt ja auch, dass ihm irgendwie mal was passieren könnte. Das halte ich für möglich. Nicht mal von der obersten Schiene oder so, ... sondern vielleicht von irgendwelchen, auch wieder solchen, die Asylantenheime anbrennen. Das halt so'ne sagen: ‚Mensch, das ist ein Verräter, mit dem müssen wir genauso umgehen.' Von Kleineren, von Mitläufern, denke ich, daß da eher was kommt. Die oberste Schiene tut sich doch mit so was nicht abgeben."[2]

Hier ist besonders wichtig: Neben dem Thema der Gewaltdelegation besteht eine sehr starke Identifikation mit der eigenen Rolle als Teil einer Elite. In der Äußerung wird die Verachtung für die ungebildeten Schläger deutlich, die man glaubt, benutzen zu können. Das entspricht der ambivalenten Position, die jemand wie die gewaltbereite junge Frau, wie ich sie zu Beginn beschrie-

---

1 Ebd. S. 117.

2 Ebd.

ben habe, in der Gruppe einnimmt. Eine Verachtung der Gewalttäter, die man benutzt, findet sich genauso bei den Frauen wie bei den Männern.

Mit ihrer Idealisierung des soldatischen Mannes ist „die Rebellin" die ideale Freundin und Frau in der Elite des rechten Männerbundes. Damit gerät sie zugleich in Abhängigkeiten: Ehe, Mutterschaft und ungleiche Verteilung der Aufgaben der Familienarbeit, dabei unsicheres Einkommen etc. Charakteristisch ist für sie der Protest gegen die Benachteiligung der Frau als Mutter. Ihr Partner, führendes Mitglied der Szene, lässt ihr das Kind, den Haushalt und die Geldsorgen – wofür aber „der Staat" verantwortlich gemacht wird. So tritt diese junge Frau für die Freigabe der Abtreibung ohne Beratungspflicht und für ein ausreichendes Erziehungsgeld ein.

Alle Gespräche, auf die ich mich beziehe, berufen sich in verschiedener Weise auf die Probleme der weiblichen Selbstverwirklichung. Es geht um Fragen, die alle haben: um die Vereinbarkeit von Berufserfolg und Mutterschaft. Die jungen Frauen der rechten Szene verlangen Lohn für Hausarbeit, Aufwertung der Erziehungsarbeit; sie verknüpfen das mit Vorstellungen, die Deutschen seien kinderfeindlich. Die Karriereorientierung der Frauen und die geringe Unterstützung und Annerkennung der Mutterschaft werden – wie ausführlich dargelegt wird – schließlich zum Aussterben der Deutschen führen.

Zugleich wird aber deutlich, dass die Befragten nicht beabsichtigen, selbst viele Kinder zu bekommen. Das ist, wie sie sagen, aus den genannten Gründen (fehlende staatliche Unterstützung) nicht möglich. Sie wollen es meist bei einem Kind belassen. Andere werden zunächst „eine ordentliche Ausbildung machen". Ideen, wie die eben vorgetragenen vom „Aussterben der Deutschen" sind also nicht handlungsrelevant, was die eigene Lebensführung angeht. Diese jungen Frauen sind ebenso berufsorientiert wie andere ihrer Generation. Im reaktionären Bild von Familie und Mutterschaft liegt für sie sicher nicht das eigentliche Motiv, sich rechten Gruppen zuzuordnen.

Dazu nur eine Anmerkung: Schon 1992 haben Annette Skrzydlo, Barbara Thiele und Nikola Wohllaib untersucht, ob die ideologische Überhöhung der traditionellen Frauenrollen im Parteiprogramm der Republikaner für ihre weiblichen Mitglieder attraktiv ist. Dazu interviewten sie Funktionärinnen der Reps. Die Autorinnen kommen zu dem Schluss: „Es zeigte sich, daß die Funktionärinnen überwiegend nicht mit dem in der Programmatik vorgesehenen Lebensentwurf für Frauen konform gehen." Sie gehen davon aus, „daß

Frauen nicht nur gleichwertig, sondern ‚gleichfähig' sind"[1]. Zu dem gleichen Ergebnis kam Gudrun-Axeli Knapp 1994. Eine Analyse neonazistischer Frauenzeitschriften bestätigt, dass in den Selbstäußerungen dieser Frauen keineswegs eine besondere Familienorientierung ausgedrückt wird. Im Gegenteil werden heftige Debatten darüber geführt, wie viel Autonomie die Frauen gegenüber den Männern beanspruchen können und ob sie wie Männer an Kämpfen teilnehmen dürfen. Knapp macht deutlich, dass es vielen Neo-Nazi Frauen darum geht, Gleichstellung mit den Männern unter Bezug auf ein rassisch ausgegrenztes Drittes zu erreichen.[2]

Bei rechtsextremen Frauen gibt es das Denkmuster, Gleichstellung für sich selbst bei gleichzeitiger ethnischer Ausgrenzung von Fremden zu fordern.

Auch das Gespräch, das ich dem Typus die „Rechte Hand des Führers" zuordne, wird von lauter Klage über die Benachteiligung von Müttern und das Aussterben der Deutschen durchzogen. Es wäre meiner Ansicht nach ganz falsch, daraus auch nur auf eine besondere Zuneigung und auf Respekt für Frauen zu schließen. Es sind Klagen, von denen sich die Befragten selbst immer ausnehmen. Sie sprechen immer *für andere Frauen*, die eben in schlechter Lage sind. Sie selbst sind herausgehoben. Sie sind Elite-Frauen, die über das Schicksal „einfacher Frauen" sprechen. Bei dem Typus der „Rechten Hand des Führers" spielt dieser Begriff der Elite und dass man selbst zu einer Elite gehört, eine entscheidende Rolle. Anstelle der überkommenen Geschlechterhierarchie ist hier eine neue Hierarchie etabliert. Man könnte sagen, der intellektuelle Führer im Bund mit der zu ihm gehörenden Frau herrscht über das Material der untergeordneten Naturen. Charakteristisch für dieses Muster ist die Identifikation mit der Macht, personifiziert in mächtigen Männern, zum Heldischen gesteigerten Führerfiguren. Es findet sich bei diesem Typ die Hemmung oder Abwertung der sexuellen Beziehung, die durch die „geistige Verschmelzung" mit dem bewunderten Idol ersetzt wird. Es kommt zu einer scheinhaften Eigenständigkeit.

Ich will hier nicht weiter ausführen, welche lebensgeschichtlichen Hintergründe eine solche Position hat. Ich möchte nur deutlich machen, dass diese

1 Annette Skrzydlo/Barbara Thiele/Nikola Wohllaib: Frauen in der Partei die Republikaner, in: Beiträge zur feministischen Theorie und Praxis, Heft 33, 1992, S. 136-146, hier S. 140.

2 Gudrun-Axeli Knapp: Frauen und Rechtsextremismus: „Kampfgefährtin" oder „Heimchen am Herd"?, in: Harald Welzer (Hrsg.): Nationalsozialismus und Moderne, Tübingen 1993, S. 208-239.

Position verbreitet ist und dass sie gerade für die kennzeichnend ist, die Karriere machen – als Frauen in der rechten Intelligenz. Das ist die Voraussetzung ihres Aufstiegs: sich in der autoritären Männerorganisation mit einem Machthaber zusammenzutun und in Identifikation mit ihm, auch in seinem Schutz, selber zu agieren und in diesem Schutz auch das Wort zu ergreifen. Das öffentliche politische Auftreten spielt hier eine sehr große Rolle. Denn dieser Typus ist weibliche Wortführerin, anders als die „Rebellin“, die in der Öffentlichkeit verstummt, nachdem sie sich in die rechte Szene eingeordnet hat (nicht ohne tiefe Frustration zu empfinden).

Verglichen mit den Erfahrungen und der seelischen Verfassung von gewaltbereiten Jugendlichen, wie ich sie zuerst beschrieben habe, sind die *Rebellin* und die *rechte Hand des Führers* weniger von Selbstzerstörung bedroht. Sie sind in der Lage, ein sozial angepasstes Leben zu führen und auch eine Karriere in der rechten Szene zu machen – sei es als Ehefrau einer Führerfigur oder als Aktivistin mit abgeleiteter Autorität. Die Phase der riskanten Experimente in der Pubertät und Adoleszenz endet mit der Aufrichtung rigider Autoritäten.

Fazit: Obgleich nur 3 Prozent der in der rechten Szene engagierten Frauen als gewaltbereit gelten, hat die Gewalt für die Frauen in der rechten Szene eine zentrale Bedeutung, ja, es ist das entscheidende Moment. Das bedeutet, dass für die pädagogische Praxis die Auseinandersetzung mit Gewalt – auch mit unsrem eigenen Verhältnis als Frauen zur Gewalt – zentral ist. Das geht über das Wissen um die rechtlichen oder ethischen Aspekte hinaus. Es ist wesentlich, Gewalt in psychologischer und psychoanalytischer Sicht zu verstehen. Weiter ist es wichtig zu wissen, dass die Einsprengsel von frauenemanzipatorischen Ideen keineswegs eine Brücke zur Orientierung an der Zivilgesellschaft sind.

Wo lässt sich dann im Blick auf Veränderung anknüpfen? Wie die Gespräche mit Frauen der rechten Szene durchgehend zeigen, fürchten alle, sozial endgültig ins Abseits zu geraten. Diese Furcht ist angesichts der kriminellen Aktionen der Szene berechtigt. Viele sagen: „Nein, so nicht. Ich will nicht vollständig herausfallen aus dem normalen Leben.“ Die Stärkung von Vernunft und legitimem Eigeninteresse verspreche ich mir am ehesten durch eine klare Darstellung der Grenzen zwischen Legalem und Kriminellem. Ich glaube, dass das sehr wichtig ist – auch in Bezug auf die Argumentation bei den Frauen. Die klare juristische Grenze ist am ehesten geeignet, die vernünftige

Wahrnehmung zu stärken. Die Auseinandersetzungen sollten gleichzeitig – und das streben wir ja an – vom Respekt und dem Anerkennen des Anderen als einem eigenständigen und selbstverantwortlichen Gegenüber getragen sein. Das ist nicht einfach, aber ich schließe mich hier den Ergebnissen der Emigranten Fritz Redl und David Wineman[1] an, die im Umgang mit Delinquenz davor warnen, normale Erwartungen an Gegenseitigkeit zu stellen. Es hat keinen Sinn, sich in Vorwürfen und moralischen Aburteilungen zu ergehen. Man muss einen ganz anderen Zeithorizont anlegen, bis das, was man tut, Wirkung zeigen kann. Es müssen daher von außen zugleich Grenzen aufgezeigt und durchgesetzt werden, aber auf der anderen Seite muss eine Unterstützung zum Neuanfang immer gegeben werden, so wie es Arnost Lustig in seinen „Persönlichen Anmerkungen zum Thema Antisemitismus" formulierte. Er schreibt: „Ich glaube, was ein menschliches Wesen auszeichnet, ist die Fähigkeit, sich selbst zur Überzeugung zu bringen, sich zu ändern, sich in jedem wachen Augenblick und sogar in dieser Sekunde selbst zu verbessern, indem es sich selbst herausfordert."[2]

Literatur

Ahlheim, Klaus: Wider den sozialpädagogischen Gestus – Rechtsextremismus als Herausforderung an die Pädagogik, in: Mechtild M. Jansen/Ulrike Prokop (Hrsg.): Fremdenangst und Fremdenfeindlichkeit, Frankfurt/M. 1993, S. 219-233

Ahlheim, Rose: Wie entsteht eine psychoanalytische Fallstudie?, in: Friederike Heinzel (Hrsg.): Methoden der Kindheitsforschung, Weinheim/München 2000, S. 279-294

Birsl, Ursula: Rechtsextremismus: weiblich-männlich? Eine Fallstudie zu geschlechtsspezifischen Lebensläufen, Handlungsspielräumen und Orientierungsweisen, Opladen 1994

Bohleber, Werner: Das rechtsextremistische Weltbild. Anmerkungen über Affekte im Umgang mit Fremdenfeinden und Rechtsradikalen, in: Beate Winkler (Hrsg.): Die Täter-Opfer-Falle. Journalisten und Psychoanalytiker im Gespräch über Rechtsradikalismus und Fremdenfeindlichkeit, Weinheim o.J. (1998), S. 51-62

Claussen, Detlev: Die mißglückte Säkularisierung, in: Mechtild M. Jansen/Ulrike Prokop (Hrsg.): Fremdenangst und Fremdenfeindlichkeit, Frankfurt/M. 1993, S. 183-194

Fromm, Erich: Autorität. Sozialpsychologischer Teil, in: Max Horkheimer u.a. (Hrsg.): Studien über Autorität und Familie, Paris 1936, S. 77-135

---

1 Fritz Redl/David Wineman: Kinder, die hassen. Fehlfunktionen des Ich bei milieugeschädigten Kindern, Freiburg im Breisgau 1970.

2 Arnost Lustig: Persönliche Anmerkungen zum Thema Antisemitismus, in: Werner Bohleber/John S. Kafka (Hrsg.): Antisemitismus, Bielefeld 1992, S. 197-205, hier S. 204 f.

Garlichs, Ariane/Leuzinger-Bohleber, Marianne: Identität und Bindung. Die Entwicklung von Beziehungen in Familie, Schule und Gesellschaft, Weinheim 1999

Groffmann, Anne Claire: Frauen und Rechtsradikalismus, unveröffentl. Magisterarbeit. Johann Wolfgang Goethe-Universität, Fachbereich Kulturanthropologie und europäische Ethnologie, 1992

Inowlocki, Lena: Zur Intensivierung rechtsextremer Zugehörigkeit am Beispiel des Films „Beruf Neonazi" von Winfried Bonengel, in: Hans-Dieter König (Hrsg.): Sozialpsychologie des Rechtsextremismus, Frankfurt/M. 1998, S. 347-371

Kernberg, Otto F.: Psychoanalyse und Sozialpsychologie – die sozial-autoritative Billigung von Gewalt, in: Psychosozial, Heft 4/2001, S. 55-68

Knapp, Gudrun-Axeli: Frauen und Rechtsextremismus: „Kampfgefährtin" oder „Heimchen am Herd"?, in: Harald Welzer (Hrsg.): Nationalsozialismus und Moderne, Tübingen 1993, S. 208-239

Lorenzer, Alfred: Tiefenhermeneutische Kulturanalyse, in: Alfred Lorenzer (Hrsg.): Kultur-Analysen. Psychoanalytische Studien zur Kultur, Frankfurt/M. 1986, S. 11-98

Lustig, Arnost: Persönliche Anmerkungen zum Thema Antisemitismus, in: Werner Bohleber/John S. Kafka (Hrsg.): Antisemitismus, Bielefeld 1992, S. 197-205

Ottomeyer, Klaus: Psychoanalytische Erklärungsansätze zum Rassismus. Möglichkeiten und Grenzen, in: Paul Mecheril/Thomas Teo (Hrsg.): Psychologie und Rassismus, Reinbek bei Hamburg 1997, S. 111-131

Redl, Fritz/Wineman, David: Kinder, die hassen. Fehlfunktionen des Ich bei milieugeschädigten Kindern, Freiburg im Breisgau 1970

Sennett, Richard: Autorität, Frankfurt/M. 1985

Siller, Gertrud: Rechtsextremismus bei Frauen. Zusammenhänge zwischen geschlechtsspezifischen Erfahrungen und politischen Orientierungen, Opladen 1997

Skrzydlo, Annette/Thiele, Barbara/Wohllaib, Nikola: Frauen in der Partei „Die Republikaner", in: Beiträge zur feministischen Theorie und Praxis, Heft 33, 1992, S. 136-146

Streeck-Fischer, Annette: „Geil auf Gewalt". Psychoanalytische Bemerkungen zu Adoleszenz und Rechtsextremismus, in: Psyche. Zeitschrift für Psychoanalyse und ihre Anwendungen, Heft 8/1992, S. 745-768

Tenner, Franziska: Ehre, Blut und Mutterschaft. Getarnt unter Nazi-Frauen heute, Berlin 1994

Wirth, Hans-Jürgen: Fremdenhaß und Gewalt als familiäre und psychosoziale Krankheit, in: Psyche. Zeitschrift für Psychoanalyse und ihre Anwendungen, Heft 11/2001, S. 1217-1244

Wobbe, Theresa: Rechtsradikalismus – nur eine Männersache?, in: Mechtild M. Jansen/Doron Kiesel/Heike Deul (Hrsg.), Rechtsradikalismus. Politische und sozialpsychologische Zugänge, Frankfurt/M. 1992, S. 61-83

Vester, Michael: Wer sind heute die „gefährlichen Klassen"? Soziale Milieus und gesellschaftspolitische Lager im Wandel, in: Dietmar Loch/Wilhelm Heitmeyer (Hrsg.): Schattenseiten der Globalisierung. Rechtsradikalismus, Rechtspopulismus und separatistischer Regionalismus in westlichen Demokratien, Frankfurt/M. 2001, S. 298-345

Rose Ahlheim

Autoritarismus, Vorurteilsbereitschaft und familiale Sozialisation

Es ist fast ein Allgemeinplatz, dass Sozialisationserfahrungen und die Neigung zu Fremdenfeindlichkeit, insbesondere zu fremdenfeindlicher Aggressionsbereitschaft „irgendwie" zusammenhängen. Hier soll es darum gehen, diesen Zusammenhang genauer zu untersuchen und über Möglichkeiten präventiver Intervention nachzudenken.

Man kann die Frage auch anders herum stellen: Was braucht ein Mensch, um *nicht* in fremdenfeindliche Denkmuster zu verfallen, um der Versuchung des Schwarz-Weiß-Denkens zu widerstehen und auf aggressive Vorurteile weitgehend zu verzichten? Er muss ein solides Selbstgefühl haben, ein zuverlässiges Erleben davon, was er ist, wer er ist, was er wert ist, ein Erleben auch von Kohärenz und von Kontinuität. (Gerade dieses Erleben geht in der Adoleszenz leicht verloren, wenn das Körperschema, das Selbstbild und das Selbstgefühl zu verschwimmen beginnen.) Er braucht außerdem eine hinreichende Sicherheit, etwas wert zu sein, anerkannt zu sein, so dass er nicht im Gegenzug andere verachten muss. Er braucht die Fähigkeit und auch die Bereitschaft zur Empathie, die Fähigkeit, sich in andere hineinzuversetzen. Das aber setzt voraus, dass er zunächst sich selber wahrnehmen kann in allen Facetten auch widersprüchlicher Gefühlstönungen, die man oftmals gleichzeitig in sich trägt. Die Bereitschaft also, auch bei sich selber nicht zu vereinfachen oder wegzusehen oder Gefühle wegzuschaffen, weil sie unerträglich werden. Er braucht außerdem die Fähigkeit sich abzugrenzen gegen den Sog einer Gruppenregression. Was alle tun, muss ich noch längst nicht tun, hieße das dann. Und er braucht ein stabiles Gewissen, ein Gewissen, das nicht nur relativ unabhängig ist von äußeren Instanzen, die jetzt im Moment ein Tun erlauben oder nicht erlauben, sondern das auch in gewissem Maße unabhängig von den eigenen inneren Bedürfnissen ist: Er braucht das, was wir ein „autonomes Gewissen" nennen.

Es ist nicht leicht, auf Vorurteile möglichst zu verzichten. Denn Voreingenommenheit, die Verachtung von Minderheiten, die man „gern" auch für minderwertig hält, dient der psychischen Entlastung. Das Subjekt, das sie braucht, macht sich damit das Leben leichter. Wenn andere schlecht sind, böse, schmutzig, triebhaft, dann kann ich das an den anderen tadeln, kann mich überlegen und moralisch intakt fühlen. Deshalb ist die Versuchung groß, das eigene Schlechte anderen anzudichten. Die Psychoanalyse hat dafür das schöne Wort der Projektion. Autonomie und moralische Sicherheit hier, Selbstunsicherheit und die Neigung zu entlastenden Projektionen dort – diese Pole sozialer Wahrnehmung und sozialen Handelns liegen sicherlich in jeder Persönlichkeit bereit, aber über ihre jeweilige Potenz entscheidet die innere Entwicklung, die ein Mensch genommen hat.

Man kommt bei dieser Diskussion nicht um die „Studien zum autoritären Charakter" herum, die in erster Linie mit den Namen Horkheimer und Adorno verknüpft sind, aber von einer größeren Gruppe von Sozialforschern und Psychologen bereits in den 40er Jahren des letzten Jahrhunderts durchgeführt wurden.[1] Diese breit angelegte Untersuchung wollte die Determinanten erforschen, die zu einer autoritären inneren Orientierung der Individuen führen, d.h. auch zu Vorurteilsbereitschaft und einer allgemeinen Rigidität des Denkens und Urteilens. Die Autoren wollten mit dieser Studie womöglich auf dem Wege zu einer demokratischen Gesellschaft nur „ein paar Hindernisse aus dem Weg räumen" helfen.[2]

Ein rigider, straforientierter, auf Unterwerfung ausgerichteter Erziehungsstil, zugleich emotionale Unzuverlässigkeit, mangelnde Empathiebereitschaft, Unberechenbarkeit und Willkür der Eltern kennzeichnen – diesen Studien zufolge – diejenigen Familien, deren Kinder eine „autoritäre Persönlichkeit" ausbilden. Nun sind vereinfachende Denkformeln, simple Aufspaltungen und Zuschreibungen, Feindbildprojektionen, Sündenbockstrategien und das Verlangen nach blindem Zuschlagen („Kampf des Guten gegen das Böse") immer dann ein Versuch, Urteils- und Handlungsfähigkeit zu suggerieren, wenn

---

1 Theodor W. Adorno/Else Frenkel-Brunswik/Daniel J. Lewinson/R. Nevitt Sanford: The Authoritarian Personality, New York 1950, und Studies in Prejudice, hrsg. von Max Horkheimer und Samuel Flowerman, Bd. 1-5, New York 1949-1950. Auszüge in: Theodor W. Adorno: Studien zum autoritären Charakter, Frankfurt/M. 1973. Vgl. auch Max Horkheimer/Theodor W. Adorno: Vorurteil und Charakter (1952), in: Max Horkheimer: Gesammelte Schriften Bd. 8, Frankfurt/M. 1985, S. 64-76.

2 Theodor W. Adorno: Studien zum autoritären Charakter, S. 15.

die Realität kompliziert, schwer durchschaubar, unkalkulierbar, aber deutlich unsicher, bedrohlich und ängstigend erscheint. Dieser Fluchtversuch in eine schwarz-weiße Landschaft der einfachen Gegensätze, in der es weder Zwischentöne noch Unentschlossenheit, erst recht keine Handlungsunfähigkeit geben darf, kann die Wahrnehmung, das Denken und Handeln eines Subjekts habituell bestimmen. Er kann zur Charakterstruktur gerinnen und die Interaktion der Person mit der Welt umfassend prägen. Er kann auch das öffentliche Klima in einer Gesellschaft mehr oder weniger bestimmen und den öffentlichen Diskurs verbiegen und verkrüppeln.

Schwäche verachten, sich selbst auf der Seite der Gewinner phantasieren, Abweichungen verfolgen – deutlich zeigte sich in den „Studien“ die Abwehrfunktion solcher Manöver. Es ist im Grunde die *eigene* Schwäche, die nicht sein darf. Es ist die Verachtung, die man *für sich selber* fürchtet, die man nun anderen entgegenbringt. Die Abweichung, die man *sich selber* nicht gestattet, die man in anderen verfolgt, die Stärke, die man *selber* nicht hat, die man an den Bossen bewundert. Unvermeidlich gehört zum Autoritarismus das Vorurteil – sei es antisemitisch, fremdenfeindlich oder sexistisch – um schlechte, verachtenswerte Selbstanteile dort, beim Ausgegrenzten, unterbringen zu können. Das autoritäre Weltbild hilft dem Subjekt, sein Selbstwertsystem notdürftig aufrechtzuerhalten. Es erlaubt ihm, „schlecht zu sein und sich dabei für gut zu halten“[1]. Es macht zugleich aber auch das Individuum verfügbar und ermöglicht seine Einpassung in eine mechanisierte, bürokratisierte, vom Warentauschprinzip durch und durch bestimmte Welt, in der individuelles Urteilen und Handeln wenig Spielraum haben. Die Menschen müssen, so Horkheimer und Adorno, „bis zu einem gewissen Grad sich selber mechanisieren und standardisieren. Je lockerer die Abhängigkeit ihres Schicksals von ihrem eigenen, selbständigen Urteil wird, je mehr sie darauf angewiesen sind, in übermächtige Organisationen und Institutionen sich einzufügen, um so besser fahren sie, wenn sie des eigenen Urteils und der eigenen Erfahrung sich begeben und selber die Welt schon so verhärtet und verwaltungsmäßig sehen, wie es im Sinn jener Organisationen liegt, die über ihr Fortkommen entscheiden.“[2]

Solche Formulierungen mögen auf den ersten Blick veraltet wirken im Zeitalter der angeblichen Individualisierung, wo inzwischen jeder zum Unter-

1 Max Horkheimer: Über das Vorurteil, in: Gesammelte Schriften Bd. 8, Frankfurt/M. 1985, S. 194-200, hier S. 196.

2 Max Horkheimer/Theodor W. Adorno: Vorurteil und Charakter, S. 74 f.

nehmer geworden sei, der seine Arbeitskraft selbstbestimmt managen und auf dem Markt anbieten soll – aber ist der Zwang von „übermächtigen Organisationen“ wirklich geringer geworden, wenn er heute unter einem heiter gestylten Firmenlogo als „corporate identity“ auftritt? Oder wenn der Arbeitnehmer nach den neuesten Plänen nicht mehr selbst bestimmen kann, an welchem Ort, in welcher Region er leben und arbeiten will?

Die „autoritäre Persönlichkeit“, so Horkheimer und Adorno und noch früher schon Erich Fromm[1], stelle genau den Sozialcharakter dar, der in der Zeit des fortgeschrittenen Kapitalismus das Funktionieren der Subjekte garantieren könne. Und die Agentur, die die „Produktion“ dieses Sozialcharakters leiste, sei die Familie, die nach wie vor als Erziehungsinstanz an erster Stelle stehe. Zwar beschreibt schon Horkheimer die ehemals patriarchalische Struktur der Familie als ausgehöhlt und substanzlos, weil keine ökonomische Funktion sie mehr zusammenhält außer der Aufgabe der Kinderaufzucht.[2] Vorbei die Zeiten bäuerlicher oder handwerklicher Familienproduktion, wo der Erfahrungsvorsprung des Vaters für die gemeinsame Arbeit erkennbaren Wert hatte und seine Autorität untermauerte. Gerade aber die Funktionslosigkeit und Formalisierung der väterlichen Autorität, die sie angreifbar mache und ständig in Frage stelle, führe zu einem restriktiven und repressiven Erziehungsverhalten. Weil der Zwang, den die Familie als Erziehungsinstanz ausübe, dem Kind von selber ohnmächtigen Eltern vermittelt werde, komme es nicht zur Verinnerlichung von authentischer Autorität, sondern zur bloßen Anpassung an veräußerlichte Über-Ich-Gebote.[3]

Gerade diese differenzierte Betrachtung – bedrohliche Erziehungsgesten von Seiten entwerteter, machtloser Eltern – ist vielen Kritikern der Autoritarismus-Theorie entgangen.

Aber es gebe ja gar keine Väter mehr, und schon gar nicht starke und übermächtige, lautet ein Haupteinwand.[4] Zur innerpsychischen Rolle eines real

---

1 Vgl. Studien über Autorität und Familie, hrsg. von Max Horkheimer u.a., Paris 1936, hier besonders den „Sozialpsychologischen Teil“ von Erich Fromm, S. 77-135.

2 Vgl. Max Horkheimer: Autorität und Familie in der Gegenwart, in: Gesammelte Schriften Bd. 5, Frankfurt/M. 1987, S. 377-395.

3 Vgl. Max Horkheimer: Autorität und Familie, in: Gesammelte Schriften Bd. 3, Frankfurt/M. 1987, S. 336-420, hier S. 401.

4 Z.B. Jan Weynand: Zur Aktualität der Theorie des autoritären Charakters, in: jour-fix-initiative Berlin (Hrsg.): Theorie des Faschismus – Kritik der Gesellschaft, Münster 2000, S. 55-76, hier S. 57.

abwesenden, phantasierten Vaters werde ich später noch kommen. Aber ein Blick in die Polizeistatistik oder in die Berichte des Kinderschutzbundes über Kindesmisshandlung in Deutschland zeigt deutlich genug, dass es brutale, prügelnde, bedrohliche Väter zur Genüge noch gibt.

Die familiale Erziehung habe ihre Funktion längst abgegeben, an die Peer-Group der Kinder und Jugendlichen, an die Massenmedien. Gesellschaftliche Anpassung werde „weniger durch eine Unterwerfung unter eine autoritäre Moral als durch industriell organisierte Bedürfniserzeugung und -befriedigung hergestellt", sagt ein anderer Einwand.[1] Zweifellos richtig, doch ist z.B. die *Wahl* der Peer-Group deutlich abhängig von den Wertvorstellungen, die zuvor im Elternhaus erworben wurden.[2] Und das Verlangen der Jugendlichen nach Markenklamotten, der Kinder nach Bildern, Karten, Mützen usw. mit den allgegenwärtigen Standard-Phantasiefiguren ist oft genug begleitet und unterfüttert von der Angst „wenn ich nicht kenne, habe und schön finde, was alle kennen, haben und schön finden, dann gelte und bin ich nichts". Der Struktur nach ist auch das eine autoritäre Norm, die je nach erlerntem Familienmuster ungefragt anerkannt oder angezweifelt werden kann, eine externalisierte Wertvorstellung – nochmals eine Spiraldrehung weitergeschraubt in der fortschreitenden Durchdringung der persönlichen Lebenszusammenhänge von der Logik des Warentausches.

Nicht ein autoritärer Stil, sondern fehlende Unterstützung im Elternhaus, Unter- oder Überforderung der Kinder führten dazu, dass diese anstelle eigener Konfliktbewältigungsstrategien autoritäre Persönlichkeitsmuster entwickeln, sagt eine andere Kritik aufgrund empirischer Befunde.[3] Nun kennzeichnet „fehlende Unterstützung", mangelnde Einfühlung in die innere Befindlichkeit des Kindes und seine unempathische Einpassung in die eigenen, unangemessenen elterlichen Vorstellungen eben einen „autoritären" Erziehungsstil, der sich ja nicht allein durch Brüllerei auszeichnet.

Man kann die „Studien" als ein „verkürztes Modell" bezeichnen, wie es ein weiterer Kritiker tut, weil sie narzißtische Konflikte und präödipale Trennungs-

1 Gunzelin Schmid Noerr: Erich Fromm und die „Frankfurter Schule", in: Psyche, Heft 8/2001, S. 803-834, hier S. 812.

2 Vgl. Klaus-Jürgen Tillmann u.a.: Schülergewalt als Schulproblem, Weinheim/München 1999, S. 183 ff.

3 Detlef Oesterreich: Autoritäre Persönlichkeit und Sozialisation im Elternhaus, in: Susanne Rippl/Christian Seipel/Angela Kindervater (Hrsg.): Autoritarismus, Opladen 2000, S. 69-90.

und Autonomiekonflikte nicht so berücksichtigen, wie es nach heutigem Theoriestand angemessen wäre[1]. Nun sind solche „frühen“ Konflikte und Beziehungsstörungen in der Beschreibung autoritärer Familienstrukturen sehr wohl berücksichtigt, aber nicht in die Kategorien der heute geläufigen Objektbeziehungs-, Narzissmus- oder Sozialisationstheorie eingeordnet. Diese Konzepte waren zu jener Zeit noch nicht entwickelt und in den losen Kanon psychoanalytischer Theoriebildung eingefügt. Insofern ist es unsinnig zu bemängeln, die Theorie der autoritären Persönlichkeit schließe die Dimension der Prä-Ödipalität „qua Konzept“ aus.[2]

Die Theorie der „autoritären Persönlichkeit“, wie sie vor einem guten halben Jahrhundert entwickelt wurde, ist heute natürlich im Kontext gegenwärtiger Bedingungen zu lesen. Wir wissen genauer und detaillierter als die damaligen Analytiker, dass Sozialisation mit der Geburt oder wahrscheinlich noch davor beginnt. Wir wissen aus „mikroskopischer“ Beobachtung, wie bedeutsam die allerfrühesten Interaktionsformen, aber auch die allerfrühesten unbewussten Phantasien der Eltern über ihr Kind für die Ausbildung seiner inneren Welt sind. Ich-Entwicklung und Über-Ich-Bildung des Kindes beginnen nicht mit dem Ödipuskonflikt, wie es in der Darstellung von Horkheimer und Adorno den Anschein haben könnte (nicht jedoch in den wichtigen Passagen der Studien zur autoritären Persönlichkeit, die von Else Frenkel-Brunswik stammen, nämlich den Einzelinterviews und ihrer Analyse). Das persönliche innere Wachstum, die psychische Strukturbildung fängt nicht erst am ersten Lebenstag, sondern möglicherweise schon vorher an, abhängig von den Bedingungen der Schwangerschaft. Denn schon da teilt sich dem entstehenden Kind über den Herzrhythmus der Mutter und über das Zusammenspiel der Hormone und Botenstoffe im gemeinsamen Stoffwechsel mit, wie ruhig und zufrieden oder wie ängstlich und gestresst sich seine Mutter fühlt, und das mag seinen Niederschlag in der Befindlichkeit des Kindes finden.

Was ein Kind zu dem macht, was es dann wird, ist die Summe seiner Lebenserfahrungen – ganz einfach. Es sind weniger die Werte oder die Normvorstellungen, die erzieherischen Absichten oder Vorsätze der Eltern, die die innere Welt eines Kindes prägen. Es ist das Zusammenleben, die vielfältige

---

1 Manfred Clemenz: Aspekte einer Theorie des aktuellen Rechtsradikalismus in Deutschland. Eine sozialpsychologische Kritik, in: Hans-Dieter König (Hrsg.): Sozialpsychologie des Rechtsextremismus, Frankfurt/M. 1998, S. 126-176, hier S. 156.

2 Ebd. S. 149.

Erfahrung des Zusammenspiels von Eltern und Kindern jeden Tag, und es sind eben Eltern und Kinder gleichermaßen beteiligt. Ich und Mama; ich und Papa; Mama, die mich liebt; Mama, die böse mit mir ist; Mama, die Papa liebt; Papa, der Mama liebt; Papa, der böse mit mir ist – und so weiter. Innere Vorstellungen von Beziehungssituationen verdichten sich und verbinden sich allmählich zu Strukturen. Die innere Erfahrungswelt eines Kindes stellt ein Netz dar von unzähligen Interaktionserfahrungen, in denen im Laufe der Zeit einige Grundfiguren sich herausbilden werden. Es sind daran mehrere Akteure beteiligt, die alle vielschichtig und beweglich in ihren Emotionen und in ihren Reaktionen sind, und es werden auch mit wachsendem Alter immer mehr Akteure. Neben die Eltern und Geschwister treten die Peer-Group, Erzieher, Lehrer, Schule und Kindergarten als Institutionen – sie alle handeln und reagieren, wie auch das Kind selber handelt und reagiert. Daher gibt es niemals eine einlinige, direkte Kausalität in dem Sinne, dass dieser und jener Erziehungsstil zwangsläufig zu dieser oder jener Charakterbildung führt. Aber es gibt eben doch Grundmuster, Zusammenhänge, die bei einer großen Zahl von Menschen in ähnlicher Weise sichtbar und erkennbar werden. Die Erinnerungsbilder legen sich (so wie Folien vielleicht) übereinander, und Hauptlinien, die in ähnlicher Richtung verlaufen, verdichten sich, bilden ein Muster. Und aus diesen Erfahrungsmustern werden die inneren Instanzen – das Gewissen als Verinnerlichung von Vater und Mutter, die sagen „Tu dies, tu das, tu jenes nicht“, aber auch die Idealvorstellung „wie will ich sein“ oder die Vorstellung „wer bin ich, wie bin ich“.

Auffallend, aber auf den zweiten Blick gar nicht so erstaunlich ist die Beobachtung, dass das Gegenteil eines autoritären Erziehungsstils – ein gummiweiches „Laissez-Faire“ der Eltern – ganz ähnliche Auswirkungen hat wie dieser. Dazu ein recht extremes Beispiel. Leonard Shengold, der die seelischen Verletzungen und Symptome von kindlichen Misshandlungsopfern beschreibt, berichtet von Analysepatienten, die als Erwachsene das gleiche Leid und die gleichen seelischen Strukturen zeigten wie die Opfer vergangener Misshandlung, die aber vergeblich in ihrer Lebensgeschichte nach dem ganz sicher vermuteten „Missbrauch“ suchten.[1] Denn sie hatten infantile Eltern gehabt, die nicht selber grenzverletzend waren, sondern sich von ihren Kindern tyrannisieren ließen. Diese Kinder hatten den elterlichen Haushalt beherrscht und den Erwachsenen mit ihren Wutanfällen Angst gemacht. Sie

1 Leonard Shengold: Soul Murder, Frankfurt/M. 1995, S .13.

hatten keine Gebote und Verbote internalisieren können, waren unbewusst vom Recht des Stärkeren überzeugt und steckten voll von unbändigem Hass auf die Eltern, die sich den elterlichen Aufgaben entzogen und ihre Kinder nicht vor infantilen Machtphantasien geschützt hatten.

Im weniger extremen „Normal"-Bereich ist es ebenso evident, dass ängstlicher und gekränkter Rückzug der Eltern genau so fatal sein kann wie gewalttätige Vergeltung. Eine kleine Illustration: Eine Familie ist im Garten von Freunden zu Gast. Unverhofft springt der vierjährige Sohn hinter dem Gartenhaus hervor, hält die schwere Holzaxt in den Händen und ruft: „Ich schlag euch alle tot!" Statt ihm die gefährliche Axt ruhig aus der Hand zu nehmen, reagiert der Vater mit hellem Entsetzen, ist noch am Tag danach verstört – aber nicht, weil die Gastgeber gedankenlos die Axt in Kindernähe liegen lassen, sondern weil er in seinem kleinen Sohn einen Gewalttäter, einen potentiellen Mörder sieht: Was solle das noch werden, wenn der Junge erst groß sei! Eine einzelne Episode, das hoffe ich schon gezeigt zu haben, wird keine tiefen Spuren hinterlassen. Aber was, wenn die Eltern dieses Jungen die Phantasie „wir haben ein Mörderkind" öfter durchblicken lassen? Dann könnte der kleine Junge ein Selbstbild entwickeln, zu dem Gewalttätigkeit gehört: „Ich bin ein gefährlicher Totschläger" oder gar „der Papa will mich als gefährlichen Totschläger". Dann müsste er zugleich Angst vor seinen gefährlichen Impulsen haben, weil er ja sogar die großen Eltern damit erschrecken kann, er könnte seine Aggressivität nach Kräften unterdrücken statt sie zu integrieren, ein strenges, unreifes Über-Ich frühzeitig entwickeln, um seine Liebesobjekte vor dem eigenen Hass zu schützen – er könnte ein ähnliches Persönlichkeitsbild entwickeln wie ein autoritär erzogenes Kind.

Ein wichtiges Merkmal eines autoritären Familienklimas sollte noch erwähnt werden: die Forderung an das bestrafte oder misshandelte Kind, seine Gekränktheit, seinen Schmerz und seine Wut zu verleugnen nach dem Motto „Es ist zu deinem Besten". Verschiedene Untersuchungen zeigen, dass die Möglichkeit und die Fähigkeit, solche Gefühle wahrzunehmen, die psychischen Folgewirkungen eines rigiden Erziehungsstils erheblich mildern kann.[1] Wer z.B. eine Psychotherapie hinter sich hat, ist auch bei vergleichbaren familialen Vorbedingungen weniger zu Gewalttätigkeit und rigiden Vorurteilen ge-

---

1 Vgl. Michael Milburn/Sheree D. Conrad: Die Sozialisation von Autoritarismus, in: Susanne Rippl/Christian Seipel/Angela Kindervater (Hrsg.): Autoritarismus, Opladen 2000, S. 53-68, bes. S. 56 ff.

neigt als Menschen ohne Therapieerfahrung. Und wer als Kind oder Jugendlicher einen Erwachsenen hatte, der ihm zuverlässig Wärme und Verständnis entgegenbrachte, hat auch die Erfahrung eines insgesamt gewaltsam strafenden Erziehungsklimas wahrscheinlich flexibler verarbeiten können, steht weniger unter Wiederholungszwang als jemand, der solche Hilfe nicht hatte.

Wie sehr ein „klassisches" autoritäres Familienklima und sein Gegenteil, das Alleinlassen und Ins-Leere-laufen-Lassen eines Kindes, die heranwachsenden Kinder in eine ähnliche Richtung drängen können, möchte ich nun am Beispiel zweier junger Männer zeigen. Beide, „Jörg" und „Peter" genannt, waren an den berüchtigten Krawallen in Rostock-Lichtenhagen (1992) beteiligt, beide ließen sich etwa zwei Jahre später auf ein ausführliches Gespräch mit einem Interviewer ein, der die Rolle der Gewalt in ihren Lebensentwürfen erkunden wollte.[1] Das Bild dieser beiden jungen Männer kann hier nur sehr skizzenhaft und vereinfacht entworfen werden, nach ihren eigenen Auskünften, wie sie sie in den Interviews gegeben haben.

Sie sagen beide von sich, dass sie etwas gegen Ausländer haben. Und sie tragen das wir ein Erkennungs- und Markenzeichen vor sich her. Immer mal wieder streuen sie in das Gespräch die klischeehafte Bemerkung ein *„ich hab was gegen Ausländer"*. Dieses Merkmal verbindet sie mit ihrer Umgebung, denn da hat man auch was gegen Ausländer. Sie beide sehen sich als Opfer schlechter Ausbildungsbedingungen, die zum Abbruch ihrer jeweiligen Lehre geführt hätten. Und außerdem waren sie mehrere Tage vor dem Interview – das wird ein Zufall sein – beisammen, als sie zu zweit einen dritten jungen Mann zusammengeschlagen haben (einen Langhaarigen, wie sie sagen). Der liegt jetzt mit schweren Verletzungen im Krankenhaus, während die Gespräche geführt werden, und Jörg wie Peter finden eine folgerichtige Rechtfertigung für diesen Überfall. Sie beschreiben ihn als eine Strafaktion, die nötig gewesen sei, und keiner der beiden lässt Einfühlung in das Opfer erkennen.

Wie sieht es nun in der inneren Welt dieser beiden jungen Männer aus und wie in ihrem familialen Umfeld? Schauen wir zunächst „Jörg" an.

Auf die Frage „Gab es bei euch Prügel, gab es sowas?" sagt er *„Nee. Ne. Nja, hmm, wenns verdient war. Na, nicht Prügel, halt dann haste mal eine gelangt gekriegt, oder so, ... normal, mein, würd ich bei meim Sohn später, na ja, ich mein, wie ichs machen würde, weiß ich nicht genau, aber, wenn der frech*

---

1 Robert Montau: Gewalt im biographischen Kontext, Gießen 1996.

wird oder so, dann isses ja normal, dann macht man das ja, dann rutscht einem ja die Hand aus, ne. Dann muß man sich ja n bißchen Respekt verschaffen, vor n Sohn oder vor der Tochter, ne". Später sagt er *„Ich hab sowieso weniger Schläge wie mein Bruder gekriegt. Und wie gesagt, mein Vff, ich war von mein Vatter mehr der Liebling, sozusagen. Mein Bruder ... der hat immer mehr Dresche gekriegt. Und der is auch nich, der is sogar noch weniger geworden wie ich ... also"*, fährt er fort, *„das seh ich auch als normal an, wenn man, daß mal einem die Hand rausrutscht."* Und er erzählt, dass er jetzt bereit und auch in der Lage sei zurückzuschlagen, und deswegen schlage ihn sein Vater nun nicht mehr. Er fährt unmittelbar fort *„Aber wenn mein Vatter nich gewesen wär ... dann wäre ich schon lange am Boden. Mein Vatter, der hat sich um alles gekümmert, der is mit mir rumgefahrn und hat mir n Job besorgt und alles."*[1] Ein Sohn also, der die Prügel seines Vaters als gerechtfertigt und gerecht erlebt und verteidigt. Einerseits hat er wohl eine Ahnung davon, dass das Scheitern seines großen Bruders und die *„mehr Dresche"*, die der gekriegt hat, irgendwie zusammenhängen, aber er würde es später ebenso machen wie sein Vater und er findet es normal. Das Kind zu prügeln ist für ihn freilich allein ein Recht des Stärkeren, solange bis das Kind stark genug wäre zurückzuschlagen.

In vielen Einzelzügen stellt Jörg in diesem Interview das Bild einer autoritären Persönlichkeit her. Oben und unten, stark und schwach sind klar unterschieden. Lässt man sich von oben prügeln, so prügelt man nach unten selbst. Ein schlagender Vater wird nicht kritisiert, er wird gerechtfertigt und insgesamt als gut und zuverlässig beschrieben. Diese Idealisierung ist ganz typisch für ehemals geschlagene Kinder und ist auch verständlich, denn kleine Kinder brauchen ja ihre Eltern und werden sich niemals erlauben können, sie als schlecht zu erleben. Sie schützen ihre Elternbilder vor ihrer Wut und ihrem Hass, so gut sie können. Wut und Hass kommen aber woanders zum Vorschein, eben nicht da, wo die Eltern stehen, sondern da, wo Schwäche und Andersartigkeit bekämpft werden – in diesem Fall bei den Ausländern: *„Stell dir mal vor, bei dir vorm Haus, da sitzen die ganzen Rumänen und diese ganzen Oschis da, die sitzen da auf deinem Rasen rum und sauen da total rum. Kacken überall in die Ecken."* Er assoziiert zu den Asylbewerbern Schmutz, Sauerei, faules Rumsitzen, triebhafte Missachtung der analen Reinlichkeitsvorschriften – Dinge, die er sich selbst nun, da er bereit ist sich anzupassen,

1 Zitate ebd. S. 81-84.

nicht leisten kann oder die ihm schon früh ausgetrieben wurden. Eben deswegen regen sie ihn auf, wo er sie wahrzunehmen glaubt. Dazu kommen Phantasien über Kriminalität und übergriffige sexuelle Triebhaftigkeit: *„Ausländer die ... hier rumsitzen und klauen und weiß ich wat alles. Und die abends noch die Weiber anmachen. Mädels ne."* Es handelt sich um eine Projektion, das wird aus Jörgs weiterer Erklärung deutlich: *„Sie, vor allem, erkennste ja nich. Sehn ja alle gleich aus."*[1] In dieser Unkenntlichkeit müssen die Gegner auch bleiben, um als Projektionsfläche dienen zu können. So kann Jörg Empathie, Mitleid oder Bedauern vermeiden. Jörg braucht auch keine Rechtfertigung für die Ausschreitungen in Lichtenhagen, weil er gar kein schlechtes Gewissen hat. Alle haben ja gebilligt, was die jungen Männer taten, das betont er. Und sein Vater war im Grunde damit auch einverstanden. Nur dass die Erwachsenen dann von ihm abrückten und abends im Fernsehen sich ganz anders geäußert haben, das empfindet er als Verrat und als ein Unrecht.

Sein Scheitern in seiner ersten Lehre stellt Jörg nicht als offene Rebellion gegen eine autoritäre Entscheidung der Eltern dar, sondern als ein eher schleichendes Sich-Entziehen: Er sei einfach nicht mehr hingegangen, zunächst mit ärztlichem Attest, dann ohne.[2] Anders war es nur damals, als man im Ausnahmezustand dieser Rostocker Krawalle die Polizei verprügeln durfte. Da war er mit Begeisterung dabei. Das war ein Erleben des Aufgehoben-Seins in einer Menge, so wie er es beschreibt. Alle waren einverstanden, alle haben gesagt „Das ist gut, was ihr macht". Und den besonderen Kick hat das Erleben eben dadurch erhalten, dass man vorübergehend die Freiheit hatte, die Staatsautorität direkt und ungestraft zu attackieren. Jörg nimmt diesen Aspekt im Laufe des Gesprächs sofort wieder zurück, es sei eben eine Ausnahme gewesen. Er selber war noch jünger und jetzt ist er vernünftig und legt sich mit der Polizei nicht mehr an, weil er ja noch etwas werden will (wobei er das Vorkommnis ein paar Tage vor dem Interview, die schwere Körperverletzung, ganz beiseite schiebt).

Anpassungsbereitschaft also da, wo sie von einer intakten Autorität gefordert wird, und die Bereitschaft zum Ausbrechen da, wo es nicht unangenehm auffällt. Offensichtlich fehlen ihm eigene und zuverlässige Kriterien dafür, was gut oder schlecht, richtig oder falsch sein könnte, eine Außenorientierung

1 Zitate ebd. S. 96-99.

2 Vgl. ebd. S. 78 f.

überwiegt: Das, was gerade verlangt, oder das, was gerade nicht geahndet wird, das ist erlaubt. Jörg beschreibt einen Vater, der ganz nach Stimmung – es war ja beliebig, der eine Bruder ist Lieblingssohn, der andere kriegt die Dresche – zuschlagen kann oder auch nicht, der seine eigene körperliche Überlegenheit demonstriert, mehr als eine überlegene Kenntnis der Welt. Das lässt im Kind Angst vor Autorität und die Bereitschaft zur Unterwerfung erstarken, aber nicht ein eigenes starkes autonomes Gewissen.

Jetzt schauen wir uns „Peter" an, Jörgs Kumpan bei der Wochenendaktion. Peters Lebenssituation ist noch ein bisschen desolater als Jörgs. Jörg hat jetzt nach einigen verbummelten Jahren eine zweite Ausbildung begonnen, Peter war nach Abbruch seiner Lehre lange arbeitslos und hat jetzt einen Aushilfsjob, über dessen Perspektiven er anscheinend illusorische Vorstellungen hegt. Er kann auch gar nicht genau sagen, was er tut, was das für ein Betrieb ist, was sein Chef vorhat. Er sagt nur, er kriege viel Geld. Peter sagt *„Mein Vater kenn ich gar nicht. Der wohnt irgendwo in der Wallachei, und bei dem will ich mich demnächst auch mal melden ... werd ich schon hinkriegen ... , War eigentlich so 'n .. Unfallprodukt, na ja ... was solls"*. Es stellt sich heraus: Peter hat seinen Vater nie gesehen und die Idee, er wolle sich bei ihm demnächst mal melden, wirkt eher illusorisch, die Eltern haben nie zusammen gelebt.

Gefragt nach seinem Zusammenleben mit Mutter und einer jüngeren Schwester, sagt er, früher, als er noch keine Schwester hatte, *„da ging das. Bloß dann . ging's los. Meine Schwester kam .. und denn: Schwester hier, Schwester da . eh .. und dann wurd' man halt vernachlässigt. Bloß das kriegt ja meine Mutter nich mit.* (Der Wechsel ins Präsenz zeigt, wie aktuell Peters Kränkung ist) *Und irgendwann hab' ich mir gesagt, also . mit zwölf ungefähr hab' ich nachher 'n . sozusagen meine Erziehung selber in die Hand genommen. Ich hab' das gemacht, was ich wollte . und das gemacht, was ich dachte, es wär für mich richtig . und meine Mutter hat sich nicht drum gekümmert, was soll's . na ja."* Und als er dann an anderer Stelle erzählt, dass sie an ihm herumnörgelt und verlangt, er solle jetzt mal Geld beibringen, wenn er noch immer bei ihr wohnt, da sagt er *„Interessiert mich auch kaum noch, was meine Mutter sagt."*[1] Er bleibt dabei, sich in seinen Ansprüchen auf Beachtung und Versorgung enttäuscht zu fühlen.

---

1 Zitate ebd. S. 44 f. und S. 69.

Bei näherem Hinsehen ist der Vaterlose, der in einer grandiosen Phantasie sich selbst zum eigenen Vater macht („hab ich meine Erziehung selber in die Hand genommen"), immer mit der Suche nach dem fehlenden Vater beschäftigt. Er versucht die Lücke zu füllen. Was in seiner eigenen Lebensgeschichte unzulänglich oder misslungen scheint und in den Augen des Interviewers tadelnswert sein könnte, das tadelt und verurteilt Peter – im Vorgriff sozusagen – an anderen Jugendlichen. An frechen und faulen Schülern, an arbeitsscheuen Lehrlingen, an rücksichtslosen Schlägern entdeckt der Leser des Interviews eben die unguten Eigenschaften, die Peter jeweils kurz zuvor in seiner Erzählung selber hat erkennen lassen, nunmehr aber entrüstet ablehnt (*„Wahnsinn"*[1]). So versucht Peter im Gespräch Einigkeit mit dem Interviewer herzustellen, und so ist er in seinem unbewussten Phantasieleben vermutlich mit einem idealen phantasmatischen Vater identifiziert, der dem Klischee „streng, aber gerecht" entspricht. In seiner Realität hat er die Männer, die ihm in väterlichen Positionen begegnet sind, als uninteressiert, gleichgültig und enttäuschend erlebt – die Lehrer, die ihn als Schüler nicht recht beachtet und gefördert haben, den Meister, der seine Leistungen nicht anerkannt hat.

Vor der Wende sei doch vieles besser gewesen, meint Peter, da habe der Jugendclub noch Angebote gehabt und nicht alles einfach laufen lassen, da habe es in der Schule noch Ordnung gegeben und man habe nicht mit Klamotten oder Anlage protzen müssen, um etwas zu gelten. Offenbar haben die kontrollierenden und versorgenden DDR-Institutionen ihm Sicherheit vermittelt und in gewisser Weise die Vater-Lücke ausgefüllt, und ihr Zusammenbruch war eine weitere Enttäuschung.

Die „kleine Anarchie" während der Lichtenhagener „Randale" ging für Peter letztlich *„mehr gegen die Bullen"*, war also ein Aufstand gegen die staatliche Autorität. Gerade das *„hat irgendwo Spaß gemacht"*, sagt er. *„Man konnt' sich irgendwo abreagieren, aber . hat man irgendwo auch trotzdem nicht. Höchstens noch mehr mitgekriegt. Irgendwas ... weiß auch nicht."* Offensichtlich ist für den rebellierenden Jugendlichen der Schuss nach hinten losgegangen. Ein nur kurz andauerndes Hochgefühl (*„ein großer Treffpunkt"*) war eingebettet in die anerkennende Zustimmung der zuschauenden Nachbarschaft: *„Ihr seid ja gut und so"*.[2] Aber dann folgten Ernüchterung und

1 Ebd. S. 52.

2 Zitate ebd. S. 60-64.

Enttäuschung, wie es auch eindrucksvoll im Bogen des Interviews zum Ausdruck kommt. Im weiteren Verlauf nämlich versackt Peter in Hoffnungslosigkeit und Depression und kann keine Zukunftsperspektive mehr aufrechterhalten. Es entsteht der Eindruck, als habe gerade die ins Leere gegangene Rebellion seinem Selbstgefühl den Rest gegeben. Es könnte gut sein, dass Peter die staatliche Autorität gerade in der unbewussten Hoffnung herausgefordert hat, sie möge sich als stark und zuverlässig erweisen, denn seine Enttäuschungswut wird durch die erlebte Schwäche der Staatsorgane offenbar nochmals potenziert: *„Man konnt' sich irgendwo abreagieren, aber . hat man irgendwo auch trotzdem nicht. Höchstens noch mehr mitgekriegt. Irgendwas ... weiß auch nicht."*

Peters Darstellungsweise legt den Schluss nahe, dass er in den Gewaltaktionen gegen „Ausländer" oder (wenige Tage vor dem Interview) gegen den langhaarigen unterlegenen Einzelgegner sich selbst im Besitz von Stärke und Recht fühlt, als der, der das Richtige durchsetzt und das Unrichtige bestraft – in einer unbewussten Identifikation also mit einem mächtigen, richtenden Vater. Unbewusst sucht – wenn diese Interpretation zutrifft – der Vaterlose immer noch nach der Anerkennung seiner Männlichkeit und seines Wertes durch eine väterliche Instanz, versucht er die narzisstische Lücke phantasmatisch zu füllen. Gerade die fehlende Auseinandersetzung mit einem leibhaftigen und dementsprechend unvollkommenen Vater macht es ihm unmöglich, die Stärke und Strenge, mit der er sein inneres Vaterbild ausstattet, einem realistischen Normalmaß anzunähern. Auch „Peter" passt damit in die Beschreibung der „autoritären Persönlichkeit", obwohl seine Sozialisationsbedingungen so anders geartet sind als die seines Kumpels „Jörg".

Wenn also der familialen Sozialisation so große Bedeutung zukommt bei der Ausbildung von Vorurteilsbereitschaft und Gewaltbereitschaft – welche Spielräume gibt es dann für pädagogische oder sozialpädagogische präventive Interventionen?

Zweierlei dürfte von vornherein klar sein. Zum einen trifft der Ruf nach einer werte-orientierten Erziehung in der Schule, die die Defizite unzureichend „erzogener" Schüler ausgleichen soll, daneben. Viel früher in der Lebensgeschichte bilden sich Persönlichkeitsmerkmale wie bevorzugte Angstabwehr-Strategien, Identifikationen, Projektionsneigungen, Denkgewohnheiten heraus. Über basale Eigenschaften wie Empathiefähigkeit, Geduld, Beharrungsvermögen, Vertrauen in die Welt und in sich selbst entscheiden bereits die ersten Lebensjahre. Die Bausteine für die Herausbildung eines sicheren Selbstgefühls und eines autonomen Gewissens liegen zur Zeit der Einschulung bereits vorgeformt bereit – oder eben auch nicht.

Zum anderen kann es aber auch nicht darum gehen, die familiale Erziehung beiseite zu drängen, zu ersetzen durch öffentliche Erziehung von Beginn an. Denn die Subjektwerdung eines Kindes vollzieht sich in der Intimität seiner frühen Beziehungen, ist gebunden an den zuverlässigen Austausch von Gesten, Signalen, Gefühlen und Bedeutungen in der Interaktion mit unverwechselbaren Beziehungsobjekten, die auch Wut und Aggression unbeschadet aushalten. Das Gefühl, gehalten und verstanden zu werden, auch und gerade mitsamt allen heftigen und noch ungeordneten, unbenannten Affekten, ist die Grundlage zu jeder späteren Fähigkeit, sich selbst und anderen Halt zu geben. Die Intensität dieser frühen Beziehung ist es, die Mütter so anstrengen kann und ihnen bisweilen das Gefühl vermittelt, „aufgefressen" zu werden, und die gleichwohl nicht einfach von Institutionen mit wechselndem Personal, Schichtdienst und wenigen Betreuern für viele Kinder übernommen werden kann.

Was also kann getan werden, um Eltern und Kinder in ihrer frühesten und verletzlichsten Beziehung zueinander zu unterstützen?

Man sollte von der Erfahrung ausgehen, dass Eltern sich durch ihre Kinder an eigene versunkene Kindheitserfahrungen erinnert fühlen. Die Entwicklungsphase, in der ihr Kind sich gerade befindet, haben sie ja selbst in einer ganz spezifischen eigenen Weise erlebt, und Gefühle, Phantasien, Wünsche und Ängste aus dieser Zeit werden in der Interaktion mit ihrem Kind wieder wach.[1]

Diese Regressionsbereitschaft ist wichtig, um das Kind einfühlend verstehen zu können, aber sie macht auch verletzlich und kann gerade Eltern mit schwierigen Kindheitserfahrungen ängstigen. Umso wichtiger ist es, dass junge Eltern sich nicht allein gelassen fühlen müssen. Oft sorgt ja gerade die Aufgabe, ein Baby oder Kleinkind zu versorgen, für Isolation und den Rückzug in die eigenen vier Wände. Schon Schwangerschaft und Geburt, erst recht die erste Versorgung des Säuglings rund um die Uhr bedeuten in unserer Gesellschaft für viele junge Mütter ein Leben ohne die gewohnten Kontakte, und die Klage „mir fällt die Decke auf den Kopf" ist fast schon zu er-

1 Eindrücklich dargestellt bei Therese Benedek: Elternschaft als Phase der Entwicklung, in: Jahrbuch der Psychoanalyse 1960, S. 35-61.

warten.[1] Und ist das überstanden, so setzt für viele Elternpaare die Sorge ein, ob ihr Kind dem Vergleich mit anderen Kindern standhält, ob es sich gesund genug, schnell genug, gut genug entwickelt. Sie sind in Sorge, ob sie „gute" Eltern sind, ob es in Ordnung ist, wenn sie auch Ungeduld und Wut verspüren, wenn sie von ihrem Kind und dem Eltern-Sein enttäuscht sind, ob sie ihr Kind zufrieden stellen können oder ob es seinerseits enttäuscht und unzufrieden ist.

Es wäre wichtig und wünschenswert, dass junge Eltern schon bei diesen frühen Sorgen Unterstützung finden können, so dass die Basis für eine sichere Identität als „Mutter" oder „Vater" gesichert wäre.

Nimmt man diese Zusammenhänge ernst, so erhält das Feld der Kleinkinderziehung ein ungewohntes Gewicht. Es geht nicht nur darum, Mütter von ihren Kindern zu entlasten, damit sie frühzeitig wieder arbeiten und ihre Lebenszusammenhänge aufrechterhalten, womöglich Karriere machen können, so berechtigt diese weiblichen Interessen auch sind. Junge Familien aus ihrer Vereinzelung zu holen, in ihrer tagtäglichen Arbeit zu unterstützen, ein kinderfreundliches Klima herstellen zu helfen, ist eine Aufgabe von weiter reichender politischer Bedeutung, ein Beitrag eben auch zu dem Versuch, rechtsextremer Vorurteils- und Gewaltbereitschaft entgegenzuarbeiten.

Nichts spricht gegen eine frühzeitige Gemeinschaftserziehung – nur müssten die Einrichtungen für Kleinkinder sehr viel schonender und empathischer mit den kindlichen Bedürfnissen umgehen, sehr viel flexibler den Rhythmus eines jeden Mutter-Kind-Paares respektieren können. Insbesondere die Trennung von Mutter und Kind müsste einfühlend begleitet werden und ohne institutionellen Zwang ihrem eigenen Tempo folgen dürfen. Das Modell der „Krabbelstuben", das sich auf die Zusammenarbeit der beteiligten Mütter und Väter stützt, ist sicher eher als die städtische Kinderkrippe traditionellen Zuschnitts geeignet, das Versorgungsbedürfnis, vor allem aber Separation und Individuation der kleinen Klienten zu unterstützen. Nur setzt dieses Modell voraus, dass Vater oder Mutter eines Kindes relativ frei über ihre Arbeitszeit verfügen können, um ihren Anteil an der gemeinsamen Versorgung der Gruppe leisten zu können. Wollte man die Krabbelstuben-Erziehung zum Vorbild nehmen, so wäre die Bedingung eine erhebliche Flexibilisierung der Arbeitszeiten junger Eltern, und zwar auf breiter Ebene.

---

1 Zur Isolation des Mutter-Kind-Paares in unserer Gesellschaft bzw. seiner Einbindung in ein Netz sozialer Kontakte vgl. den Kulturvergleich von Maya Nadig: Die gespaltene Frau – Mutterschaft und öffentliche Kultur, in: Psyche, Heft 1/1990, S. 53-70.

Die zweitbeste Lösung gemeinsamer Kinderbetreuung, die Tagesmutter, setzt sorgfältige Auswahl und auch Ausbildung der Erzieherin voraus, und das Problem bleibt, dass feste Arbeitszeiten der Mutter den weniger starren Rhythmus des kindlichen Tagesablaufs gerade in der Zeit der Eingewöhnung überrollen. Überschaubarkeit und Regelmäßigkeit sind gut für das Kind, Hektik und Rücksichtslosigkeit bei der Befolgung eines vorgegebenen Stundenplans verderben Mutter und Kind die Freude aneinander.

In erster Linie aber muss es in unserem Zusammenhang um eine Stärkung, nicht nur Entlastung junger Eltern gehen: darum, das Vergnügen am Zusammenleben mit Kindern zu unterstützen, aber auch einen Ort zum „Dampfablassen“, zum Nachdenken, zur gegenseitigen Ermutigung anzubieten.

Beispielhaft seien hier die Eltern-Kind-Gruppen genannt, wie sie etwa von Kirchengemeinden oder regionalen kirchlichen Institutionen, aber auch von freien Mütter-Zentren angeboten werden. Sie sollen feste Räume und Termine für ein lockeres und informelles Zusammentreffen von Eltern und Kindern zur Verfügung stellen, einen Rahmen für Gespräche, aber auch einen Ort, wo auch unsichere und ungeschickte junge Eltern von anderen durch das lebendige Vorbild lernen können, wie man mit Kindern ohne Repression und Drohung leben kann – einen Ort auch, wo man mit Erleichterung feststellen kann, dass man nicht als Einziger oder Einzige mit der Elternrolle Schwierigkeiten hat. Sich gegenseitig Unsicherheiten und Ängste einzugestehen, statt als unangefochtene Respektsperson für einwandfrei funktionierende Kinder dazustehen, ist nicht leicht. Aber es könnte hilfreich und entlastend sein, ohne Angst vor Beschämung von Konflikten mit den Kindern erzählen zu können, und sei es nur, um zu erfahren: Anderen geht es genauso. Deshalb ist die Leitung solcher Eltern-Kind-Gruppen eine schwierige Aufgabe und setzt viel Geschick in der Gesprächsführung und der Handhabung der Gruppendynamik voraus, dazu ein solides Wissen über die kindliche Entwicklung. Umso bedenklicher, dass der gesellschaftliche Stellenwert solcher Einrichtungen offenbar gering geschätzt wird, die Arbeit der Gruppenleiterinnen ehrenamtlich ist, bestenfalls für ihre Fortbildung Mittel zur Verfügung stehen.

Ähnliches gilt für die Initiative „Starke Eltern – starke Kinder“ des Deutschen Kinderschutzbundes. Sie soll gerade labilen, unsicheren, überforderten Eltern Gelegenheit geben, sich in Elterngruppen gegenseitig zu trösten, zu beraten und zu stabilisieren. Hebammen, Entbindungskliniken und Kinderärzte sind aufgerufen, ängstliche oder ambivalente Mütter und Väter auf solche Gruppen hinzuweisen. Die Leitung der Gruppen, die sicher viel Einsatz und Fingerspitzengefühl fordert, ist ehrenamtlich und ohne öffentliche Förderung.

Eine strukturiertere Annäherung an die Probleme des Mutter- oder Vaterseins bieten die „Elternschulen“, von freien Trägervereinen oder z.B. Volkshochschulen angeboten. Letztlich geht es auch ihnen darum, ein Gesprächsklima zu schaffen, wo ohne Angst vor Beschämung Konflikte zwischen Eltern und Kindern zu besprechen und gemeinsam zu durchdenken sind, so dass gewaltfreie Konfliktlösungen gefunden und gedanklich durchgespielt werden können. Ob ein „Elternführerschein“ (wie in der VHS Viersen) erworben werden kann oder nicht – der Austausch mit anderen Eltern soll den Druck vermindern, unter dem viele Eltern stehen, und ihr Selbstbewusstsein stärken mit der Einsicht: Patentrezepte hat, braucht aber auch niemand. Es kommt vor allem darauf an zu sehen, was man den Kindern schon zutrauen kann und was sie noch überfordert.

Andere Initiativen können sich an die Kinder selber wenden. In jedem einzelnen Fall kann es wichtig und hilfreich sein, wenn ein Kind in Not die Person findet, der es vertrauen kann, die sich einfühlen kann, die bereit ist, Schmerz, Angst und Wut mit ihm zu teilen. Ich habe schon darauf hingewiesen, dass erst das Verleugnen dieser kindlichen Gefühle, auf Seiten der Erwachsenen wie der Kinder, die rigide autoritäre Abwehr, die Identifikation mit dem Aggressor, die Sündenbockmentalität zementiert. Die Bedingungen in den Institutionen der öffentlichen Erziehung müssten so aussehen, dass Raum bleibt für ruhige, persönliche und dauerhafte Beziehungen zwischen Kindern und Erziehern oder Lehrern, wenn die Kinder sich engere Kontakte wünschen. Die Frage der Gruppengröße, der Ausstattung, des öffentlichen Erziehungsstils hat damit über die pädagogische Fachdiskussion hinaus eine wesentlich politische Bedeutung. Es besteht kein Grund, sich – wie neuerdings in Mode gekommen – über „Kuschelpädagogik“ lustig zu machen.

Wie immer die gesellschaftliche Unterstützung der frühen und frühesten Kindererziehung aussehen mag – es ist an der Zeit, die gesellschaftspolitische Bedeutung dieses Handlungsfeldes zu sehen. Früh werden die Weichen gestellt für die Entwicklung einer jeden Persönlichkeit und früh müssten Hilfen bereitstehen für Mütter und Väter, die sich mit ihrer Aufgabe allein gelassen und belastet fühlen, für Eltern, die sich ihren Kindern gegenüber schwach und hilflos genug fühlen, um sich hinter Drohen und Schlagen zu verschanzen. Bei überzeugten Rechtsradikalen mag es für jede wirksame Intervention zu spät sein – in der frühen und verletzlichen Lebensphase der Kinder aber, die die tiefsten Spuren in der Persönlichkeit hinterlässt, und auch in der sensiblen Phase junger Elternschaft ist Handeln möglich und nötig.

Literatur

Adorno, Theodor W.: Studien zum autoritären Charakter, Frankfurt/M. 1973

Adorno, Theodor W./Frenkel-Brunswik, Else/Levinson, Daniel J./Sanford, R. Nevitt: The Authoritarian Personality, New York 1950

Benedek, Therese: Elternschaft als Phase der Entwicklung, in: Jahrbuch der Psychoanalyse 1960, S. 35-61

Clemenz, Manfred: Aspekte einer Theorie des aktuellen Rechtsradikalismus in Deutschland. Eine sozialpsychologische Kritik, in: Hans-Dieter König (Hrsg.): Sozialpsychologie des Rechtsextremismus, Frankfurt/M. 1998, S. 126-176

Horkheimer, Max u.a. (Hrsg.): Studien über Autorität und Familie, Paris 1936

Horkheimer, Max: Über das Vorurteil, in: Gesammelte Schriften Bd. 8, Frankfurt/M. 1985, S. 194-200

Horkheimer, Max: Autorität und Familie, in: Gesammelte Schriften Bd. 3, Frankfurt/M. 1987, S. 336-420

Horkheimer, Max: Autorität und Familie in der Gegenwart, in: Gesammelte Schriften Bd. 5, Frankfurt/M. 1987, S. 377-395

Horkheimer, Max/Adorno, Theodor W.: Vorurteil und Charakter (1952), in: Max Horkheimer: Gesammelte Schriften Bd. 8, Frankfurt/M. 1985, S. 64-76

Horkheimer, Max/Flowerman, Samuel (Hrsg.): Studies in Prejudice, Bd. 1-5, New York 1949-1950

Milburn, Michael/Conrad, Sheree D.: Die Sozialisation von Autoritarismus, in: Susanne Rippl/Christian Seipel/Angela Kindervater (Hrsg.): Autoritarismus. Kontroversen und Ansätze der aktuellen Autoritarismusforschung, Opladen 2000, S. 53-68

Montau, Robert: Gewalt im biographischen Kontext, Gießen 1996

Nadig, Maya: Die gespaltene Frau – Mutterschaft und öffentliche Kultur, in: Psyche. Zeitschrift für Psychoanalyse und ihre Anwendungen, Heft 1/1990, S. 53-70

Oesterreich, Detlef: Autoritäre Persönlichkeit und Sozialisation im Elternhaus. Theoretische Überlegungen und empirische Ergebnisse, in: Susanne Rippl/Christian Seipel/ Angela Kindervater (Hrsg.): Autoritarismus. Kontroversen und Ansätze der aktuellen Autoritarismusforschung, Opladen 2000, S. 69-90

Schmid Noerr, Gunzelin: Erich Fromm und die „Frankfurter Schule", in: Psyche. Zeitschrift für Psychoanalyse und ihre Anwendungen, Heft 8/2001, S. 803-834

Shengold, Leonard: Soul Murder, Frankfurt/M. 1995

Tillmann, Klaus-Jürgen/Holler-Nowitzki, Birgit/Holtappels, Heinz Günter/Meier, Ulrich/ Popp, Ulrike: Schülergewalt als Schulproblem. Verursachende Bedingungen, Erscheinungsformen und pädagogische Handlungsperspektiven, Weinheim/München 1999

Weynand, Jan: Zur Aktualität der Theorie des autoritären Charakters, in: jour-fix-initiative Berlin (Hrsg.): Theorie des Faschismus – Kritik der Gesellschaft, Münster 2000, S. 55-76, hier S. 57

Thomas von Freyberg

Ethnische Konflikte im Betrieb

Empirische Ergebnisse und Konsequenzen für betriebliche Antidiskriminierungsstrategien

Die Untersuchung, über die hier noch einmal berichtet wird, wurde vor mehr als 10 Jahren begonnen und Mitte der 90er Jahre beendet.[1] Doch was länger zurückliegt, ist deshalb nicht unbedingt schon veraltet. Unsere damalige Untersuchung kann in Deutschland wohl immer noch eine gewisse Einmaligkeit für sich beanspruchen, neuere Untersuchungen zur *Ethnisierung sozialer Konflikte* mit dieser qualitativen Intensität gibt es seitdem meines Wissens nicht; und die Auseinandersetzung mit *Rechtsextremismus und Fremdenfeindlichkeit* dürfte auch heute noch aus unserer Untersuchung einiges lernen können – zumal im Bereich der betrieblichen und betriebsnahen Bildungsarbeit.

Das Forschungs- und Untersuchungsprojekt

Berichtet wird von einer intensiven qualitativen Untersuchung, in deren Zentrum eine relativ kleine Abteilung im Frankfurter Amt für Abfallwirtschaft und Straßenreinigung steht, die Abteilung Wertstoffabfuhr; einer Untersuchung in enger Kooperation zwischen einem Forschungsprojekt am Institut für Sozialforschung über *Städtische Modernisierung und soziale Polarisierung* und einem Weiterbildungsprojekt des Amtes für Volksbildung zur *Untersuchung und Bearbeitung betrieblicher Konflikte zwischen Deutschen und Ausländern.*

Ausgangspunkt der Untersuchungs- und Weiterbildungsarbeit waren sich häufende, zum Teil schwere Konflikte zwischen deutschen und ausländischen Kollegen. Das Projekt hatte eine doppelte Fragestellung. Zum einen sollte untersucht werden, in welchem Zusammenhang diese feindseligen Spannun-

1 Eine ausführliche Darstellung der Befunde und einige Zusammenfassungen unter spezifischem Blickwinkel wurden veröffentlicht; vgl. die Literaturhinweise am Ende des Beitrags.

gen mit den spezifischen Bedingungen, Anforderungen und Belastungen von Arbeitsorganisation und Arbeitssituation stehen; zum anderen sollten exemplarisch Formen der Konflikt- und Vorurteilsbearbeitung entwickelt und überprüft werden. Die Projektarbeit war in drei Arbeitsphasen unterteilt. In der ersten Projektphase wurde in einer Reihe von zweistündigen Seminarsitzungen in „ethnisch homogenen" Kleingruppen das Material gesammelt: Konflikte, Probleme, Deutungen und Erfahrungen. In der zweiten Projektphase fanden fünf Zweitagesseminare außerhalb Frankfurts statt, wo den Teilnehmern die Gelegenheit gegeben wurde, exemplarisch durch die Bearbeitung wichtiger Konfliktfelder (Springerregelung, Urlaubsregelung, betriebliche Leistungspolitik, Vorgesetzte – Untergebene, Personalrat – Belegschaft) ihre sehr unterschiedlichen Sichtweisen gegeneinander zur Geltung zu bringen und gemeinsam Problemlösungen vorzuschlagen und zu entwickeln. In der dritten Projektphase fanden noch einmal fünf Zweitagesseminare statt, wobei jetzt der thematische Schwerpunkt auf der Frage lag, ob die Teilnehmer bereit und in der Lage sind, notwendige Veränderungsprozesse (Urlaubsabsprachen, aktive betriebliche Interessenvertretung, leistungspolitische Initiativen, eigene Öffentlichkeitsarbeit) selber zu initiieren. Die Teilnahme war zunächst Pflicht, wurde aber im Verlauf der Projektarbeit freiwillig.

Im Rahmen des Forschungsprojektes des Instituts für Sozialforschung wurde zusätzlich eine Reihe von Expertengesprächen, Arbeitsplatz- und Arbeitsprozessanalysen durchgeführt und schließlich eine Befragung mit standardisierten Fragebogen im Amt für Abfallwirtschaft vorgenommen.

Die Leitfrage sowohl des Forschungsprojekts des Instituts für Sozialforschung als auch des Untersuchungsprojekts der Volkshochschule Frankfurt zielte auf die möglichen Zusammenhänge von betrieblicher Arbeits- und Leistungspolitik auf der einen Seite und ethnischen Diskriminierungskonflikten innerhalb der Belegschaft auf der anderen Seite.

Erste Befunde – von Fallen und Zirkeln und gegenseitiger Blockade

Die erste Projektphase führte zu einer Reihe von Arbeitshypothesen, Annahmen über den Zusammenhang von Konflikten zwischen deutschen und ausländischen Müllwerkern mit den objektiven, diskriminierenden Bedingungen in der Arbeit und mit den zum Teil konträren Situationsdeutungen innerhalb der Belegschaft.

Ein *erster* markanter Befund war die Feststellung einer sehr tief sitzenden Unzufriedenheit bei allen Beschäftigten, in deren Zentrum das Gefühl einer umfassenden Diskriminierung stand. Die alltägliche Erfahrung von Diskriminierung vergiftete, das wurde in allen Gruppendiskussionen sichtbar, das Betriebsklima und prägte sämtliche Arbeitsbeziehungen nachhaltig: zwischen der Wertstoffsammlung und der Öffentlichkeit (Kunden, Verkehrsteilnehmer), zwischen den Beschäftigten und dem Amt (Amtsleitung, Personalrat), zwischen den Mannschaften und ihren Vorgesetzten (Bezirksleiter, Fahrmeister) und innerhalb der Mannschaften zwischen Fahrern und Müllwerkern, Vorarbeitern und einfachen Ladern, fester Lademannschaft und den Letzten am Wagen, den Springern; und auf all diesen Ebenen latent doch stets präsent: zwischen deutschen und ausländischen Kollegen. So unterschiedlich in Qualität und Quantität diese Diskriminierungserfahrungen auch waren, deutlich – auch im Bewusstsein der Müllwerker selbst – waren die Auswirkungen auf das Arbeitsklima, die systematische Zerstörung von Arbeitsmotivation, hohe Fehlzeiten (Absentismusrate), zunehmende Pfuscharbeit, schwere Arbeitskonflikte. In der Beschreibung – nicht in der Deutung – der schlimmsten Konfliktfelder gab es eine erstaunliche Übereinstimmung bei den deutschen und ausländischen Beschäftigten.

Da war zum einen die gemeinsame Erfahrung kränkender, beleidigender oder auch „nur" verächtlich-desinteressierter Arbeitsbeziehungen zu den unmittelbaren Vorgesetzten. „Die Arbeit könnte schön sein, Spaß machen, wenn das Klima gut ist. Es sind die Chefs, die alles vergiften. Früher, bei der Müllabfuhr, da gab es noch ein großzügiges, verständnisvolles Verhältnis zwischen den Arbeitskolonnen und den Bezirksführern." Sie seien „tyrannisch und können nicht mit den Leuten umgehen". Anweisungen würden „ohne Begründungen und oft in beleidigendem Ton" gegeben, „wie auf dem Kasernenhof" – „immer von oben herab" – „die denken, die wären Götter; und verstehen doch nichts von der Arbeit draußen", „gehen auch nicht mit raus auf die Tour". Ihnen fehle einfach die „Berufserfahrung", die die Bezirksführer der Müllabfuhr noch gehabt hätten, weil sie „von unten kamen".

Da war zum anderen die alltägliche Erfahrung, dass alle Schwierigkeiten und Fehler, alle technischen, organisatorischen und personellen Mängel bei den Ladern ganz unten landen, auf ihrem Rücken ausgetragen werden. „Wir sind die Leidtragenden, wenn Verkehrssituation und Verkehrsführung, wenn Technik und Standplätze der Tonnen und Behälter sich immer wieder wandeln, wenn wegen zu knapper Personaldecke die Zusammensetzung der Mannschaften ständig geändert wird und so stabile Arbeitszusammenhänge (auch zwischen deutschen und ausländischen Kollegen) immer wieder auseinander gerissen werden." Besonders die Fahrer betonen, dass ihnen „viele Entscheidungen und Abläufe als chaotisch, willkürlich, uneinsichtig, falsch oder reglementierend" erschienen. Bei Nachfragen sei unklar, wer zuständig ist. Die Arbeitsbezüge außerhalb des direkten Arbeitsbereichs „sind völlig undurchschaubar" und „Störungen müssen von den Fahrern und Mannschaften als zusätzliche Arbeitsbelastung ausgeglichen werden", denn „irgendwie muss der Laden ja laufen".

Da war schließlich die Erfahrung der sozialen Diskriminierung ihres Berufs und ihrer Arbeit – in den täglichen Konflikten mit Kunden und Verkehrsteilnehmern, bei der mangelhaften Berücksichtigung der Arbeitsbelastungen durch Verkehrsplanung, Wohnungs- und Straßenbau, bei Umstellungen städtischer Müllentsorgungskonzepte. So betonen die Bezirksführer, dass die pauschale Personalbemessungskennzahl, die nur die Zahl der Tonnen pro Mann und Tag und die Wegebelastungen einrechne, den sich „permanent erschwerenden Straßenverkehr" nicht berücksichtige. „Endlose Schlangen hupender Autos – der Zwang, ums Karree zu fahren, um die Straße freizugeben – die langen Strecken zu den Abnahmestellen für Glas und Papier mit ihren Staus – das häufige Zusammenbrechen des Abnahmesystems" – diese Kosten landen „auf dem Rücken der Müllwerker". „Schrägparken, Begrünung, Verkehrsberuhigung durch Sackgassen und Einbahnstraßen, Bürgersteigverbreiterung, Straßenmöblierung – alles das wird nicht berücksichtigt. Die Arbeit wird mehr, die Tour schwerer, das Personal bleibt." Und alles das in einem Klima öffentlicher Missachtung: „Für ‚die' sind wir alle Ausländer – Du brauchst nur den Kittel anhaben, schon reden sie dich mit Ali an."

Diese Diskriminierungserfahrungen aber, das war der *zweite* Befund, wurden von Deutschen und Ausländern sehr unterschiedlich gedeutet. Die deutschen Müllwerker betonten die Gemeinsamkeit von Diskriminierung, ungerechter Behandlung und Leiden unter den Bedingungen der Arbeitssituation. Alle seien betroffen, es seien Konflikte zwischen oben und unten, zwischen außen und innen, nicht aber zwischen deutschen und ausländischen Kollegen. Die ausländischen Kollegen dagegen betonten vor allem die spezifischen ausländerfeindlichen Ausprägungen und Zuspitzungen von Ungerechtigkeit und Diskriminierung in der Arbeit. Die allgemeine Diskriminierungserfahrung hatte also für die ausländischen Müllwerker eine starke zusätzliche Dimension, die ausländerfeindliche – und zwar in doppelter Hinsicht.

Da war zum einen die Erfahrung feindseliger, verletzender Arbeitsbeziehungen zwischen ihnen und ihren deutschen Kollegen und Vorgesetzten. Sie haben keine Namen, heißen „Ali" und „Kanake"; sie werden gekränkt, beleidigt und schikaniert; bei Konflikten finden sie weder Gehör noch Recht; Sprach- und Verständigungsprobleme werden gegen sie verwendet – sie werden mundtot gemacht; immer sind sie die Lückenbüßer und Sündenböcke, wenn etwas schief läuft oder der Stress zu groß wird; ihre nationalen, kulturellen Besonderheiten werden nicht respektiert, sind eher Gegenstand von Missachtung und Hohn; kurz: die ausländischen Kollegen erfahren sich als die „Letzten", als die „Untersten", auf denen jeder herumtrampeln darf.

Da war zum anderen die Erfahrung, dass jene allgemeinen Missstände, die auch von den deutschen Kollegen aufgezählt wurden, sie als Ausländer besonders oft, hart und lang treffen. Sie werden von den Vorgesetzten besonders autoritär und tyrannisch behandelt; sie bleiben besonders lange in der ungeliebten Position des Springers ohne festes Team und werden besonders schnell, fallen sie missliebig auf, wieder zum Springer degradiert; sie sind als Ausländer besonders oft und hart betroffen von der öffentlichen Diskriminierung im Straßenverkehr und durch die Kunden; sie haben besonders große Schwierigkeiten, Vorarbeiter, Fahrer, Bezirksleiter, zu werden.

Die deutschen Lader leugneten die spezifische Seite ethnischer Diskriminierung in den Arbeitsbeziehungen. „Unter Stress gibt es immer wieder Ärger, auch bösen Streit." Der sei aber „auch gleich wieder vergessen". Natürlich komme das auch „mit den Türken und Marokkanern vor, wie eben auch mit deutschen Kollegen"; nur gingen die „immer gleich nach oben, beschweren sich und bekommen auch noch recht"; ob Deutsche, Türken oder Marokkaner in der Mannschaft seien, sei „egal". „Wichtig ist, ob die Kollegen die Tour kennen und man sich auf sie verlassen kann." Vor allem die Bezirksleiter wiesen scharf jede ethnische Diskriminierung von sich. Sicher gäbe es jeden Morgen vor Arbeitsbeginn jenen „orientalischen Bazar", wo die Springer auf die unvollständigen Mannschaften verteilt würden, „ein richtiger Menschenhandel", aber deutsche und ausländische Kollegen würden „da ohne Unterschied behandelt". Auch „bei Beschwerden hören wir beide Seiten". „Es gibt keine unterschiedliche Behandlung deutscher und ausländischer Kollegen, beim Urlaub nicht und auch nicht beim Springen."

Diese konträre Situations- und Konfliktdeutung selbst war, und das war der *dritte* Befund, Gegenstand heftiger Kontroversen zwischen deutschen und ausländischen Müllwerkern, wobei beide Seiten sich auf die aktuelle öffentliche Debatte über Ausländerfeindlichkeit und Rassismus in Deutschland bezogen.

So nehmen die ausländischen Kollegen dezidiert ihre Situation als „rassistisch" diskriminiert wahr, betonen, dass „rassistische" Tendenzen hier die gleichen seien „wie zum Beispiel in Frankreich", und sind offensichtlich in der Lage, in den zahlreichen Konflikten mit deutschen Kollegen und Vorgesetzten, die „rassistischen", „faschistischen" Dimensionen von Diskriminierung anzuklagen.

Die deutschen Kollegen dagegen weisen diese vorwurfsvolle, anklagende Deutung zurück. Hoch empfindlich seien die Ausländer, wegen jedes harmlosen Schimpfworts beschwerten sie sich, ständig fühlten sie sich ungerecht behandelt; bei jedem Konflikt schimpften sie die Deutschen mit „Nazi", kämen mit dem „Rassismusvorwurf" und kriegten „oben" dann auch noch recht.

Diese argumentative Pattsituation spiegelte auf überraschende Weise den polemischen Diskurs zwischen Antirassisten und Rassisten in Deutschland wider. Die ausländischen Müllwerker griffen in ihren Situations- und Konfliktdeutungen offensichtlich bewusst den Rassismus- und Faschismusvorwurf auf, verwendeten ihn als Waffe gegen die deutschen Kollegen und Vorgesetzten und versuchten, ihre sozial schwächere Position dadurch zu stärken, dass sie sich unter den Schutz des deutschen Nachkriegstabus gegen Faschismus und Rassismus begaben. Die deutschen Müllwerker dagegen leugneten in ihren Deutungen – offensichtlich ebenfalls bewusst – diese die Ausländer diskriminierenden Dimensionen der Arbeitssituation und der Konflikte; und in der wütenden Zurückweisung des Rassismus- und Faschismusvorwurfs fanden sie obendrein eine Möglichkeit, ihre offiziell inkriminierten, gleichwohl vorhandenen feindseligen und abwertenden Gefühle und Einstellungen gegen „die Ausländer" zur Sprache zu bringen.

Intermezzo – eine pädagogische Reflexion

Das Projektteam entschloss sich, in der folgenden Untersuchungsarbeit das ursprüngliche Thema der Arbeit nicht direkt anzugehen, eben weil genau die zentrale Frage, ob die Konflikte und Schwierigkeiten in der Belegschaft durch ausländerfeindliche Einstellungen und Handlungen der deutschen Kollegen und Vorgesetzten bedingt und erklärbar sind, ob sie „rassistisch" verursacht oder „rassistisch" gedeutet sind, in hohem Maß kontrovers beantwortet wurde – kontrovers zwischen deutschen und ausländischen Müllwerkern und kontrovers auch innerhalb des Untersuchungsteams. Ein Verfahren der indirekten Annäherung wurde gewählt.

Die systematische Bearbeitung der drei zentralen innerbetrieblichen Konfliktfelder (Springerfrage, Urlaubsregelung, Leistungspolitik) sollte allen Teilnehmern die Möglichkeit geben, unabgeschlossene Konfliktgeschichten, Streitereien, Kränkungen und Verletzungen im neutralen „pädagogischen Raum" zur Sprache zu bringen, dabei die unterschiedlichen Blickwinkel, Deutungen, Interessen und objektiven Arbeitsbedingungen der anderen Konfliktbeteiligten zur Kenntnis zu nehmen und schließlich Erklärungen für den Zusammenhang von ständigen Arbeitskonflikten zwischen Vorgesetzten und Untergebenen, Deutschen und Ausländern mit den objektiven Arbeitsbedingungen zu entwickeln. Die Identifizierung dieses Zusammenhangs sollte die personalisierenden oder ethnisierenden Konfliktdeutungen (wer ist schuld, wer wird angeklagt, wer ist zu verurteilen, zu bestrafen) relativieren und den Blick öffnen auf die strukturellen, institutionellen Bedingungen von ausländerfeindlicher Diskriminierung.

Diese Vorentscheidung hatte zwei gravierende Folgen. Zum einen rückten die hierarchischen Beziehungen zwischen Vorgesetzten und Untergebenen ins thematische Zentrum aller Seminare der zweiten Projektphase, denn die unmittelbaren Vorgesetzten waren auf den Seminaren stets anwesend und haben bei allen Konfliktfeldern (Springer, Urlaub, Leistung) eine zentrale Funktion. Zum anderen machte die Bearbeitung der hierarchischen Konflikte deutlich, dass die hohe Absentismusrate in der Belegschaft und das hohe Maß an Konflikten zwischen den Kollegen nicht nur eng miteinander zusammenhängen, sondern ganz wesentlich auf die spezifischen Regulierungsweisen technischer und organisatorischer Art in den genannten Konfliktfeldern zurückgeführt werden können. Damit wurde die Frage der institutionellen Diskriminierung thematisiert.

Die Springerregelung oder die Ungleichheitsfalle

Die Industrie kennt den Springer, das sind Beschäftigte, die für mehrere, unterschiedliche Arbeitsplätze qualifiziert sind, besser bezahlt werden und für Kollegen einspringen, die Pausen machen oder krank sind. Die Müllabfuhr nun braucht wegen der hohen Absentismusrate besonders viele solcher Springer, die nicht einem festen Ladewagen und einer festen Mannschaft zugeordnet sind und sich in einer Vielzahl von Touren auskennen müssen. Jedoch sind die Springer in der Müllabfuhr nicht besonders fähige, qualifizierte und besser bezahlte Kollegen, im Gegenteil, der Springer ist der Lückenbüßer, er genießt nicht den Schutz seiner Arbeitsgruppe, er wird überall dort eingesetzt, wo Not am Mann ist. In die Gruppe der Springer werden die Schwächsten der Belegschaft, die Neuen und Jungen, die sich noch nicht auskennen versammelt, die Schwierigen, schlecht Angepassten, die in den Mannschaften keinen festen Ort finden, oder auch die häufig Kranken und Unzuverlässigen, die von den Vorgesetzten zwangsdegradiert worden sind.

Die Springerregelung war von Anfang an einer der thematischen Mittelpunkte der Untersuchungsarbeit. Schon in der ersten Untersuchungsphase wurde das Springerproblem vom Untersuchungs-Team so eingeschätzt: „Es hat seine Wurzeln in der Personalpolitik des Amtes; ist – den Bezirksführern aufgenötigt – ein ständiges Feld für autoritäre und willkürliche Tyrannei und Machtausübung; wird zur Arena, wo Diskriminierung von Ausländern gleichsam ‚legal' möglich wird; und bietet an der Basis der Arbeitsteams allen Beteiligten Projektionsmöglichkeiten an."

Obwohl die Bezirksführer den fatalen Zirkel von Personalmangel – Springereinsatz – Demotivation – Absentismus – Personalmangel durchaus sehen, halten sie an der Institution des Springers fest – notgedrungen, wie sie sagen.

„Hauptursache unserer Probleme ist der Personalmangel. Wir sind zu 50 Prozent unterbesetzt. War einer krank, kommt aber vorzeitig – obwohl noch krank gemeldet – wieder zur Arbeit, um seine Kollegen nicht im Stich zu lassen, und wird dann als Springer eingesetzt, weil seine Mannschaft schon vollzählig ist: der kommt am nächsten Tage nicht wieder ... Nach einer Krankheit muss oft gesprungen werden, weil ein anderer Kollege inzwischen eingearbeitet worden ist ... Springen ist ein Ergebnis des Personalnotstands, keine Disziplinarmaßnahme; Springer müssten gute Leute sein, fähig, sich schnell einzuarbeiten und auszukennen. Wir aber betreiben Flickschusterei ... Sie müssen mal morgens kurz vor sechs kommen, da sieht es hier aus, wie auf einem orientalischen Bazar – ein richtiger Menschenhandel ist das: wer gibt wen ab, wer nimmt wen? Natürlich wäre das mit festen Mannschaften an festen Wagen besser, aber es fehlt an den Leuten."

Die Betroffenen, meist ausländische Müllwerker, tragen das Springerproblem in ihre Erfahrungen mit Diskriminierung ein: „Deutsche Kollegen bekommen auch viel eher einen festen Wagen als wir ausländischen; und bei Engpässen müssen wir auch am ehesten wieder springen." Überhaupt werde das „Springen" den ausländischen Kollegen gegenüber „als Disziplinierungsinstrument" verwandt, sei es, weil sie sich krank gemeldet hätten, sei es auch, weil sie nur ihre Rechte wahrnehmen wollten.

Im Bericht über eine Gruppendiskussion türkischer Lader heißt es: „Als das zentrale Thema wurde von allen die Springerfrage empfunden. Die vielen Springer, meist zwei von vier Leuten am Wagen, wurden als das Grundübel, als Ursache der meisten Konflikte bezeichnet. Viele Ungerechtigkeiten passierten in diesem Bereich. Neue deutsche Lader bekommen nach zwei bis drei Tagen eine feste Gruppe; Ausländer erst nach drei bis vier Jahren. Bei Streit mit den Bezirksführern wird man wieder Springer, bekommt schlechte Touren und wird einer unkooperativen Mannschaft zugeteilt. Springer kennen die Touren nicht, machen häufiger Fehler und bekommen die schweren Tonnen angedreht. Wegen der schlechten Menschenkenntnis der Bezirksführer werden Gruppen zusammengestellt, die sich nicht gut verstehen, und man werde Vorarbeitern zugeordnet, mit denen man nicht zusammenarbeiten will. Arbeitet man als Springer gut, beschämt man den fehlenden Kollegen als Faulenzer, arbeitet man schlecht, ist man selber einer und niemand will einen mehr haben."

Vorarbeiter und stellvertretende Vorarbeiter, meist deutsche Müllwerker und selber kaum von Springertätigkeit betroffen, zeigen dagegen Verständnis für die Schwierigkeiten der Bezirksführer.

„Hoher Krankenstand und genereller Personalmangel machen ihnen die Arbeitsteilung sehr schwer; ständig kommen Beschwerden von Kunden, da müssen sie höflich bleiben, müssen alles versprechen. Kein Wunder: Wenn bestimmte Kollegen oft krank sind, erfahren sie den Zorn der Bezirksführer – sie werden zu Springern degradiert; diese Strafversetzungen werden zwar als Willkür angesehen, jedoch seien die Bezirksführer selbst überfordert ..., unterbesetzt und schlecht ausgebildet und bezahlt."

In den Zweitagesseminaren der zweiten Untersuchungsphase war die Springerfrage ein wichtiges Diskussionsthema. Die Vermutungen der ersten Phase bestätigten sich weitgehend. Dabei wurde deutlich, wie eng dieses arbeitsorganisatorische Konfliktfeld mit der hohen Fehlquote und mit der Frage der Ausländerdiskriminierung, generell also mit dem schlechten Betriebsklima in der Belegschaft verknüpft ist, aber auch, wie sehr die Wahrnehmung und Bewertung der Springerproblematik vom jeweiligen Blickwinkel der Teilgruppen abhängen.

Die Bezirksleiter sehen sich hier in einem Zwiespalt. Zum einen brauchen sie dringend gute und zuverlässige Springer; zum anderen wollen sie die unzuverlässigen und/oder häufig kranken Kollegen nicht einem einzelnen Team fest und dauerhaft zumuten. Zum einen haben sie kein wirkungsvolles Instrument der Disziplinierung und Bestrafung unzuverlässiger Mitarbeiter außer eben dem der Zwangsversetzung zum Springer; zum anderen schaffen sie mit dem bestraften Springer ein Arbeitsklima, das ihre schwierige Aufgabe der Personalzuteilung bei hoher Fehlquote noch verschärft.

Die Sichtweise der Lader mit festem Wagen (Vorarbeiter, Stellvertreter) ist in der Springerfrage widersprüchlich und gespalten. Einerseits sehen sie die demotivierenden und krankmachenden Folgen der bestehenden Springerregelung als Instrument der Bestrafung, halten aber andererseits die intendierte Disziplinierung häufig für notwendig. Die einen nehmen Fälle von Willkür und Ungerechtigkeit bei den Vorgesetzten in der Springerreglung wahr und würden lieber die Probleme unter den Teams bzw. zwischen den Vorarbeitern selber lösen, die anderen halten Vorarbeiter und Teams hier für überfordert und sehen keine praktikable Alternative.

Eine Mehrzahl der ausländischen Kollegen, insbesondere die ohne festen Wagen, messen der bestehenden Springerregelung große Bedeutung für die Problematik der Diskriminierung ausländischer Kollegen zu. Hier verstärkten sich gegenseitig die Konflikte zwischen Vorgesetzten und Untergebenen auf der einen und zwischen Deutschen und Ausländern auf der anderen Seite. Betont wird die quantitative und qualitative Mehrbelastung der Springer und moniert wird die Möglichkeit von Willkür bei den Vorgesetzten und Kollegen.

Die Institution des Springers ist also arbeitsorganisatorisch zwingend und zugleich ein Instrument der beruflichen Sozialisation, der Erziehung zur Anpassung (Pünktlichkeit, Zuverlässigkeit, Ordentlichkeit, Bereitschaft zur Unterordnung und Rücksichtsnahme). Die konkrete Springerregelung aber in diesem Betrieb erschwerte darüber hinaus kalkulierbare und – für die Betroffenen – nachvollziehbare Entscheidungen und wurde ein Einfallstor für Willkür auf der einen und Misstrauen auf der anderen Seite. Der Zusammenhang zur Fehlquote ist nachvollziehbar: je höher die Absentismusrate, desto dringender die Notwendigkeit von Springern, je konfliktreicher und unbefriedigender die Springerregelung, desto größer die Neigung und Bereitschaft der Betroffenen, in Krankheiten auszuweichen.

Zusammenfassend lässt sich Funktion und Wirkungsweise der Institution der Springer so charakterisieren. In der Frankfurter Müllabfuhr gab es ein schwerwiegendes Problem, nämlich einen überdurchschnittlich hohen und in den vergangenen Jahren steigenden Personalmangel, der von der einen Seite mit einer zu hohen Krankheitsrate, von der anderen Seite mit der rigiden Personalpolitik erklärt wurde. Mit der Zunahme der Fehlzeiten wuchs zugleich der Stress auf allen Ebenen der Hierarchie; die Konflikte zwischen Vorgesetzten und Untergebenen und unter den Kollegen häuften sich und vergifteten das gesamte Betriebsklima. Schließlich war nicht mehr zu klären, ob das Betriebsklima so unerträglich war, weil der hohe Krankenstand und die ständige Personalknappheit alle unter Stress setzten, oder ob die Fehlquote in der Belegschaft deshalb so hoch war, weil das schlechte Betriebsklima die Leute krank machte.

Mit der Springerregelung aber wurde ein Teufelskreis installiert: Wer besonders häufig fehlte und krank war, verlor den Schutz seiner Arbeitsgruppe und wurde bestraft, Springer zu sein. Und Springer wiederum litten in ganz besonderem Maß unter den Arbeitsbelastungen wegen des ständigen Personalmangels mit der Folge, dass sie noch häufiger krank waren und noch mehr Kollegen springen mussten. Die Ethnisierung dieses arbeitsorganisatorischen Konfliktes folgte aus der Tatsache, dass in der Frankfurter Müllabfuhr die Vorgesetztenpositionen weitgehend von deutschen Mitarbeitern besetzt sind. Die Vorgesetzten am Wagen, die Vorarbeiter und Stellvertreter der Vorarbeiter können aber nicht als Springer eingesetzt werden, weil sie für ihre Mannschaft und ihre Touren verantwortlich sind. Der Springer ist also die unterste Stufe der betrieblichen Hierarchie und er ist mit ebenso inhumanen wie demotivierenden Arbeitsanforderungen belastet, so dass jeder Springer, unabhängig davon, ob Deutscher oder Nichtdeutscher, allein aufgrund seiner Situation in ein anormales Verhalten gezwungen wird. Durch Besetzung der Springerposition hauptsächlich mit ausländischen Kollegen wurde die arbeitsorganisatorische Diskriminierung des Springers in eine ethnische Diskriminierung des ausländischen Springers verwandelt.

Auf deutscher Seite hieß es: „Sie sind faul, die Ausländer, die Springerkanaken. Sie haben keine Arbeitsmoral, keine Verantwortung für ihre Arbeit. Wenn ihnen was nicht passt, machen sie gleich krank. Sie drücken sich, wo sie können. Werden sie mal von den Vorgesetzten kritisiert, sind sie sofort beleidigt und beschimpfen uns als Rassisten und Faschisten.“ Und als Resümee: „Daran sieht man doch, die Ausländer taugen nicht zum Vorgesetzten, bestenfalls zum Springer.“

Auf der Seite der ausländischen Kollegen dagegen hieß es: „Sie diskriminieren uns. Wir müssen die härteste und unangenehmste Arbeit machen. Nur ‚Ali‘, ‚Kameltreiber‘, ‚Kanake‘ hören wir. Wir machen denen die Arbeit, die aber sind faul, lassen uns schaffen. Sie sind Rassisten, Faschisten, und wenn man sie kritisiert, dann kehren sie sofort den Vorgesetzten heraus." Und, ebenfalls als Resümee: „Daran sieht man, wir können noch so gut sein, als Ausländer haben wir nie eine Chance hochzukommen, gar selber Vorarbeiter zu werden."

Die Urlaubsregelung oder die Gleichbehandlungsfalle

Die Urlaubsregelung war ein weiteres zentrales Konfliktthema. Ähnlich wie in der Springerregelung vermischten sich auch hier betriebsbedingte Einschränkungen, Folgen von Missmanagement und Absentismus sowie Probleme von betrieblicher Ungleichheit und Diskriminierung. Da das ganze Jahr über der städtische Müll zu entsorgen ist, muss der tarifliche Urlaub der Belegschaft gleichmäßig über das ganze Jahr verteilt werden. Die Verkleinerung der Arbeitskolonnen, die Verlängerung der tariflichen Urlaubszeit, der Wandel des Urlaubsverhaltens (längere Urlaubsphasen für Reisen ins Ausland) und auch die Veränderung der Familiensituation der ausländischen Beschäftigten (Väter schulpflichtiger Kinder), diese vier Faktoren hatten zur Folge, dass die Nachfrage nach Urlaub während der Schulsommerferien in den achtziger Jahren rasch anstieg, so dass die Arbeitskolonnen immer weniger in der Lage waren, ihre Urlaubspläne selbständig untereinander abzustimmen. Deshalb wurde ein zentraler, für die gesamte Abteilung gültiger Urlaubsplan geschaffen – für alle gleich und alle gleich behandelnd.

Der Urlaubsplan bot zwei Varianten an: Die eine Variante teilte den tariflichen Urlaub in zweimal drei Wochen im Jahr; die andere Variante ermöglichte den einmaligen Urlaub am Stück, also sechs Wochen hintereinander im Jahr. Jeder Müllwerker hatte die freie Wahl zwischen der einen oder anderen Varianten, konnte nach der Wahl aber nur mit Schwierigkeiten umwählen. Die Mitglieder beider Abteilungen waren in sechs gleich große Urlaubsgruppen aufgeteilt, und diese Urlaubsgruppen bekamen im jährlichen Urlaubsplan den Zeitraum zugewiesen, in dem der Urlaub genommen werden muss. Das Rotationsprinzip sorgte dafür, dass alle drei Jahre die Urlaubszeit jener mit zweimal dreiwöchigem Urlaub und alle sechs Jahre die Urlaubszeit jener mit sechswöchigem Urlaub in die Schulsommerferien fiel.

Diese Regelung basierte also auf dem Prinzip der formalen Gleichbehandlung aller Mitarbeiter und auf einem Rotationsverfahren, das jedem Kollegen entweder alle drei Jahre einen dreiwöchigen oder alle sechs Jahre einen sechswöchigen Sommerurlaub während der Schulferien garantierte. Die Urlaubsproblematik hatte zwei Dimensionen. Die eine war die der Gerechtigkeit. Die Bezirksleiter und die Mehrzahl der deutschen Müllwerker waren der festen Überzeugung, dass die im Urlaubsplan garantierte formale Gleichbehandlung aller das höchste Maß möglicher Gerechtigkeit sei, und sahen in der Kritik an der Urlaubsregelung das „typische“ Anspruchsverhalten der Ausländer, „die sich nicht anpassen wollen und Sonderrechte beanspruchen“. Die ausländischen Müllwerker dagegen machten geltend, dass sie in ganz anderer Weise darauf angewiesen sind, während der Schulsommerferien ihren großen Jahresurlaub zu nehmen – wegen der weiten Wegstrecken in die Türkei oder nach Marokko. Gleichbehandlung sei deshalb ungerecht.

Letztlich ging es hier um ein Problem, das aus der Migrationsituation selbst resultiert: „Während ‚Urlaub‘ in den Vorstellungen der deutschen Kollegen vor allem der Erholung ... dienen soll, bedeutet er für die nichtdeutschen Kollegen in erster Linie die Möglichkeit und Notwendigkeit, die Bindungen und Beziehungen zur Heimat, zur (Groß)Familie und überhaupt zur Welt der eigenen Kultur und Sprache wiederzubeleben und vor allem den eigenen Kindern konkret und erfahrbar zu machen ... Die Konsequenzen ... liegen auf der Hand: Der Urlaub verliert – besonders für Migrantenfamilien – seinen Sinn, wenn er nicht wenigsten alle zwei bis drei Jahre in den Sommerschulferien liegt und die Möglichkeit bietet, für fünf bis sechs Wochen in die Heimat zu fahren“.

Die formale Gleichbehandlung aller Belegschaftsmitglieder wurde von jenen, die aufgrund ihrer spezifischen Situation zwingend auf Urlaub in den Schulferien angewiesen waren, als Ungerechtigkeit, genauer: als Diskriminierung, angesehen. Die andere Dimension war die der betrieblichen Absentismusrate. Während die Vertreter der Amtshierarchie einerseits betonten, „dass in der Urlaubsregelung vom Amt keine Vorgaben gemacht werden“, wiesen sie doch anklagend darauf hin, „dass der höhere Krankheitsstand verglichen mit anderen städtischen Ämtern fast ausschließlich darauf zurückzuführen ist, dass etwa zehn Prozent aller Urlauber – vor allem Ausländer – im Urlaub krank werden“. Damit stößt die Amtshierarchie selbst – gewollt oder ungewollt – den Mechanismus der Ethnisierung eines betrieblichen Interessenkonfliktes an. Auch hier begegnet uns das oben skizzierte Muster der betrieblichen Arbeitspolitik. Die Betriebsleitung weigert sich, sich mit den Forderungen eines nicht geringen Teils der Belegschaft nach ausgleichender Gerechtigkeit in der Urlaubsregelung auseinander zu setzen. Sie überlässt das Problem den mittleren Führungskräften. Das Ergebnis ist, ähnlich wie bei der Springerregelung, ein fataler Zirkel. Die formal gleiche Urlaubsregelung wird von einem Teil der Belegschaft als ungerecht wahrgenommen und provoziert dort eigenmächtige Urlaubsverlängerungen durch Krankheit. Die dadurch verschärfte Personalknappheit wiederum provoziert die Bezirksleiter zur besonders rigiden Handhabung ihrer Ermessensspielräume, die vorrangig jene trifft, die sich durch die Urlaubsregelung diskriminiert fühlen.

Die Leistungspolitik oder die Falle gegenseitiger Missachtung

Die Absentismusproblematik in der Abteilung Wertstoffsammlung war ein zentrales Motiv der Amtsleitung, die Untersuchungs- und Weiterbildungsarbeit im Amt für Abfallwirtschaft anzuregen und zu unterstützen.

Die Fehlstatistik, die seit 1984 im Amt 70 geführt wurde, zeigte keine wirklich dramatischen Veränderungen, so dass der Eindruck nicht ganz von der Hand zu weisen war, dass die Amtsleitung mit der Dramatisierung der Absentismusproblematik immer auch Politik zu machen versuchte. Sehr offensiv wurde zum Beispiel die innerbetriebliche Debatte um die Privatisierung des Amts 70 und um die vorher notwendige Leistungsverdichtung mit der Entwicklung der Fehlzeiten verbunden.

Die Interpretation des hohen Krankenstandes war im Amt 70 Konfliktgegenstand in den Auseinandersetzungen zwischen Amtsleitung, Personalabteilung, Personalrat und Belegschaft. Amtsleitung und Personalabteilung erklärten die hohe Fehl- und Krankheitsquote mit mangelhafter Arbeitsmotivation, nachlässiger Kontrolle durch die unmittelbaren Vorgesetzten und mit schlechter Arbeitsgruppendisziplin. Personalrat und Belegschaft dagegen sahen in Personalknappheit, Leistungsverdichtung und Schwächen des Managements die tieferen Ursachen für den hohen Krankenstand.

Erst gegen Ende der Untersuchungsarbeit in der Wertstoffsammlung kamen die Zusammenhänge von betrieblicher Leistungspolitik und Konflikten zwischen Deutschen und Ausländern im Betrieb ins Blickfeld und zur Sprache. In keinem anderen Themenbereich war offensichtlich das Interesse an Verschleierung und Selbsttäuschung so stark. Das Problem an sich war gar nicht so kompliziert, es lag in der mangelhaften Regulierung der betrieblichen Leistungsanforderungen und der damit verbundenen Notwendigkeit der Selbstregulierung vor Ort. Dies führte dazu, dass Leistungskonflikte personalisiert und in die ethnisch-hierarchischen Grenz- und Spaltungslinien eingetragen wurden. Als aber schließlich das Thema der betrieblichen Leistungspolitik in den Mittelpunkt der Diskussionen geraten war, wurde rasch deutlich, dass hier wahrscheinlich eine der stärksten und tiefsten Wurzeln ethnischer Konflikte im untersuchten Betrieb zu finden ist – sowohl auf der objektiven Seite betrieblicher Politik und ihrer institutionellen Absicherungen als auch auf der subjektiven Seite von Arbeitsmotivationen und -orientierungen der Belegschaft.

Um den Mechanismus der Ethnisierung dieser Konflikte zu verdeutlichen, muss kurz das – ungeschriebene – arbeitspolitische „Bündnis" zwischen Betriebsleitung und Belegschaft skizziert werden. Dieses Bündnis beinhaltete einerseits, dass sich die Amtsleitung eine regelmäßige, kosten- und zeitintensive Überprüfung und Angleichung der Touren ersparte und sich mit einer extrem groben Personalbemessungsquote zufrieden gab. Das bedeutete, dass die Amtsleitung mit dem Verzicht auf Regulierung und Festlegung einer Normalleistung zugleich auf eine Kontrolle der Arbeitszeiten verzichtete und der Belegschaft in den Bereichen von Toureneinteilung und Zeiteinteilung die Selbstregulierung zumutete. Der Kompromiss beinhaltete aber auch, dass die Teams in der Festsetzung des Endes der Arbeitszeit freie Hand hatten, zugleich aber bereit sein mussten, die sich permanent ändernden, hin und wieder auch wachsenden Leistungsanforderungen ohne Widerstand zu akzeptieren.

Auf der einen Seite implizierte dieser leistungspolitische Kompromiss also, dass die Amtsleitung nicht an jene Spielräume rührte, die erfahrene Teams sich im Laufe der Jahre erobert hatten; dass sie nicht die so genannten Poren des Arbeitsprozesses, die kleinen halbgeheimen Pausen, Winkel und Nischen kontrollierte; dass sie darauf verzichtete, allzu streng die vielen möglichen Absprachen am Rande von Arbeitssicherheit und Legalität zwischen Vorgesetzten und Untergebenen sowie innerhalb der Lademannschaften zu überprüfen.

Auf der anderen Seite bezahlte die Belegschaft diese von oben nicht kontrollierten Freiräume damit, dass sie Leistungsverdichtungen, das sukzessive Anwachsen der Arbeitsbelastungen und nicht zuletzt zunehmende Flexibilitätsanforderungen widerspruchslos hinnehmen musste. Konnte doch die Amtsleitung dabei stets auf die offenkundigen Zeitreserven verweisen, die sich die Mannschaften noch immer herausarbeiteten, sei‘s auch durch Arbeitshetze und fragwürdige Arbeitsverfahren.

Es ist unmittelbar einleuchtend, dass diese Nötigung zur leistungspolitischen Selbstregulierung zum Multiplikator für personell vermittelte Macht, Diskriminierung, Willkür und Tyrannei werden kann und dann zum Nährboden ethnischer Diskriminierung wird, wenn die Belegschaft diese Selbstregulierung nicht mehr oder nur noch unter der Bedingung harter gegenseitiger Repression schafft und die hierarchisch bedingte Ungleichheit innerhalb der Belegschaft zugleich eine ethnische ist.

Offenkundig also waren die Vorteile für die Belegschaft. Arbeitstempo, Arbeitsverteilung, Pausenregelung, Arbeitsende und Arbeitsmenge konnten in hohem Maß innerhalb der Mannschaften oder zwischen benachbarten Mannschaften selbst bestimmt werden, mit dem Ergebnis beträchtlicher Spielräume nicht nur zeitlicher und arbeitsorganisatorischer Art. Offenkundig waren aber auch die Nachteile für die Belegschaft. Probleme des Personalausfalls, Schwierigkeiten bei der Einführung neuer technischer und organisatorischer Verfahren, zusätzliche Arbeitsanforderungen und Arbeitsbelastungen durch den Wandel des Arbeitsfeldes Stadt mussten von den Mannschaften und ihren unmittelbaren Vorgesetzten selbst aufgefangen und verantwortlich geregelt werden.

Unter „normalen" Bedingungen profitierten alle von diesem leistungspolitischen Arbeitsbündnis. Aber immer dann, wenn sich die Rahmenbedingungen des Arbeitsprozesses zum Nachteil der Lademannschaften veränderten, war dieses Bündnis gefährdet; also in vorübergehenden schweren Belastungssituationen (hoher Krankenstand, erhöhtes Verkehrsaufkommen, schlechtes Wetter), mehr noch bei langfristiger Leistungsverdichtung (wachsende Arbeitsmenge, sinkende Personalzahlen, zunehmende arbeitsorganisatorische Schwierigkeiten). Dann mussten die Konflikte zwischen den Vorgesetzten in den Teams (Fahrer und Vorarbeiter) und über den Teams (Bezirksleiter und Fahrmeister) einerseits und den einfachen – eben meist ausländischen – Ladern andererseits sich zuspitzen.

Denn die „kleinen Chefs" tragen die Verantwortung dafür, dass die Arbeit gemacht wird; als die Verantwortlichen für die arbeits- und leistungspolitische Regulierung müssen sie den Druck nach unten weitergeben und geraten dabei nicht selten auch selbst unter starken Arbeitsstress. Und eine Möglichkeit ist ihnen verschlossen: sich notfalls aus der Verantwortung zu stehlen und krank zu machen, denn ihr beruflicher Arbeitsauftrag liegt ja gerade in der Wahrnehmung von Verantwortung und Kontrolle über den Arbeitsprozess.

Die „einfachen Lader" dagegen begreifen sich eher als Objekte betrieblicher Leistungspolitik, auch wenn sie unter guten Rahmenbedingungen vom arbeitspolitischen Bündnis mit profitieren. Aber sie sind die „Untersten in der betrieblichen Hierarchie", in ihrem unmittelbaren Arbeitsprozess landet der Druck von oben. In kurzfristigen schweren Belastungsphasen, mehr noch bei langfristiger Verdichtung und Erhöhung der Arbeitsbelastung reagieren sie in den traditionellen Mustern von Lohnabhängigkeit, also wie es sich für die „Ware Arbeitskraft" gehört: sie verkaufen sich so teuer wie möglich und schützen sich, so gut es geht – durch Bremsen, Bummeln, Krankmachen.

Unter diesen Bedingungen drängt sich bei den Vorgesetzten und „kleinen Chefs" geradezu zwingend eine Konfliktdeutung auf, die das von oben oder außen produzierte Problem einer Überlastung der Möglichkeiten der Arbeits- und Leistungsregulierung als internes, das heißt selbsterzeugtes Problem interpretiert: Indem die untersten Beschäftigtengruppen auf den wachsenden Arbeitsdruck mit Verweigerung reagieren, erhöht sich der Druck auf die verantwortlichen kleinen Chefs. Ihre Aufgabe der Arbeitszuteilung und Arbeitsregulierung wird ihnen von unten zusätzlich erschwert. Neidvoll und aggressiv blicken sie auf jene hinunter, die es sich leisten können, sich „nicht für

Bedingungen betrieblicher Antidiskriminierungspolitik

Wer ernst zu nehmende Antidiskriminierungspolitik im Betrieb unterstützen oder betreiben will, muss sich auf einige recht unangenehme Bedingungen und Folgen einstellen.

- Er muss erstens damit rechnen, dass mit bloßer Aufklärung über rassistische Vorurteile und mit bloßen moralischen Appellen nichts zu ändern ist – denn es geht um Macht, Geld, Privilegien; und alle Seiten berufen sich auf Gerechtigkeitsvorstellungen.
- Er muss zweitens wissen, dass er es nicht nur mit starken, am Status quo interessierten Gruppen zu tun haben wird; obendrein wird er auf gewachsene Strukturen im Betrieb stoßen, potentielle Quellen von Diskriminierung, die verändert oder gar aufgelöst werden müssten, damit Aufklärung überhaupt eine Chance hat.
- Er muss drittens mit komplexen Beziehungsfallen rechnen, in die alle Seiten verstrickt sind und in die zu intervenieren durchaus die Folge haben kann, dass man plötzlich alle gegen sich hat.
- Er muss viertens dafür gewappnet seit, dass „friedliche" Diskriminierungsstrukturen sich in „unfriedliche" Diskriminierungskonflikte verwandeln, ohne dass jemand sicher sein kann, dass diese Konflikte sich „lohnen".
- Er muss schließlich und fünftens sich stark machen für mehr Chancengleichheit – zwischen Mehrheit und Minderheit, zwischen den Verteidigern des Status quo und den Initiatoren konflikthafter Veränderungen; er muss also eintreten für „Ungleichbehandlung" zur Stärkung der Schwächeren.

die Arbeit verantwortlich zu fühlen", oft „krank zu machen" und „sich vor der Arbeit zu drücken", die immer „nur fordern, aber von ihren Pflichten nichts wissen wollen".

Diese geradezu klassische Problemdeutung eines betrieblichen Konfliktes zwischen Vorgesetzten und Untergebenen wird – und das ist die andere naheliegende Konsequenz – zur ethnischen Konfliktdeutung dort, wo die Trennlinien zwischen oben und unten zugleich Trennlinien sind zwischen deutschen Vorgesetzten und ausländischen Untergebenen – die Ethnisierung eines Hierarchiekonfliktes.

Ein komprimiertes Zitat aus einer frühen Gruppendiskussion mit deutschen Ladern verweist deutlich auf die sehr verschiedenen Quellen der Ethnisierung betrieblicher Konflikte: „Wie Mimöschen sind sie; wegen jedem Schimpfwort beschweren sie sich, ständig fühlen sie sich ungerecht behandelt; bei jedem Streit schimpfen sie uns Nazi, kommen mit Rassismus und kriegen oben dann auch noch recht; man fühlt sich schon im eigenen Land diskriminiert, die Ausländer dagegen werden mit Glacéhandschuhen angefasst; man muss sich für die schämen, wie unverschämt die zu den Bürgern sind, wie sie auf Tour die Frauen anmachen; hinter Mädchen herschreien; ohne Rücksicht auf Treppen und Hausgänge ihre Arbeit machen; aber empfindlich, wenn man sie mal kritisiert! Wenn man als Vorarbeiter denen was sagt, fühlen sie sich gleich diskriminiert; ein falsches Wort, schon gehen sie in die Luft; *die* sind die Ausländer, *die* müssen sich doch anpassen; man fragt sich schon: Bin ich ein Deutscher oder die? Haben meine Eltern Deutschland aufgebaut oder deren Eltern? Und dass die meisten Springer sind? – kein Wunder, kein Zufall! Die drücken sich; sind selbst dran schuld; haben keine Verantwortung für die Arbeit, keine Kollegialität, haben nur das Leck-mich-am-Arsch-Gefühl; diese Ausländer kommen her, machen ihren Arsch in Deutschland breit; holen raus, was zu holen ist – übers Sozialamt, und darin werden sie noch politisch bestärkt und laufen unverschämt über den Hof und sagen: Was wollt ihr denn, ihr habt uns doch geholt. Und nehmen den Deutschen den Arbeitsplatz und die Wohnung weg! Karten spielen sie, da fliegt das Geld nur so rum, fahren dann noch den dicken Mercedes, stecken Kindergeld ein. Und wir? Uns fehlt‘s an allem, die Deutschen zahlen für alle. Faul sind sie, vor allem die Springer-K., ‚K‘ heißt Kanake. Da gibt‘s nur eins: alle Ausländer raus – dann ist das Problem gelöst!“

Was heißt hier Aufklärung und was muss sich ändern?

Die Analyse von Ethnisierungsvorgängen in den sozialen Beziehungen zwischen deutschen und ausländischen Müllwerkern hat überzeugende Belege dafür erbracht, dass relevante betriebliche Regelungen und Arrangements zur starken Quelle ethnischer, besser: ethnisierter Konflikte werden können, und zwar dann, wenn sie unter Druck erhöhter Arbeitsanforderungen geraten. Das kann kurzfristig und vorübergehend geschehen, kann sich aber auch häufen und zum Dauerzustand werden, und durchaus plausibel ist die Annahme, dass eine unter wachsenden Spardruck geratende Amtsleitung durch Personalreduktion, Leistungsverdichtung und schärfere Qualitäts- und Zeitkontrollen genau diese Ethnisierung innerbetrieblicher Konflikte bewirkt.

Die naheliegenden Folgerungen des Untersuchungsteams waren deutliche Forderungen an die Amtsleitung und den Personalrat, die Springer- und Urlaubsregelungen zu überprüfen und zu korrigieren und vor allem durch innerbetriebliche Qualifizierung und Organisationsentwicklung eine transparente betriebliche Leistungspolitik mit dem Aufbau teilautonomer Arbeitsgruppen zu verbinden. Die Forderungen zielten auf die Aufklärung der Arbeitsorga-

Ethnische Konflikte, Organisationsentwicklung und betriebliche Qualifizierung

Personalabteilungen und Personalvertretungen sind gut beraten, sich häufende ethnische Konflikte ernst zu nehmen und untersuchen zu lassen; aber nur in den seltensten Fällen dürfte eine rein argumentative, appellierende Aufklärung über ethnische Vorurteile hinreichen, um solche Konflikte zu lösen. Sehr viel mühsamer, aber auch wirkungsvoller dürften Verfahren der Organisationsentwicklung sein, die die eingespielten Muster von Arbeitsorganisation, Arbeitsteilung und Arbeitskontrolle, von Personalrekrutierung, Personaleinsatz und betrieblicher Qualifizierung u.ä. daraufhin kontinuierlich überprüfen, ob die hier produzierte und stabilisierte betriebliche Ungleichheit den üblichen und anerkannten Prinzipien innerbetrieblicher Differenzierung gerecht wird, oder ob sie als ethnische Diskriminierung wahrgenommen werden kann oder gar muss.

nisation als Voraussetzung und Medium der Aufklärung von Vorurteilen, Feindseligkeiten und Konflikten zwischen deutschen und ausländischen Beschäftigten.

Das Konzept für eine teilautonome Gruppenarbeit, das in der Spätphase der Untersuchungsarbeit als Alternative zum arbeitspolitischen Bündnis vorgeschlagen wurde, sah vor, die Müllwerkerteams zu befähigen und zu berechtigen, alle wichtigen Fragen der Arbeitsorganisation innerhalb des ihnen zugewiesenen Abfuhrbezirks selbständig zu regeln: genauer Ablauf der Touren, Abstimmung der Restmüll- und Wertstoffabfuhr, Einsatz der Fahrzeuge, Lage der Pausen, Beziehungen zwischen Fahrern, Vorarbeitern und Müllwerkern, Springereinteilung, Pflege der Kontakte zur Bevölkerung. Darüber hinaus sollte es den Tourenmannschaften überlassen bleiben, die Verteilung der Urlaubszeiten und der freien Tage unter sich auszuhandeln. Die Vorgesetzten hätten dann nur noch gruppenübergreifende dispositive Aufgaben zu erledigen. Praktisch lief dieses Konzept also darauf hinaus, das stille in ein offizielles Arbeitsbündnis umzuwandeln, einem verschwiegenen, mit dem Geruch des Illegitimen behafteten, Beziehungsgeflecht eine demokratische, betrieblich anerkannte und in Fragen der Arbeitsdisziplin elastischere Basis zu geben. Die Müllwerker würden nicht mehr nur inoffiziell zuständig sein für die Regelung der Alltagsprobleme vor Ort, das heißt sie wären gefeit gegen willkürliche Eingriffe der Vorgesetzten; die bisher nur inoffiziellen Gruppenkompetenzen würden auch offiziell anerkannt, und die Müllwerker hätten den notwendigen Freiraum, diese Kompetenzen systematisch fortzuentwickeln, was ihr Selbstbewusstsein stärken und ihr Ansehen gegenüber qualifizierten Kollegen und der Bevölkerung erhöhen dürfte. Vor allem wurde erwartet, dass die größere personelle Kontinuität und die umfassenden Zuständigkeiten der Tourenmannschaften die regressive Bereitschaft zur Personalisierung und Ethnisierung von belegschaftsinternen Konflikten abbauen werden.

Gute Voraussetzungen und enge Grenzen

Die Untersuchung hatte sich auf die Bedingungen im Arbeitsprozess konzentriert und konnte wichtige und vielfältige Quellen identifizieren, aus denen sich ausländerfeindliche Vorurteile und die Bereitschaft zur Diskriminierung speisen können – die alltäglichen Diskriminierungserfahrungen von Müllwerkern in ihren demütigenden Kontakten mit Vorgesetzten und Kunden; die zusätzlichen Belastungen und Schwierigkeiten im Arbeitsprozess, die sich aus der Zusammenarbeit von deutschen und ausländischen Beschäftigten ergeben; die sich häufenden Stresserfahrungen in vorübergehenden oder auch langanhaltenden Phasen von Personalknappheit und Leistungsverdichtung; vor allem aber jene formalen oder informellen Arrangements, die unter Druck geradezu zu einem Einfallstor für ethnisierte Konflikte werden können.

Darüber hinaus zeigten die Interviews und die Gruppendiskussionen, dass die öffentlichen ausländerfeindlichen Debatten um Asyl- und Sozialmissbrauch nicht folgenlos für die Einstellungen und Orientierungen der Müllwerker geblieben sind. Dass es in Deutschland ein Minderheitenproblem gibt, weil eine zunehmend große Zahl von Migranten insbesondere der zweiten und dritten Generation sich nicht länger als Gastarbeiter versteht und die politische, rechtliche, vor allem aber soziale Gleichstellung fordert, ist den deutschen Müllwerkern als konfliktträchtige Alltagserfahrung schon lange präsent. Und dass diese Minderheitenproblematik sich deshalb in den vergangenen Jahren so verschärft hat, weil die Verteilungskämpfe um Arbeit, Wohnung, städtische Räume, Kindergartenplätze oder staatliche Transferleistungen besonders in den einkommensschwächeren Teilen der Gesellschaft härter wurden, können Müllwerker sicher leichter akzeptierend nachvollziehen als viele Menschen höherer sozialer Schichten.

Gleichwohl konnte die Untersuchung bei den deutschen Müllwerkern trotz verführerischer öffentlicher Deutungsangebote keine wirklich starken, stimmigen und gemeinsamen antidemokratischen und ausländerfeindlichen Meinungs- und Orientierungsmuster nachweisen. Das war möglicherweise die wichtigste Bedingung und Voraussetzung unserer Untersuchungs- und Weiterbildungsarbeit. Auf die Frage, warum dem so ist, fand das Untersuchungs-Team eine ganze Reihe von – sich eher ergänzenden – Antworten.

Eine *erste* Interpretation des Untersuchungsteams bezog sich auf die fortwährende Kraft des deutschen Nachkriegstabus, das ein selbstbewusstes, öffentliches Vertreten nationalsozialistischer, antisemitischer, rassistischer, also auch antidemokratischer und ausländerfeindlicher Meinungen noch verhindert. Bislang sei es für die Mehrheit der Deutschen unmöglich, ihre vorurteilsvollen, feindseligen und diskriminierungsbereiten Impulse und Meinungen gegen Ausländer in konsistente Orientierungsmuster zusammenzuführen und öffentlich damit zu agieren.

Eine *weitere* Deutung schloss sich unmittelbar an. Dass mit dem akademischen Untersuchungsteam Vertreter der herrschenden antirassistischen politischen Moral den Müllwerkern gegenübertraten – obendrein im Auftrag und mit der Autorität des zuständigen Dezernenten, der Amtsleitung und des Personalrats –, habe es den deutschen Müllwerkern fast unmöglich gemacht, im halböffentlichen Raum der Weiterbildungsarbeit ihre ausländerfeindlichen Einstellungen überhaupt zur Sprache zu bringen und damit zur Diskussion zu stellen.

Da aber das wachsende Interesse der deutschen Müllwerker an der Weiterbildungsarbeit des Untersuchungsteams deutlich über den Rahmen der betrieblichen Teilnahmepflicht hinausging, bot sich eine *dritte* Interpretation an. Der geschützte pädagogische Raum der Zweitagesseminare sei von den Müllwerkern rasch als Ort erlebt worden, an dem die Vorgesetzten zwar anwesend, die üblichen Macht- und Abhängigkeitsbeziehungen aber weitgehend außer Kraft gesetzt waren und an dem die fremde Autorität des Untersuchungsteams dafür sorgte, dass die Chancengleichheit, zu Wort zu kommen und respektiert zu werden, in hohem Maß gesichert war. Die Möglichkeit einer relativ angstfreien und offenen Auseinandersetzung mit den Vorgesetzten sei für deutsche und ausländische Müllwerker so attraktiv gewesen, dass sie bereit waren, ihre gegenseitigen feindseligen und vorurteilsvollen Vorbehalte zurückzustellen.

Eine daran anknüpfende *vierte* Deutung vermutet, dass dieser ungewohnte herrschaftsarme Raum eine eigene suggestive Kraft entfaltet habe. Wenn ein deutscher Müllwerker nur deshalb angstfrei seine Vorgesetzten kritisieren könne, weil diese sich bereit erklärt haben, in der Ausnahmesituation der Seminare ihre Untergebenen als Gesprächspartner oder -gegner gleichen Rechts zu respektieren, dann werde es dem Müllwerker seinerseits fast unmöglich sein, in derselben Situation diesen Respekt seinem sonst eher missachteten ausländischen Kollegen zu verweigern.

An diese schloss sich eine *fünfte* Interpretation an, die sich auf die These von der Ethnisierung betrieblicher Konflikte bezog. Konflikte am Arbeitsplatz zwischen Deutschen und Nichtdeutschen sind auf fast unentwirrbare Weise sowohl Verteilungs- als auch Anerkennungskämpfe. Durch ihre Ethnisierung werde eine machtstrategische Konfliktdeutung durchgesetzt, die nicht auf Konsens oder Kompromiss angelegt ist, sondern auf die Klärung der Fronten zwischen Freund und Feind. Im herrschaftsarmen pädagogischen Raum werde diese Konfliktdeutung dadurch probeweise entkräftet, dass der Kampf um Anerkennung nur noch in der einen Variante der symmetrischen gegenseitigen Anerkennung der Kontrahenten zugelassen sei. So werde der Raum frei für die teilbaren und lösbaren Konflikte am Arbeitsplatz und damit für Kompromisse.

Die *sechste* Deutung verweist auf eine wichtige Bedingung der Möglichkeit, den Kampf um Anerkennung zu zivilisieren – durch Arbeit. Indem es gelungen sei, die Lehrgangsteilnehmer dazu zu bringen, gemeinsam Lösungsmöglichkeiten für einige gravierende betriebliche Konfliktfelder zu erarbeiten, entstanden kommunikative Situationen, in denen wichtige asymmetrische Voraussetzungen der Konflikte um Anerkennung korrigiert wurden. Vor allem der Einsatz von Dolmetschern in den Seminaren, durch den es selbstverständlich wurde, dass jeder in der Sprache, (in) der er mächtig ist, reden konnte, habe eine verblüffende Wirkung gehabt. Ganz offensichtlich gibt es einen engen und weitgehend anerkannten Konnex zwischen unterschiedlicher Sprachmächtigkeit und ungleichen Chancen in Anerkennungskonflikten.

Und damit ist der Bogen zu einer weiteren Interpretation geschlagen, der *siebten*, die in den alltäglichen Arbeitsbeziehungen und der dort notwendigen zuverlässigen Kooperation die stärkste Barriere gegen eine ungehemmte Entfaltung ausländerfeindlicher Orientierungen bei Müllwerkern sieht. Arbeitsplatzbeobachtungen haben gezeigt, dass im normalen Arbeitsablauf ausgrenzendes, kränkendes, diskriminierendes Verhalten der meist deutschen Fahrer und Vorarbeiter gegenüber den meist ausländischen Ladern sehr selten vorkam; und wenn, dann nur gegen teamfremde Springer. Interviews, Gruppengespräche, Arbeitsplatzbeobachtungen und die Seminarerfahrungen stimmten darin überein, dass der innere Zusammenhang von Achtung und Arbeitsleistung im Team, von Missachtung und Versagen bei der Arbeit immer präsent war. Auch zwischen deutschen und ausländischen Kollegen waren die Anerkennungsbeziehungen normativ gebunden an die Anforderungen an den guten Arbeiter und den guten Kollegen.

Das führt zu einer *letzten* Erklärung dafür, weshalb resistente und stringente Missachtungsbeziehungen zwischen deutschen und nichtdeutschen Müllwerkern in der Wertstoffsammlung nicht zu finden waren. Diese Erklärung be-

Gemeinsame Orientierungen als „Kontrollinstanzen"

Der zentrale Ort im Betrieb, an dem soziale Konflikte zu ethnischen verzaubert werden, sind die unmittelbaren sozialen Beziehungen am Arbeitsplatz – zwischen den Kollegen der Arbeitsgruppen und zwischen ihnen und den unmittelbaren Vorgesetzten. Diese sozialen Beziehungen sind zugleich aber auch die Kontrollinstanzen dafür, dass die internen Konflikte „im Rahmen" bleiben. Dafür sorgen starke gemeinsame Orientierungen.

- Da ist erstens die Orientierung am Arbeitsprozess, an der Qualität und Organisation der Arbeit, an Arbeitsspielräumen und -pausen und nicht zuletzt am ungestörten Arbeitsfluss. Die gleichen Kräfte also, die das Aufbrechen ethnischer Diskriminierungskonflikte so stark behindern, können sich für die zivile Zähmung solcher Konflikte einsetzen, wenn sie einmal ausgebrochen sind.
- Da ist zweitens die Orientierung an der Übereinstimmung der internen Anerkennungshierarchie unter Kollegen mit der Leistungshierarchie in den Arbeitszusammenhängen: Der gute Kollege ist beides, der zuverlässige und der solidarische Kollege; mag diese Orientierung betriebliche Ungleichheit und Diskriminierung stabilisieren, zugleich erschwert sie aber auch aggressive rassistische Verallgemeinerungen und kann Quelle gegenseitiger Anerkennung sein.
- Und da ist drittens die Orientierung an der – bei allen Unterschieden – gemeinsamen Lage als Lohnabhängige, die – individualisiert oder in Gruppen gespalten – wenig Chancen haben, im Konfliktfall ihre Interessen gegenüber der Betriebsleitung zur Geltung zu bringen.

zieht sich auf die widersprüchliche Funktion sozialer Konflikte. Der Unterschied zwischen der alten traditionellen Müllabfuhr und der neu aufgebauten Abteilung Wertstoffsammlung lässt sich auch beschreiben als die Differenz zwischen zwei unterschiedlichen Formen der Ethnisierung des Sozialen. In der alten Müllabfuhr erwiesen sich die über Jahre gewachsenen und eingespielten Muster ethnisierter betrieblicher Ungleichheit als noch immer so stabil, dass Anerkennungs- und Verteilungskonflikte die Ausnahme blieben. Ungleichheit im Betrieb war nach ethnischer Zugehörigkeit strukturiert und zugleich nach allgemeingültigen Leistungskriterien legitimiert. Widerspruch dagegen wurde von deutscher Seite nicht akzeptiert und von ausländischer Seite nicht erhoben. Die Neugründung der Abteilung Wertstoffsammlung aber brachte Veränderungen mit sich sowohl in der personellen Zusammensetzung der Belegschaft als auch in den Arbeitsbelastungen und -anforderungen. Die alten institutionellen Absicherungen ethnisierter Ungleichheit wurden brüchig und von den meist jungen und selbstbewussten Migranten nicht länger als selbstverständlich hingenommen. Die häufigen und teilweise bösen Konflikte wurden von deutscher Seite im Namen des Status quo und der Legitimität bisheriger Ungleichheit geführt, von ausländischer Seite als Widerstand gegen Diskriminierung und Kampf um Anerkennung. Auf beiden Seiten also ging es in den Konflikten um Verteilungsfragen, um Definitionsmacht und um Anerkennung, und auf beiden Seiten gab es fast naturwüchsige Tendenzen der Ethnisierung dieser Konflikte. Die intervenierende Untersuchungs- und Weiterbildungsarbeit des Untersuchungsteams konnte die lösenden und emanzipatorischen Potentiale dieser Konflikte sichtbar und wirkungsvoll machen und damit ein wenig Licht auf die Frage werfen, unter welchen Bedingungen der Kampf um Anerkennung sich mit der prinzipiellen Bereitschaft verbindet, den anderen und Fremden in die gemeinsamen Anerkennungsbeziehungen aufzunehmen.

Doch bescheidene Erwartungen seien empfohlen – heute wie vor 10 Jahren. Ein Konzept von Aufklärung, das sich primär auf die unaufgeklärten, inhumanen Verhältnisse bezieht, verweist deutlich auf seine zentrale Voraussetzung: *Rechtsextremismus und Fremdenfeindlichkeit* sind wirkungsvoll nur zu bekämpfen durch eine nachhaltige Entwicklung humaner Arbeits- und Lebensbedingungen – weshalb leider alles dafür spricht, dass unserer Gesellschaft dieses bösartige Problem noch lange erhalten bleibt.

Literatur

Freyberg, Thomas von: Ausländerfeindlichkeit am Arbeitsplatz. Zur Untersuchung ethnischer Konflikte zwischen deutschen und ausländischen Beschäftigten, in: Institut für Sozialforschung (Hrsg.): Rechtsextremismus und Fremdenfeindlichkeit. Studien zur aktuellen Entwicklung, Frankfurt/New York 1994, S. 129-166

Freyberg, Thomas von: Betriebliche Konfliktpotentiale zwischen Ausländern und Deutschen – Das Beispiel der Abfallwirtschaft in Frankfurt/M., in: Peter Kühne/Nihat Öztürk/Klaus-W. West (Hrsg.): Gewerkschaften und Einwanderung. Eine kritische Zwischenbilanz, Köln 1994, S. 259-273

Freyberg, Thomas von: Blinde Flecken gewerkschaftlicher Politik gegen Rassismus und Fremdenfeindlichkeit. Ein Plädoyer für eine betriebsnahe Bildungsarbeit gegen ethnische Diskriminierung am Arbeitsplatz, in: Gewerkschaftliche Monatshefte, Heft 8/1995, S. 474-483

Freyberg, Thomas von: Der gespaltene Fortschritt. Zur städtischen Modernisierung am Beispiel Frankfurt am Main, Frankfurt/New York 1996

II. Pädagogische Handlungsfelder und Interventionsstrategien

Klaus-Peter Hufer

Argumentationstraining gegen Stammtischparolen

Ein Professor saß eines Tages in der Straßenbahn. Da wurde er Zeuge eines Gesprächs zwischen zwei Frauen, die sich laut und abfällig über „Ausländer" äußerten. Die übrigen Mitfahrenden schwiegen. Der Professor, ein bekannter und bedeutender Rechtsextremismusforscher, fühlte sich herausgefordert zu intervenieren. Doch obwohl er alle gängigen Theorien zur Fremdenfeindlichkeit kennt und die Vorstellung von einer alltags- und handlungsorientierten politischen Bildung hat, blieb er stumm. Ihm fiel keine passende Reaktion ein. Dann hielt die Straßenbahn. Beim Herausgehen sagte der Professor spontan zu den beiden Frauen: „Sie haben einen Preis gewonnen." „Warum?", fragten sie. „Sie haben den Preis dafür gewonnen, weil sie zwischen nur zwei Haltestellen so viel Blödsinn sagen konnten." In der Straßenbahn setzte heftiger Beifall der bis dahin schweigenden Reisenden ein. Der Professor ging zufrieden und bestätigt von dannen.

Diese Geschichte – sie ist wahr – zeigt zweierlei:

Erstens wird erkennbar, dass das Gefühl, nicht angemessen reagieren zu können, in einer Situation, die dazu herausfordert, jeden befällt – auch den Experten, den ausgewiesenen Wissenschaftler und Kenner der Szene. Zweitens belegt die Anekdote, dass (fast) jede Reaktion besser ist als keine – zumindest stärkt sie das Selbstbewusstsein und bietet den bis dahin Zurückhaltenden eine Möglichkeit zur Unterstützung. In diesem Fall hat der Professor Beifall bekommen, von dem er lange zehren konnte.

Jeder/jede kennt diese Situationen – bei der Familienfeier, im Gespräch am Gartenzaun, an der Ladentheke, im Betrieb, in der Schule oder eben am Stammtisch. Auf einmal kommen die „Sprüche", hart, kompromisslos und rigide. Man ist dann sprachlos, reaktionsschwach, fühlt sich überrumpelt. Und: Die besten Antworten fallen erst später ein ...

Wie kann man lernen, angemessen auf solche Situationen zu reagieren? Das „Argumentationstraining gegen Stammtischparolen" hilft, dies zu erfahren, auszutesten, auszuloten. Es geht dabei nicht um eine vordergründige Schlagfertigkeit. Vielmehr ist es das Ziel, den eigenen Handlungsspielraum zu erfahren und auszuprobieren.

Was Stammtischparolen sind und was an ihnen ärgert

Entstanden ist dieses Training in der Erwachsenenbildung; es hat eine bundesweit beachtete und starke Rezeption gefunden. In zahlreichen Einrichtungen der politischen Jugend- und Erwachsenenbildung, in Schulen, Initiativen, Betrieben wird mit diesem Training versucht, Menschen zu unterstützen, couragiert gegen verbale Gewalt, gegen Rassismus, Diskriminierung aktiv zu werden.

Das Seminar wird von den Teilnehmenden selbst gesteuert. Die Kursleitung beschränkt sich darauf, den Prozess der Auseinandersetzung mit den Parolen zu moderieren. Es wird also kein Lernprogramm vermittelt, sondern das, was erlernt wird, wird von der Gruppe selbst erarbeitet. Bedarfsweise werden durch die Trainer/Trainerinnen Hintergrundinformationen eingebracht (etwa zur Psychologie des Vorurteils, zur Erklärung von Aggressionen, zum autoritären Charakter oder Sachinformationen zu den diskutierten Themen). Die „Stammtischparole" ist bei diesem Training eine Metapher, eine Chiffre, ein Stellvertreterbegriff. Dogmatische und verächtliche Sprüche werden nicht nur in Kneipen geäußert, sie sind Teile des Alltags.

Im ersten Durchgang des Seminars teilen die Teilnehmenden ihre Erfahrungen mit Stammtischparolen mit. Interessant ist die hohe Übereinstimmung: In den zahlreichen bisher durchgeführten Seminaren wurde immer wieder festgestellt, dass Stammtischparolen gekennzeichnet sind durch Dogmatik, Selbstgerechtigkeit, Aggressivität, Feindseligkeit, Diffamierungen, Abwertung von Andersdenkenden, Anderslebenden, Andersaussehenden. Es fällt schwer, solchen zugespitzten kategorischen Aussagen mit Vernunft und Informationen zu begegnen. Blockaden bei der Konfrontation mit solchen Parolen haben alle, auch sehr gut ausgebildete Menschen.

Den Seminarteilnehmern/innen bereiten entsprechende, im Alltag erlebte Situationen Unbehagen sowie Ohnmacht und emotionale Irritation. Sie fühlen

Motive zur Teilnahme an den Seminaren

„Ich möchte mich besser informieren."

„Ich fühle mich in einigen Situationen zu dumm."

„Mir gehen bei einer politischen Diskussion oft die Gefühle durch, dadurch schade ich mir und meinem Standpunkt."

„Ich muss mich manchmal zurückhalten, weil ansonsten der Streit da ist – aber muss ich das wirklich?"

„Ich möchte die Technik des Diskutierens lernen."

„Ich fühle mich nach solchen Diskussionen oft zerknirscht und zweifle völlig an mir."

„Ich habe Freunde, die sind z.B. für die Todesstrafe. Das finde ich ganz schlimm, aber ich mag meine Freunde trotzdem. Wie kann ich diesen Konflikt aushalten?"

„Ich möchte politisch aktiv werden."

„Ich möchte nicht nur tatenlos und sprachlos dabei sein, wenn schlimme Äußerungen kommen."

„Ich möchte lernen, verhärtete Fronten aufzulösen."

„Ich möchte meine Position so vertreten können, dass ich sie durchhalte, ohne andere dabei zu verletzen."

„Ich möchte mich engagieren gegen Rechtsextremismus und Ausländerfeindlichkeit."

sich herausgefordert, aber auch blockiert (vgl. die „Motive zur Teilnahme an den Seminaren").

Nach der Motivdarstellung werden in einem *Brainstorming* dann Parolen gesammelt. Dabei gibt es „Dauerbrenner" die immer wieder genannt werden. Unabhängig vom Ort des Seminars und der Zusammensetzung der Gruppe besteht – von kleinen sprachlichen Varianten einmal abgesehen – zu etwa 80 Prozent Deckungsgleichheit in den vorgebrachten Parolen. Es geht im Wesentlichen um Asylpolitik, Ausländerpolitik, Sozialpolitik, Relativierung des Nationalsozialismus, Sexismus, Illiberalität (vgl. die Übersicht „Besonders häufig genannte Stammtischparolen").

Besonders häufig genannte Stammtischparolen

Wir haben viel zu laue Strafgesetze.

Ein bisschen Diktatur schadet nichts.

Wir brauchten wieder einen kleinen Hitler.

Wenn Hitler den Krieg nicht begonnen hätte, wäre der Nationalsozialismus gar nicht so schlimm gewesen.

In der Zeit des Nationalsozialismus konnte man wenigstens noch ohne Angst und ohne Probleme nachts über die Straßen gehen.

Wir brauchen wieder die Todesstrafe.

Irgendwann muss Schluss sein mit unserer Geschichte.

Das Boot ist voll.

Ausländer nehmen uns die Arbeitsplätze weg.

Ausländer überfremden uns / wollen sich nicht integrieren lassen.

Ausländer sind kriminell.

Die weitaus meisten Asylanten kommen nur aus wirtschaftlichen Gründen zu uns.

Die Menschen in den Entwicklungsländern sind nur zu faul, um das zu leisten, was wir geschafft haben.

Ein Ausländer kommt rein und zehn Kinder kommen hinterher.

Der Neger kommt her, ruft Asyl, und schon stellen wir ihm den Mercedes vor die Tür.

Neger sind Dealer.

Wir können die Probleme der Welt nicht hier in Deutschland lösen.

Wir sind die Zahlmeister Europas.

Die meisten Arbeitslosen sind im Grunde nur zu faul, denn wer Arbeit will, bekommt sie auch.

Politiker verdienen sich nur durch Dummquatschen Geld.

Es muss viel härter durchgegriffen werden.

Frau am Steuer Ungeheuer. (Frau am Steuer: Blut am Gemäuer.)

Der Staat ist der größte Steuerverschwender.

Wir brauchen wieder einen starken Mann.

Deutsche Soldaten sind immer anständig gewesen.

Die Juden machen das große Geld.

Schwule sind pervers.

Die Rollenspiele

Den Mittelpunkt des Trainings bilden Rollenspiele zu den Parolen, die die Teilnehmenden am meisten provozieren, ärgern oder ratlos machen. Am häufigsten werden dabei ausländerfeindliche Sprüche gewählt, z.B. „Wir haben zu viele Ausländer hier."

Der Verlauf der Spiele ist stets derselbe und immer eindeutig: absolute Dominanz, Lust und wechselseitige Unterstützung bei den Parolenvertretern. Die Parolengegner geraten schnell in die Defensive, werden passiv, sitzen beziehungslos nebeneinander, schweigen oft, werden unterbrochen. Die Parolenvertreter springen im Thema, von Parole zu Parole, nehmen keine Informationen an, ein Gespräch mit dem Bedürfnis, Argumente auszutauschen, findet nicht statt. Die nachträgliche Reflexion über das Rollenspiel verläuft in der Regel recht intensiv und die ersten „Aha-Erlebnisse" werden deutlich, z.B. dass es den Protagonisten der Parolen wesentlich leichter gefallen ist, ihren Part „erfolgreich" zu spielen als denjenigen, die Einwände und Bedenken vortrugen. Immer wieder wird betont, wie lebensecht und authentisch dieses Spiele sind.

Die Wirkung von Vorurteilen

Bei der Erklärung für die Massivität der Pro-Position der Parolenverkünder wird zentral über die Bedeutung und Wirkung von Vorurteilen nachgedacht: Vor einem Urteil ist bereits ein Vor-Urteil vorhanden. Dieses Vorurteil „wird nicht reflektiert. Es dient als Orientierungshilfe im Alltag."[1] „Ohne die Maschinerie der Vorurteile", so hat es Max Horkheimer einmal formuliert, „könnte einer nicht über die Straße gehen, geschweige denn einen Kunden bedienen. Nur muß er imstande sein, die Generalisierung einzuschränken, wenn er nicht unter die Räder kommen will."[2]

Vorurteile haben für den *einzelnen* die Bedeutung, seine Psyche zu stabilisieren, indem sie

- der Orientierung in unübersichtlichen Situationen dienen und
- Verhaltenssicherheit ermöglichen.

---

1 Klaus Ahlheim/Bardo Heger: Vorurteile und Fremdenfeindlichkeit. Handreichungen für die politische Bildung, 3. Aufl., Schwalbach/Ts. 2001, S. 5.

2 Max Horkheimer: Über das Vorurteil, in: „Frankfurter Allgemeine Zeitung" vom 20.5.1961.

Vorurteile sind ein willkommener Stoff, um *soziale Gruppen* zusammenzuhalten, indem sie

- der Gruppenbildung und -zugehörigkeit nützen und
- Aggressionsverschiebung auf Fremdgruppen erlauben.

Vorurteile stabilisieren auch die *Gesellschaft*/ein *politisches System*, indem sie

- Herrschaftsausübung rechtfertigen und Macht erhalten und
- an der Herrschaftsstabilisierung durch die Bereitstellung von „Sündenböcken" und Feindbildern mitwirken.

Die Gefahr eines Vorurteils liegt aber darin, dass es schnell umschlagen kann in Feindseligkeit, Fundamentalismus und Hass.

Wesentliches Kennzeichen der Stammtischparolen ist ihre Verhaftung in Vorurteilen. Stammtischparolen sind artikulierte Vorurteile. Reflexion kann ein Weg sein, das „Brett vor dem Kopf", das ein Vorurteil auch darstellt, beiseite zu schieben. Aufklärung, Information, Begegnung und neue Erfahrungen können Vorurteile erschüttern und auflösen. „Vorurteile sind bequemes Nicht-denken-Müssen und Nicht-denken-Wollen in unbequemer Lage und Zeit, immun gegenüber Tatsachen und Argumenten ... Vorurteile sind so stabil, weil sie im ‚psychischen Haushalt' des einzelnen eine wichtige Rolle spielen."[1] Plausibel wird so, dass Personen mit ausgeprägten Vorurteilen sich abschotten und – zunächst – nicht überzeugen lassen.

Diese Erkenntnis ist zwar desillusionierend, sie erleichtert aber auch. Denn mit dem Wissen von der psychologischen Struktur und Wirkung von Vorurteilen werden „objektive" Faktoren deutlich. Damit wird eine individuelle „Selbstbeschuldigung" aufgehoben. (Ich weiß nichts, ich bin nicht in der Lage, ich kann nichts ...). Das wirkt für die Seminarteilnehmer/innen entlastend, da es sie von Zuweisungen eines persönlichen Versagens befreit.

Hinter den Stammtischparolen stehen vorurteilsbehaftete Weltdeutungen, aggressive Verhaltensweisen und Potentiale sowie die autoritären Charaktermerkmale ihrer Verkünder und Verkünderinnen. Stammtischparolen sind nicht nur individuelle verbale und emotionale Ausfälle. Sie sind auch politisch und gesellschaftlich problematisch und gefährlich. Denn erstens ist es

1 Klaus Ahlheim: Vorurteile, in: Klaus-Peter Hufer (Hrsg.): Außerschulische Jugend- und Erwachsenenbildung (Lexikon der politischen Bildung, Bd. 2, hrsg. von Georg Weißeno), Schwalbach/Ts. 1999, S. 240-242, hier S. 240 f.

nicht unbedingt ein Beleg für die demokratische Kultur einer Gesellschaft, wenn in ihren Nischen dumpfe Ressentiments geäußert werden. Zweitens sind die Parolen nicht nur Gespräche und Deutungsversuche einzelner, um ihren Alltag bewältigen zu können, sondern auch die Substanz für menschenverachtende politische Ideologien. Und drittens schließlich können die Parolen demagogisch aufgeladen und politisch genutzt werden. Stammtischparolen sind tendenziell im Vor- und Umfeld von rechten bis rechtsextremen Ideologien. Die Nähe zeigt sich bei der *Fremdenfeindlichkeit.*

Gegenstrategien

Was ist zu tun? Welcher Umgang ist zu empfehlen?

Von den Teilnehmenden wird im Laufe der Rollenspiele – idealerweise sollten es drei sein – ein Katalog von Verhaltensweisen und Gegenstrategien erstellt. Für die Teilnehmer und Teilnehmerinnen sind diese selbst entwickelten Empfehlungen hilfreich für den zukünftigen Alltag, denn die Konfrontation mit der nächsten Parole kommt bestimmt. Der Katalog ist – auch nach vielen Seminaren – im Kern stets gleich und enthält u.a. die folgenden Hinweise:

- Einsicht in die eigene Situation: In der Konfrontation mit Stammtischparolen ist immer der/die in der Defensive, der/die sich davon abgrenzen will.
- Es ist ausgesprochen schwierig, Gegenargumente zu vertreten, denn: a) im Gegensatz zu den zugespitzten Schlagworten und Parolen sind die dahinter stehenden Themen umfangreich, komplex und differenziert, b) auf Parolen gibt es so gut wie keine Gegenparolen.
- Die Ebenen sind gegensätzlich: Emotionalität vs. Rationalität, Schlagwortartigkeit vs. Komplexität.
- Logik und direktes Nachfragen können wirkungsvolle Gegenstrategien sein.
- Zu bezweifeln ist die Überzeugungskraft von richtigen Informationen, denn aufgrund der kognitiven Dissonanz, die sie erzeugen, werden sie nicht wahrgenommen, sondern einfach „umgedreht“ und passend gemacht.
- Belehrung schafft Abwehr.
- Pathetisch oder moralisierend vorgetragene Gegenpositionen provozieren Abwehr.

- Humor entspannt; ohne billig zu sein, kann der eine oder andere heitere Akzent (ein passender Witz, eine Portion Selbstironie) das Klima mildern.
- Im Gespräch sollten die Lebensumstände der Kontrahenten mit berücksichtigt und beachtet werden. Vieles erklärt sich daraus, mancher Schaden kann vermieden werden, wenn man beispielsweise weiß, dass das Problem den anderen gerade direkt und unmittelbar betrifft.
- Jede Form von Überheblichkeit muss vermieden werden.
- Beim Gespräch sollte immer nur eine Argumentationslinie bzw. eine Bewertungsebene durchgespielt werden, dann eine andere.
- Leise reden ist oft wirkungsvoller als der Versuch, andere mit Lautstärke zu übertönen. Denn die Aufmerksamkeit kann größer werden, wenn man die Stimme senkt oder sich um einen ruhigen Tonfall bemüht.
- Die Körpersprache spielt eine wichtige Rolle, z.B.: Wer sich nach vorne beugt, macht sich entweder klein, oder er/sie will den Gegenübersitzenden „herüberziehen". Wer die Arme verschränkt, hat möglicherweise Angst, blockiert, wehrt ab, lässt nichts an sich heran. Wer sich weit nach hinten lehnt und die Beine ausstreckt, signalisiert Überlegenheit. Die Hand auf dem Arm eines anderen zeigt Zusammengehörigkeitsgefühl etc. Sie kann auch ein Hinweis darauf sein, dass man versucht jemanden für sich einzunehmen.
- Wichtig ist es, auf Kooperationspartner zu achten, denn erstens braucht man sie selbst und zweitens unterstreicht es die eigene Überzeugungsmöglichkeit. Einen potentiellen, aber sich schweigend verhaltenden Kooperationspartner kann man durchaus ansprechen, um ihn einzubinden („Was meinst Du dazu?", „Hattest Du nicht damals auch...?").
- Entscheidender als der Widersacher sind die mit anwesenden Unentschiedenen und Indifferenten – sie können eher überzeugt werden.
- Gegenfragen stellen.
- Persönliche Fragen stellen.
- Persönliche Erfahrungen einbringen bzw. nachfragen.
- Nicht reagieren, sondern agieren.
- Taktik verdeutlichen.
- Gesprächsregeln aufstellen.
- Beziehung aufnehmen.
- Auf Differenzierung drängen, pauschale Zuordnungen nicht zulassen.
- Unmut äußern.

Eine beliebte Strategie ist auch, Ironie auszuprobieren. Hier ist es wichtig, die Grenze zum Zynismus zu beachten. So antwortete in einem Spiel ein Teilnehmer auf die Bemerkung „Die Ausländer nehmen uns die Arbeitsplätze weg“: „Ich wusste gar nicht, dass du früher einmal eine Döner-Bude hattest.“ Oder: „Ich wusste nicht, dass auch du früher einmal bei der Müllabfuhr gearbeitet hast.“

Und wichtig ist eine grundsätzliche Anmerkung: Hoffnungsvoll und perspektivreich ist die längerfristige Wirkung, die eine authentisch wirkende und entschieden auftretende Person auslösen kann. Gerade Menschen mit autoritären Neigungen kann das beeindrucken. Ein Gespräch ist nie mit dessen vermeintlichem Schluss beendet, seine Wirkung geht meistens weit darüber hinaus. Manchmal wird ein Gespräch, wird eine Begegnung oder Konfrontation mit einer Person wieder re-aktualisiert und in Zusammenhang mit einer neuen Situation gebracht. Dann kann es zu einem bisher nicht bekannten Aha-Erlebnis kommen. Insofern gibt es für diejenigen, die die Wirkung ihrer Gespräche und ihrer Auftritte für unbedeutend halten, immer noch – ein gut begründetes – Prinzip Hoffnung.

Eine Seminarteilnehmerin, eine ältere Hausfrau, sagte beim Abschluss: „In diesem Training habe ich gelernt, dass es auch dann einen Sinn hat, einen Standpunkt zu vertreten, wenn die Antworten nicht gleich wie aus der Pistole geschossen kommen. Außerdem bin ich froh, erlebt zu haben, dass es anderen genauso geht wie mir. Ich habe mir für die Zukunft vorgenommen, weiterhin meine Meinung zu vertreten, auch wenn ich mit ihr alleine stehe.“

Literatur

Ahlheim, Klaus: Vorurteile, in: Klaus-Peter Hufer (Hrsg.): Außerschulische Jugend- und Erwachsenenbildung (Lexikon der politischen Bildung, Bd. 2, hrsg. von Georg Weißeno), Schwalbach/Ts. 1999, S. 240-242

Ahlheim, Klaus/Heger, Bardo: Vorurteile und Fremdenfeindlichkeit. Handreichungen für die politische Bildung, 3. Aufl., Schwalbach/Ts. 2001

Horkheimer, Max: Über das Vorurteil, in: „Frankfurter Allgemeine Zeitung“ vom 20.5.1961

Hufer, Klaus-Peter: Argumentationstraining gegen Stammtischparolen. Materialien und Anleitungen zum Selbstlernen, 5. Aufl., Schwalbach/Ts. 2002

Franz Josef Krafeld

Grundzüge akzeptierender Jugendarbeit

Eine kurze Einführung

Seitdem rechtsextremistische Orientierungen nicht mehr vornehmlich unter älteren Menschen zu finden sind (wie das bis weit in die 80er Jahre hinein galt), sondern unter jungen Menschen ähnlich verbreitet sind, wird immer wieder danach gerufen, dass dem mit sozialer Arbeit begegnet werden müsse. Und andere halten genau das für falsch und gefährlich. Sie haben Recht, wenn sie damit meinen, dass soziale Arbeit nicht stellvertretend für den „Rest" der Gesellschaft das Rechtsextremismusproblem lösen kann – und auch nicht so tun darf, als ob sie es könnte. Und sie haben Unrecht, wenn sie damit meinen, es dürfe keine soziale Arbeit mit Menschen geben, die rechtsextremistische Orientierungen momentan attraktiv finden oder die gar entsprechendes Gewaltverhalten zeigen.

Im § 1 des KJHG (jetzt SGB VIII) heißt es: „Jeder junge Mensch hat ein Recht auf Förderung seiner Entwicklung und auf Erziehung zu einer eigenverantwortlichen und gemeinschaftsfähigen Persönlichkeit." *„Jeder"* heißt: auch jeder junge Straftäter! Und auch jeder junge Rechtsextremist! Denn das Recht auf Leistungen der Jugendhilfe kann man laut Gesetz nicht verwirken. Und der Anspruch auf Unterstützung nach dem KJHG hört auch da nicht auf, wo *gleichzeitig* andere gesellschaftliche Interventionen stattfinden (sei es z.B. durch Polizei und Justiz – oder durch Therapie). Und pädagogische Aufgaben und politische Aufgaben sind nicht identisch, genauso wenig wie pädagogische und polizeiliche Aufgaben. Die Frage ist, ob sie jeweils in die gleiche Richtung zielen.

Wer das KJHG ernst nimmt und wer auch in anstößig auftretenden Menschen Menschen sieht, wer z.B. auch Straftätern ihre Würde nicht abspricht, der kann eigentlich nicht ernsthaft die Position vertreten: Mit denen darf soziale Arbeit, mit denen darf Jugendarbeit nichts zu tun haben! Die muss sie ausgrenzen! Denn: Für Angebote sozialer Arbeit muss man sich nicht als *wür-*

dig, sondern als *bedürftig* erweisen! Die Frage ist also nicht, *ob*, sondern *wie* soziale Arbeit mit solchen Zielgruppen von Menschen erfolgen kann!

Prinzipielle Kritiker solch einer sozialen Arbeit dagegen befürchten vor allem:
- dass sich dadurch die Gesellschaft noch mehr an Fremdenfeindlichkeit, Rechtsextremismus und Gewalt gewöhnt,
- dass durch pädagogische Arbeit mit solchen Zielgruppen Risiken und Gefahren verharmlost werden, oder gar,
- dass rechtsextremistische *Organisationen* durch pädagogische Arbeit mit entsprechend orientierten Jugendlichen naive Hilfestellungen erfahren.

Grundsätze akzeptierender Jugendarbeit

Entgegen der verbreiteten Auffassung, dass extremen Zielgruppen gegenüber manches nicht richtig sei, was ansonsten zur normalen Angebotspalette sozialer Arbeit gehört, zeigt alle Erfahrung mit entsprechenden Zielgruppen: Auch, ja gerade ihnen gegenüber muss soziale Arbeit *alle* ihre Grundprinzipien wirklich hundertprozentig ernst nehmen – auch, ja sogar gerade besonders extremen und anstößigen Zielgruppen gegenüber! Und das ist längst nicht nur ein methodischer Trick, um überhaupt an sie ran zu kommen. Vielmehr reagieren gerade extrem anstößig auftretende Menschen häufig besonders sensibel auf die kleinsten Anzeichen dafür, dass sie vielleicht nicht ernst genommen und nicht in ihrer Würde geachtet werden. Sie sind meist viel weniger bereit, Zumutungen hinzunehmen und wegzustecken als die allermeisten anderen Zielgruppen (auch wenn sie selbst oft anderen Menschen besonders Gravierendes oder gar Schlimmes zumuten).

Auch ihnen gegenüber gilt als Grundprinzip sozialer Arbeit:

Man muss die Klienten dort abholen, wo sie stehen ...
... damit sie irgendwann woanders ankommen!

Wichtigstes pädagogisches Leitprinzip ist dabei: Ansetzen an den Problemen, die die Jugendlichen *haben*, nicht an den Problemen, die die Jugendlichen *machen*, damit sie

1. *andere* Problembewältigungsstrategien entwickeln, die sozial verträglicher und *gleichzeitig* effektiver sind,
2. irgendwann auch Interesse daran zeigen, welche Probleme andere mit *ihnen* haben.

Rechtsextremistische Muster bieten offenbar vielen *subjektiv* überzeugendere Orientierungen, größere Zugehörigkeitsgefühle und mehr Beachtung und Anerkennung als andere Orientierungsangebote. Solange das so ist, werden rechtsextremistische Jugendliche davon auch nicht abzubringen sein, durch keine Information, Aufklärung oder Belehrung! Wer das versucht, will Menschen ändern, ohne sich auf sie einzulassen, ohne sich für sie und ihre subjektive Faszination von rechtsextremistischen Orientierungen zu interessieren. Menschen ändern sich aber meist nur dann, wenn es *subjektiv* für sie Sinn macht, das heißt: wenn sie *selbst* sich etwas davon versprechen. Dazu muss ich sie aber zunächst einmal so akzeptieren, wie sie im Moment sind, muss akzeptieren, dass sie im Moment so sind, wie sie sind – und nicht so, wie ich es wünsche oder wie ich es als Ziel meiner pädagogischen Bemühungen anstrebe.

Der Begriff der *Akzeptanz* ist seit Jahren zu so etwas wie einem zentralen Kristallisationspunkt der Kontroversen um das „Ja" oder „Nein" von sozialer Arbeit mit rechtsextremistischen Jugendlichen geworden. Und gleichzeitig spiegelt der Gebrauch dieses Begriffes die ungeheuren Defizite an demokratischer Kultur in dieser Gesellschaft wieder. Meine ich mit *Akzeptieren*: Ich akzeptiere das, wogegen ich nichts habe? Dann verstehe ich Akzeptanz in einem sehr vordemokratischen, obrigkeitsstaatlichen Sinne, in einem Sinne, der Meinungsvielfalt und Pluralität verachtet. Und wie verbreitet ist diese Haltung, dieser Ausspruch! Oder meine ich mit *Akzeptanz*: Ich akzeptiere die Freiheit des Andersdenkenden, das Recht eines *jeden* Menschen, „nach der eigenen Fasson selig zu werden" – das Recht der Menschen, die uns „passen" wie der Menschen, die uns „nicht passen". Akzeptieren in diesem Sinne ist also grundverschieden von: Gutheißen. Auch Hinnehmen oder sich Abfinden mit dem, was einen vielleicht erschreckt und empört, kann damit dann nicht gemeint sein. Schon in einer der ersten Veröffentlichungen zur akzeptierenden Jugendarbeit haben wir Anfang der 90er Jahre den Grundsatz formuliert: „Akzeptierende Arbeit ist die personale Konfrontation mit dem tiefgreifend Anderssein."

Grundlegende Handlungsmuster

Grundlegende Handlungsmuster akzeptierender Jugendarbeit sind dann vor allem:

1. über Interesse an den Jugendlichen und über Zuhören-Können einen Zugang finden,

2. über *gegenseitiges* Interesse und *gegenseitige* Akzeptanz mit anderen Wertorientierungen und Verhaltensweisen konfrontieren,
3. die *subjektive* Funktion von extremen Auffassungen und Gewaltverhalten erkennen und zu ersetzen suchen,
4. sich einmischen in die Versuche und Bemühungen der Jugendlichen, gesellschaftlich integriert zu werden,
5. das Bedürfnis Jugendlicher nach konfliktarmen eigenen Treffmöglichkeiten mit Gleichaltrigen unterstützen.

Das verlangt entsprechend kompetente Mitarbeiterinnen und Mitarbeiter. In anderen Bereichen sozialer Arbeit mag man es sich scheinbar leisten können, wenig qualifizierte und unzureichend professionell kompetente Fachkräfte unter schlechten Arbeitsbedingungen und bei fehlender praxisbegleitender Beratung und Fortbildung soziale Arbeit leisten zu lassen (weil die Zielgruppe darauf nicht gleich mit Fernbleiben, mit Destruktivität und Randale – oder mit Schlimmerem – reagiert). Jedenfalls laufen viele politische Entscheidungen auf eine solche unprofessionelle Praxis hinaus. Je brisanter aber eine Zielgruppe, umso riskanter wird solch eine Praxis. Die vielen Skandale in der sozialen Arbeit mit rechtsextremistischen Jugendlichen (nicht nur in Ostdeutschland) unterstreichen das.

Auf diesem Hintergrund lassen sich folgende zwölf Schlüsselkompetenzen für die soziale Arbeit mit rechtsextremistischen Jugendlichen formulieren:

1. Verbindung von pädagogischen *und* politischen Kompetenzen
2. Kompetenz zu *professioneller* Beziehungsarbeit
3. Kompetenz zur *Balance* zwischen Nähe und Distanz
4. Kompetenz zur „*personalen* Konfrontation mit dem tiefgreifend Anderssein“ statt z.B.
   - Reduzierung auf Sachauseinandersetzungen
   - Angst vor Konfrontationen
   - Angst vor Vertrauensverlust
5. Kompetenz, grundlegend andere ethische und politische Orientierungen *erlebbar* werden zu lassen
6. Kompetenz, *pädagogische* Arbeit mit einer konkreten Zielgruppe mit weiter reichender Verantwortung zu verbinden

7. Kompetenz zu *dialogischer* Kommunikation, d.h.
   - sich interessieren für den anderen
   - zuhören können
   - sich selbst authentisch einbringen können
   - Austausch und Anregung anstreben statt Besserwisserei
8. Kompetenz zur Unterstützung und Qualifizierung sozialer Selbstorganisierungsprozesse (kritische Cliquenorientierung)
9. Kompetenz zur Einmischung in sozialräumliche Umwelten der Jugendlichen
10. Kompetenz zur Einmischung in das Streben nach anerkannter Geschlechtsidentität (insbesondere bei angehenden Männern)
11. Kompetenz zur Abwehr von Instrumentalisierungsbestrebungen (sei es der Jugendlichen oder der Umwelt)
12. Kompetenz, das Setzen von Grenzen primär als Lernprovokation einzusetzen

Was ist gescheitert?

Immer wieder wird behauptet: Die akzeptierende Jugendarbeit ist gescheitert. Gerade in letzter Zeit ist das immer häufiger zu hören, meist ganz pauschal. Dagegen ist allerdings festzustellen: Nicht das *Konzept* der akzeptierenden Jugendarbeit ist gescheitert, sondern die *Gesellschaft* hat bislang viel zu wenig ernsthaftes Interesse entwickelt, rechtsextremistische Jugendliche tatsächlich ansprechen, erreichen zu *wollen,* abgesehen von denjenigen Teilen der Gesellschaft natürlich, die an deren fremdenfeindlichen und rechtsextremistischen Orientierungen eigentlich gar keinen Anstoß nehmen. (Und die gibt es allzu häufig, z.B., wenn demokratische Parteien sich mühen, für fremdenfeindliche Menschen attraktiver zu sein als rechtsextremistische Parteien.)

Oder es verbirgt sich hinter dem Vorwurf des Versagens die enttäuschte Vorstellung, Pädagogik könne ein – über Jahrzehnte viel zu wenig ernst genommenes – Problem in der Mitte der (Erwachsenen-)Gesellschaft lösen. In einer Gesellschaft, in der z.B. fast alle Nazitäter ein Leben lang gute Pensionen und Renten bezogen und noch beziehen, in der aber bis heute nur der kleinere Teil der Opfer überhaupt irgendeine Entschädigung erhalten hat, ist es absurd, rechtsextremistische Gewalt als Jugendproblem darzustellen. Zuletzt hat die

Zwangsarbeiterentschädigungsdebatte demonstriert: Rechtsextremistische Gewalt – von damals – lohnt sich doch! Wer trotzdem Rechtsextremismus und Gewalt zu einem Jugendproblem macht, der hat also offenbar ein Interesse daran, den Nährboden in der Erwachsenengesellschaft auszublenden oder zu bagatellisieren. Und wer gegen Rechtsextremismus und Gewalt primär nach Bildung und Erziehung ruft, der hat offenbar ein Interesse daran, die Versäumnisse der Erwachsenenwelt zu verschleiern. Daraus folgt nicht zuletzt auch: Wer als Pädagoge *nur* innerhalb pädagogischer *Eigenwelten* gegen Rechtsextremismus und Gewalt wirken will, wer sich also nicht gleichzeitig auch einmischt in das sozialräumliche *Umfeld*, der handelt im Grunde als ein weltfremder Pädagoge.

Literatur

Krafeld, Franz Josef: Die Praxis Akzeptierender Jugendarbeit. Konzepte, Erfahrungen, Analysen aus der Arbeit mit rechten Jugendcliquen, Opladen 1996

Krafeld, Franz Josef: Akzeptierende Jugendarbeit – was ist gescheitert? Zum Umgang mit rechtsextremistischen Jugendlichen, in: sozial extra, Heft 9/2000, S. 17-20

Krafeld, Franz Josef: Gerechtigkeitsorientierung als Alternative zur Attraktivität rechtsextremistischer Orientierungsmuster, in: deutsche jugend, Heft 7-8/2001, S. 322-332

Krafeld, Franz Josef: Wo stößt Soziale Arbeit an die Grenzen ihrer Möglichkeiten? oder: Wo *will* und *muss* Soziale Arbeit an ihre Grenzen stoßen?, in: sozial extra, Heft 11-12/2001, S. 15-19

Claudia Hermes

„Rechts rum?“ – Ein internetbasiertes Planspiel zum Thema Rechtsextremismus

Was ist zu tun, wenn in einer beschaulichen Stadt Rechtsextremismus zu einem sichtbaren Problem wird? Wie verhält sich die Gesellschaft, wenn eine rechte Jugendclique den alltäglichen Trott stört und öffentliche Gelder und Räumlichkeiten für sich einfordert? Wie reagieren Bürgermeister, Ratsmitglieder, Journalisten, Vereinsmitglieder oder der Ausländerbeirat etc. auf die „braune Bedrohung“?

Das sind Konflikte, die in deutschen Städten und Gemeinden auftreten. Die Diskussion darüber wird mancherorts offen ausgetragen, aber schon ein paar Kilometer weiter wird das Problem ignoriert oder heruntergespielt. Wie geht die Politik mit dem Thema Rechtsextremismus um und welche Rolle spielen dabei Macht, Zwänge, Recht oder Moral? Die Spielregeln der Politik bleiben dem einzelnen Bürger häufig verborgen. Hier versucht „Rechts rum?“ innovativ gegenzusteuern. Als internetbasiertes Planspiel bietet „Rechts rum?“ den Teilnehmern und Teilnehmerinnen die Möglichkeit, spielerisch politische Prozesse rund um das Thema Rechtsextremismus kennen zu lernen und dabei mittels des Mediums Internet Rechtsextremismus als ein Problem in der Mitte der bundesdeutschen Gesellschaft nicht nur als Thema zu begreifen, sondern auch über Formen des Umgangs damit und über Handlungsoptionen im politischen Alltag zu streiten.[1]

Das Dilemma der Politik

Im Juni 2000 würdigte die so genannte Berliner Erklärung das Internet als „Medium unseres Jahrhunderts“ und als „erheblichen Gewinn für das Zu-

1 Vgl. Claudia Hermes/Ulrich Wisser: Rechts rum? Politische Bildung im Internet als Innovationsprojekt des Landes NRW, in: Dieter Wiedemann (Hrsg.): Die rechtsextreme Herausforderung, Bielefeld 2002, S. 273-280. Eine Projektdokumentation ist zu beziehen über den Veranstalter: Aktuelles Forum NRW e.V., Hohenstaufenallee 1-5, 45888 Gelsenkirchen, http://www.aktuelles-forum.de.

sammenleben aller Menschen"[1]. Zugleich werde das Internet aber immer häufiger dazu genutzt, Straftaten vorzubereiten und zu begehen, den Jugendschutz zu unterlaufen und „Hass gegen Einzelpersonen und gegen Teile der Bevölkerung, insbesondere gegen Minderheiten zu verbreiten und zu schüren"[2]. Zwar müsse jeder das Recht haben, „seine Meinung auch im Internet frei zu äußern", Zensur dürfe nicht stattfinden. Gleichwohl müsse „auch online verboten sein ..., was offline verboten ist"[3]. Die damalige Bundesjustizministerin Herta Däubler-Gmelin forderte bei der Vorstellung der Erklärung „im Zeitalter des globalen Internets einen globalen Wertekonsens zu entwickeln"[4]. Was heißt das konkret?

Der Verfassungsschutz beobachtet eine wachsende Zahl von Internetseiten mit rechtsextremen Inhalten[5] und die Debatte um Sperrungen von Webinhalten ist im vollen Gange[6]. Das Düsseldorfer Regierungspräsidium hat im Sommer 2002 die Betreiber von vier exemplarisch ausgewählten Webadressen wegen Aufrufs zu Rassenhass und zu Gewalt gegen religiöse und ethnische Minderheiten sowie Verletzung der Menschenwürde abgemahnt. Die Demokratie müsse sich wehren, unterstrich der Düsseldorfer Regierungspräsident Jürgen Büssow auf einem internationalen Kongress „Hass und Gewalt im Internet" im September 2002.[7]

Dabei galt das effektive Sperren einzelner Internetseiten bislang als technisch unmöglich. Die Blockade im Fall des Auschwitz-Leugners Ernst Zündel, dessen Seiten ein kalifornischer Provider „hostete", klappte Mitte der 90er Jahre nicht, da „Mirror-Sites" publiziert wurden, „deren Betreiber ein allgemeines Zeichen gegen Zensur setzen wollten – selbst wenn sie sich nicht mit den In-

---

1 Berliner Erklärung. Ergebnis der internationalen Konferenz „Verbreitung von Hass im Internet" vom 26./27. Juni 2000 (http://www.fes.de/aktuell/berlinererklaerung.html).

2 Ebd.

3 Ebd.

4 Herta Däubler-Gmelin: Verbreitung von Hass im Internet. Präsentation der „Berliner Erklärung" durch die Bundesministerin der Justiz im Rahmen der internationalen Konferenz „Verbreitung von Hass im Internet" am 27. Juni 2000 in Berlin (http://www.bmj.bund.de/ger/themen/internet_und_recht/10000113).

5 Vgl. Wolfgang Cremer: Rechtsextremismus im Internet, Vortrag im Rahmen der internationalen Tagung „Hass und Gewalt im Internet" am 17.9.2002 in Düsseldorf (http://www.lfr.de/downloads/cremer.pdf).

6 Vgl. Stefan Krempl: Düsseldorf will Sperrung amerikanischer Seiten durchsetzen, in: „Telepolis" vom 25.10.2001 (http://www.heise.de/tp/deutsch/inhalt/te/9902/1.html).

7 Vgl. Bettina Schmieding: Freiheit – nicht schrankenlos, in: „funkfenster online" vom 18.09.2002 (http://www.lfr.de/funkfenster/medien_allgemein/medienregulierung/freiheit.php3).

halten der Angebote identifizierten. Schließlich waren von dem Netzbann immer auch zahlreiche thematisch gänzlich anders gelagerte Inhalte betroffen, die bei den entsprechenden Providern abrufbar waren."[1]

Natürlich ist die Nutzung des Internets durch Rechtsextreme Teil eines umfassenderen, grundsätzlichen Problems. Untersuchungen zu autoritären, fremdenfeindlichen und rechtsextremen Orientierungen, insbesondere bei Jugendlichen[2], Berichte des Verfassungsschutzes über Entwicklungen im organisierten rechtsextremen Lager und die Chronik der fremdenfeindlichen Straftaten weisen darauf hin, dass die Bundesrepublik Deutschland mit einer Herausforderung konfrontiert ist, die nicht nur ein vorübergehendes Phänomen demokratischer Gesellschaften ist. Politische und pädagogische Interventionen sind notwendig, wenn allgemein zutrifft, was Benno Hafeneger in einer Studie über die rechte Jugendszene in Hessen als Normalisierung bezeichnet: Inzwischen könnten sich rechtsextreme Jugendliche darauf berufen, dass ihre Eltern die gleichen Ansichten vertreten wie sie selbst. „Die Zeit der Outlaws ist vorbei", fasst Hafeneger den Befund zusammen. Rechtsextremismus stehe bei Jugendlichen zudem weniger für eine Ideologie, sondern vor allem für ein „Lebensgefühl", für rebellisches Verhalten in der Pubertät, das sich in Musik oder Kleidung ausdrücke. Was jedoch mit „Ideologiefragmenten" in „weichen" rechten Cliquen beginnt, könne sich bis zur handfesten Gewalt gegen Ausländer steigern.[3]

„Rechts rum?" verbindet Bewährtes mit Innovativem

Politische Bildung hat die Aufgabe, das „innere Band" der Grundwerte der Demokratie zu festigen, konkretes Handeln anzuregen. Vor diesem Hintergrund ist der Einsatz eines Online/Offline-Planspiels eine sinnvolle Maßnahme, um das gesellschaftlich relevante Thema der Bekämpfung des Rechtsextremismus problemorientiert aufzugreifen.[4] Das Internet wird als selbstver-

---

1 Stefan Krempl: Düsseldorf will Sperrung amerikanischer Seiten durchsetzen.

2 „Wie unsere Ergebnisse zeigen, scheint die jüngere Generation in ihrer Orientierungslosigkeit nach allen Seiten hin offen zu sein, wobei der politische Extremismus von rechts zunehmend Anziehungskraft entwickelt." (Michael Bromba/Wolfgang Edelstein: Das anti-demokratische und rechtsextreme Potenzial unter Jugendlichen und jungen Erwachsenen in Deutschland, Bonn 2001, S. 51).

3 Vgl. Rolf Pasch: „Zeit der Outlaws ist vorbei", in: „Frankfurter Rundschau" vom 31.8.2001.

4 Vgl. Heinz Mandl/Markus Reiserer/Boris Geier: Problemorientiertes Lernen mit netzbasierten Planspielen, in: Berufliche Fortbildungszentren der bayerischen Wirtschaft (Hrsg.): Planspiele im Internet, Bielefeld 2001, S. 78-94.

ständliches Medium eingeführt, ohne im Spiel die Technik in den Mittelpunkt zu stellen.[1]

„Rechts rum?" ist dabei kein reines Onlinespiel, sondern eine Verknüpfung aus einem onlinebasierten mit einem face-to-face Planspiel in Form einer Konferenz am Runden Tisch und leistet einen Praxisbeitrag zum gegenwärtig diskutierten „Blended Learning"[2]. Aus unserem Verständnis heraus ist E-Learning besonders effektiv in der Kombination mit Offline-Lernorten. Mit dezentralen Präsenzveranstaltungen vor Beginn des Spiels im September und Netzwerktagungen nach dem Ende des Spiels im Dezember 2001 wurde in „Rechts rum?" eine Brücke geschlagen zwischen dem Spiel, den Ergebnissen und Erfahrungen aus der Spielsituation und den Vorerfahrungen des gewollt heterogenen Teilnehmerkreises aus sechs verschiedenen Städten Nordrhein-Westfalens in Hattingen, Gelsenkirchen, Wuppertal, Essen, Kempen und Bonn. „Rechts rum?" hat darüber hinaus eine technische Plattform, die übertragbar ist auf andere Themen der politischen Bildung, d.h. mit „Rechts rum?" entsteht ein wertvolles Tool, das nicht beschränkt ist auf das konkrete Thema Rechtsextremismus.

Das Projekt basierte auf der Zusammenarbeit innerhalb eines Netzwerks aus zwei Volkshochschulen, zwei Schulen und zwei außerschulischen Jugendgruppen. Ein Projektteam, bestehend aus dem technischen Entwickler, Online-Tutoren für Inhalt und Technik, Öffentlichkeitsarbeit und Spielleitung, sorgte für die Umsetzung als Innovationsprojekt des Landes NRW im Jahre 2001.

Wie läuft „Rechts rum?" ab?

Nach Einführungsveranstaltungen in den Teilnehmerstädten agierten die Spieler/innen aus der Sichtweise verschiedener Rollen (Bürgermeister, Gewerbeverein, rechte Jugendclique etc.) in einer virtuellen Stadt, um den im Szenario dargestellten Problemen entgegenzutreten. Nach Abschluss der Onlinephase (Oktober/November 2001), in der sich die Kommunikation ausschließlich

1 Vgl. Claudia Hermes/Ulrich Wisser: Der virtuelle Nahostkonflikt, in: Siegfried Frech/Wolfgang Hesse, Thomas Schinkel (Hrsg.): Internationale Beziehungen in der politischen Bildung, Schwalbach/Ts. 2000, S. 343-353, hier S. 344.

2 Vgl. Claudia Hermes/Ulrich Wisser, „Frieden leicht gemacht" – ein webbasiertes Simulationsspiel, in: Landeszentrale für politische Bildung Baden-Württemberg (Hrsg.): Virtuelle (Lern) Welten, Stuttgart 2002, S. 254-259. Unter „Blended Learning" versteht man die Kombination von E-Learning mit klassischen Lernmethoden, um die Vorteile beider Welten zu nutzen und Synergieeffekte zu schaffen.

über E-Mails oder in Chats vollzog, fand Anfang Dezember 2001 der „Runde Tisch“ statt, an dem sich die Spielerinnen und Spieler erstmals persönlich trafen, um die Probleme in „ihrer“ Stadt endgültig aus der Welt zu schaffen. Daran anschließend gab es Abschlusstreffen zu „Rechts rum?“ in den einzelnen Teilnehmerstädten sowie Auswertungs- und Transferveranstaltungen.

Wer nimmt teil an „Rechts rum?“?

„Rechts rum?“ löst geographische Grenzen auf und macht ein Angebot für den generationsübergreifenden Dialog: Nicht nur das Netzwerk der Projektpartner war bewusst heterogen angelegt, auch die über die Projektträger beworbenen Spieler/innen bildeten keine homogene Gruppe, vielmehr waren die unterschiedlichen Vorerfahrungen in der Schule, außerschulischen Jugendarbeit und in Volkshochschulen ein wichtiges Standbein für das Spiel. Das Projekt war lokal verankert. Sechs verschiedene Städte Nordrhein-Westfalens hatten sich beteiligt, über die Projektpartner waren Jugendliche ab 16 Jahren und Erwachsene, incl. eines Senioreninternetclubs, eingebunden. Es war gewährleistet, dass die Teilnehmer/innen entweder über die technischen Einrichtungen der Projektpartner oder über einen privaten Netzzugang Zugriff auf das Online-Projekt hatten.

Das Spiel enthält deutliche Anknüpfungsmöglichkeiten an die Alltagswahrnehmung der Spieler/innen und an die politische Wirklichkeit. Die Simulation fordert die Teilnehmer/innen heraus. Konkurrenz- und Konfliktfähigkeit sind gefragt. Ebenso wird die soziale und kommunikative Kompetenz trainiert, denn Teamwork ist bei „Rechts rum?“ für ein erfolgreiches Spielende notwendig.

Um was wird gespielt?

„Konflikt als Chance, das klingt widersprüchlich. Mit Konflikten verbinden wir Streit oder den Einsatz von Gewalt. Doch Konflikte sind im Zusammenleben unausweichlich. Mehr noch: Sie sind auch notwendig. Interessen prallen aufeinander ...“.[1] Die CD-ROM „Konflikt als Chance“ des Bundesministeriums für wirtschaftliche Zusammenarbeit thematisiert aus unserer Sicht im

---

1 Tobias Debiel: Konflikt als Chance, in: Bundesministerium für wirtschaftliche Zusammenarbeit (Hrsg.), Konflikt als Chance. Eine interaktive CD-ROM, Berlin 2000.

Titel die Herausforderung, die jeder Konflikt in sich birgt. Auch der Ausgangspunkt des Projekts „Rechts rum?" ist ein Interessengegensatz, der ausgetragen werden muss (vgl. das „Szenario" auf S. 122). In der vereinfachten Realitätssimulation streiten 15 Rollenteams, bestehend aus jeweils 2-6 Spielern, miteinander. Folgende Rollen sind zu besetzen: Oberbürgermeister, Stadtverordneter A, B, C, Gewerbeverein, Schulleiter, Sportvereinsvorsitzender, Discobetreiber, Anführer der rechten Jugendclique, Ausländerbeirat, Jugendheimbesucher, Sozialarbeiter, Kneipenwirt, Polizist, Journalist. Ziel des Spiels ist eine wie auch immer geartete Einigung im Interessenkonflikt.

Zu jeder Rolle gibt es ein Rollenprofil und ein geheimes Positionspapier. Die Rollenprofile und die damit verbundenen Legenden können durch die Spieler/innen erweitert werden und liegen allen Teilnehmenden online vor. Das Rollenprofil-Angebot soll möglichst realitätsnah sein, so dass z.B. im Rollenprofil des Stadtverordneten der Partei A zu finden ist: „Dein Traum wäre, wenn der Stadtrat das Gelände an die Biotechnologiefirma, deren Geschäftsführer Dein Schwager ist und für den Du als Rechtsanwalt tätig bist, verkaufen würde. Durch eine entsprechende Vorlage für die kommende Stadtratsitzung willst Du dem Projekt ‚Biotechnologie' zum Durchbruch verhelfen. – Die Diskussion über rechte Jugendliche in der Stadt nimmst Du nicht ernst. Das Ganze kann – so meinst Du – nur wieder eine Kampagne der Multikultifraktion in der Stadt sein. Das ganze soziale Gerede ist Dir sowieso ein Dorn im Auge."[1]

Es gibt Rollen, die eindeutig und offen rechtsextrem angelegt sind, z.B. die des Anführers der rechten Jugendclique, während andere nur aufgrund ihres geheimen Positionspapiers so zuzuordnen sind, z.B. die Rolle des Journalisten. Darüber hinaus versucht „Rechts rum?" der Spannbreite des möglichen Umgangs mit dem Thema Rechtsextremismus gerecht zu werden:

- So heißt es im geheimen Positionspapier des „Oberbürgermeisters" u.a.: „Die rechtsextremen Jugendlichen in Deiner Stadt nimmst Du nicht weiter politisch ernst, sie sind in Deinen Augen verirrte jugendliche Schafe."
- Auszug aus dem Rollenprofil „Gewerbevereinsvorsitzender": „Für Dich ist es wichtig, den Ausbau des Stahlwerkgeländes voranzutreiben. Die Ideen, dort ein Kultur-, Sportzentrum oder einen neuen Jugendtreff zu bauen,

1 Die Rollenprofile sind abrufbar im Internet-Angebot des Aktuellen Forums NRW unter der Adresse: http://www.aktuelles-forum.de/rechtsrum/web/rollen.html.

Szenario

Vor einem Jahr stürmten vier betrunkene Jugendliche aus dem Nachbarort gegen Abend das Jugendheim Deiner Stadt, zerstörten Teile der Einrichtung, bedrohten die Gäste, beleidigten und beschimpften vor allem die ausländischen Jugendlichen, die sich regelmäßig im Jugendheim trafen. Die hiesige Lokalzeitung berichtete ausführlich. Kurze Zeit waren die Ereignisse rund um das Jugendheim das Stadtgespräch, ob auf der Straße, in der Kneipe oder in der Form von Leserbriefen in der örtlichen Zeitung. Besorgte Bürger meldeten sich zu Wort: Wie kann das sein, dass junge Leute so mit öffentlichem Eigentum umgehen? Einige stellten Fragen danach, ob es auch in der eigenen Stadt einen Hort des Rechtsextremismus gibt, und wie Politik und Verwaltung mit Gewalt und Extremismus umgehen. Da es bei der einen Attacke blieb, war schon bald die Luft aus der Diskussion raus. Das ohnehin marode Jugendheim ist seitdem geschlossen, und nachdem sich ein privater Investor gefunden hat, der das Grundstück kaufen wird, ist klar, dass es an dieser Stelle kein Jugendheim mehr geben wird. Ein städtisches Jugendheim/-zentrum ist aber noch nicht vom Tisch, da die Stadt in Besitz des ehemaligen Stahlwerkgeländes im Zentrum ist, das bislang bis auf die behelfsmäßige Einquartierung von Asylbewerbern kaum genutzt wird. Die Entscheidung über die Nutzung des Stahlwerkgeländes steht an. Es gibt mehrere Vorschläge für eine sinnvolle Nutzung des Geländes:

- Der Gewerbeverein und der Stadtverordnete der Partei A gehören zu denen, die das Gelände für die Ansiedlung neuer Firmen nutzen wollen. Ihr Credo ist: den Wirtschaftsstandort stärken und neue Arbeitsplätze schaffen, indem neue Betriebe in der Stadt angesiedelt werden.
- Andere wollen lieber ein Kulturhaus.
- Der Vorsitzende des Sportvereins will natürlich ein Sportzentrum.
- Und es gibt Personen und Gruppen, die an dem Ort endlich ein Jugendheim haben wollen.
- Zu den Personen und Gruppen, die sich für das Gelände interessieren, gehört auch eine rechte Jugendclique, die gerade dabei ist, Gespräche mit den wichtigen Leuten in der Stadt zu führen, um demnächst einen Antrag auf öffentliche Förderung ihrer Aktivitäten zu stellen, um als national gesinnte Jugendliche auch Zugang zu den öffentlichen Einrichtungen und Finanztöpfen zu bekommen.

Szenario des Online-Planspiels „Rechts rum?“
(http://www.aktuelles-forum.de/rechtsrum/web/szenario.html)

machen für Dich keinen Sinn. Ein staatlich finanzierter Ort, an dem ‚linke krawallbereite Anarchos' und möglicherweise rechtsorientierte Jugendliche aufeinander treffen, da ist aus Deiner Sicht Ärger vorprogrammiert. Die Ansiedlung neuer Firmen hat für Dich klare Priorität."

– Auszug aus dem Rollenprofil „Partei B": „Von Deiner Wahlkampftour her weißt Du, dass in Deiner Nachbarstadt rechte Jugendliche das örtliche Jugendheim okkupieren und der dortige Sozialarbeiter seine Zeit damit verbringt, die passende Musik aufzulegen und für den Biernachschub zu sorgen. Solche Verhältnisse willst Du auf keinen Fall."

– Auszug aus dem geheimen Positionspapier des „Schulleiters": „Dir ist es unangenehm, über rechtsextreme Jugendliche in der Stadt zu reden, weil alle sie an Deiner Hauptschule vermuten. Als ‚rechte Schule' zu gelten, bedeutet sinkende Schülerzahlen und langfristig den Abbau von Lehrerstellen. Deshalb leugnest Du das Problem ... Gleichzeitig musst Du irgendwie den Einfluss der rechten Schüler eindämmen, weil ein ordentlicher Unterricht in mancher Klasse nicht möglich ist."

Technische Rahmenbedingungen

Um technische Probleme bei den Teilnehmer/innen zu vermeiden, haben wir uns für einen webbasierten Ansatz entschieden. Die Spieler/innen müssen nur einen Webbrowser benutzen können. Über die „Rechts rum?"-Homepage, auf der im öffentlichen Teil neben der Kurzbeschreibung des Spiels, dem Szenario und dem Spieltagebuch die Links auf die Projektpartner zu finden sind, gelangen die Spieler/innen über ihr Rollen-Login in den für die Teilnehmer/innen exklusiv reservierten Bereich, in dem jeder Rolle ein „persönlicher" Arbeitsplatz zugewiesen ist. Dort können E-Mails geschrieben, gelesen und verwaltet werden. Es ist möglich, E-Mails an eine oder mehrere andere Rollen zu verschicken und zu chatten. Des Weiteren besitzt jede Rolle eine eigene Website und ein Profil. Im Spielerbereich finden sich Hilfetexte für die Bearbeitung der eigenen Website, für das E-Mail- und Chatprogramm und eine kommentierte Linksammlung für den Themenbereich Rechtsextremismus.

Bei der Durchführung von „Rechts rum?" stellte sich heraus, dass einige Teilnehmer/innen technische Probleme mit den Mail- und Chatfunktionen hatten, während andere, vor allem die Teilnehmer/innen mit Chatvorerfahrungen, diese als extrem einfach in der Handhabung schilderten. Für die nächste Projektierung muss daher mehr Wert gelegt werden auf eine umfangreichere technische Einführung, so dass die Startbedingungen für alle ähnlich werden.

Ablauf des Planspiels im Herbst 2001

„Rechts rum?" ist mehr als ein Onlinespiel. Zu Beginn, im September/Oktober 2001, nahmen die Spielerinnen und Spieler an einer Präsenzveranstaltung vor Ort teil, um Inhalt, Ablauf und Technik des Spiels kennen zu lernen. Bis zum Start der ersten Onlinespielrunde war es die erste Aufgabe, sich in die eigene Spielrolle einzuarbeiten. Dann begann das eigentliche Spiel in Form eines webbasierten ausgedehnten Rollenspiels. Die Teilnehmer/innen, aufgeteilt in Teams von 2-6 Personen, spielten ihre Rolle, reagierten auf das Szenario entsprechend ihrer eigenen Rollendefinition.

„Unvorhersehbare Ereignisse", die der Chronik der rechtsextremen Vorfälle der „Frankfurter Rundschau"[1] entnommen sind, können als „Ereigniskarte" eingesetzt werden. Der Unterschied zu anderen Planspielen ist, dass bei dem internetbasierten Spiel Meldungen über E-Mail gesendet werden, Gespräche, Verhandlungen etc. per Mail und Chat stattfinden und dass die Homepage des Projekts die wesentlichen Informationen zur Durchführung des Spiels und seinen Regeln enthält. Während des webbasierten Spiels steht den Spielerinnen und Spielern neben der Spielleitung und der technischen Hilfestellung ein Online-Tutoring zur Verfügung, das die Kommunikation im Hinblick auf die Lernziele fördern soll.

Nicht alle Rollenteams bestückten ihre Website mit Inhalten. Einige aktualisierten die Website regelmäßig (8 von 15 Rollenhomesites; vgl. das Beispiel „Die Jugend meldet sich zu wort" auf S. 157), während andere Teilnehmer/innen stattdessen mehr Zeit für die Mail- und Chatkommunikation aufwandten. Falls ein Rollenteam nicht vollständig an einer Online-Konferenz oder einem Chat teilnehmen konnte, musste es durch mindestens einen weisungsgebundenen Spieler des Teams vertreten werden. Da sich das Planspiel

---

1 Den Opfern einen Namen geben, in: „Frankfurter Rundschau" vom 29.09.2000, im Internet-Angebot der „Frankfurter Rundschau" abrufbar unter: http://www.fr-aktuell.de/uebersicht/alle_dossiers/politik_inland/was_tun_gegen_rechts/den_opfern_einen_namen_geben.

Die Jugend meldet sich zu wort

Ich möchte mich aus gegebenen Anlasss zu der Diskusion um das alte Stahlwerk melden

Wir brauchen ein Aufenthaltsort für Jugendliche am Besten mit Sportzentrum. Ich kann auch nur noch mal wiederholen das Industrie und Gewerbegebäude an die Stadtperipherie gehören um eine Stadtatmosphäre zu schaffen die allen gefällt. Was frage ich euch wird für uns Jugendliche in dieser Stadt getan?? Gar nichts, was soll man machen wenn man kaum Perspektiven hat und nur auf der Straße hängen kann?? EIn paar von mir bekannten Jugendlichen haben dann bedauerlicherweise ihren an anderen deutschen Jugendlichen ausgelassen. Aber derartiges wird nicht wieder vorkommen. Es kann nur im Interesse aller sein wenn wir ein Jugendzentrum bekommen wo wir uns aufhalten können, ein Sportplatz wo die Kids vom Fernseher, der Playstation und der Straße weggeholt werden. Es wäre ein besonders weitsichtiger Schritt einen Sozialarbieter zu beschäftigen der sich mit perspektivlosen Jugendlichen auseinnandersetzen kann. Soweit euer Jörg(lord of destruction)

Auszug aus der, im Verlauf des Online-Planspiels „Rechts rum?“ entstandenen, Homepage der „rechten Jugendclique“ (http://www.aktuelles-forum.de/rechtsrum/web/h_rj_msg1.html)

an der gesellschaftlichen Realität orientiert, sollten die Handlungen der Akteure auch unter realen Bedingungen nachzuvollziehen sein. Dies bedeutet, dass dem Rollenprofil widersprechende Aktionen und Konstellationen zu vermeiden sind.

Der Spielverlauf wurde regelmäßig im Spieltagebuch zusammengefasst und war über die Homepage abrufbar. Nach einem schleppenden Start, aufgrund dessen die avisierte Onlinephase von drei auf knapp fünf Wochen verlängert wurde, begann eine intensive Diskussion um die Nutzung des Stahlwerkgeländes. In einem Interview mit dem „Stadt-Anzeiger“ bekräftigte der Stadtverordnete Friedrich Meyer den Standpunkt seiner Partei A, auf dem brachliegenden Areal eine Biotechfirma anzusiedeln. Angesichts der düsteren Haushaltslage und sinkender Steuereinnahmen sei dies die einzige sinnvolle Option. Den Bau eines Jugendzentrums bezeichnete Meyer aus Kostengründen als inakzeptabel. Demgegenüber wurden auf der Schulkonferenz Stimmen der Elternvertretung laut, dass das Stahlwerkgelände als Standort für einen neuen Sportplatz mit angegliedertem Freizeitheim, einem Internetcafé und anderen Freizeitangeboten hervorragend geeignet wäre. Dadurch solle der Jugendkriminalität und dem Rechtsextremismus vorgebeugt werden. Derweil stellte die rechte Jugendclique in der Stadt ihre Homepage fertig, auf der sie gegen vermeintlichen Sozialhilfemissbrauch und Drogenhandel durch Ausländer Stimmung machte. Der Polizei warf sie dabei Taten- und Hilflosigkeit vor und erklärte die Ausländerintegration in Deutschland für gescheitert.

Das Ende des Spiels: Die Stadtratsitzung und Veranstaltungen vor Ort im Dezember 2001

Nach der reinen Onlinephase trafen sich die Spieler/innen zu einer Offline-Konferenz, um den Konflikt endgültig zu lösen. Zu der Konferenz, die als Stadtratsitzung konzipiert war, kamen jugendliche und auch erwachsene Spieler/innen, die nach der Onlinespielphase auch offline den generationsübergreifenden Dialog positiv praktizierten.[1] Dabei stellte der Vorsitzende des Gewerbevereins seinen Expertenbericht vor und wies darauf hin, dass die hohe Arbeitslosenquote der Stadt durch die Ansiedlung von Gewerbe gesenkt werden könnte. Der Schulleiter der Hauptschule Eichendorf betonte, dass besonders Jugendliche aus sozial benachteiligten Familien eine betreute Anlaufstelle in ihrer Freizeit brauchen. Der Vorsitzende des Ausländerbeirates ergänzte, dass ein Jugend- und Kulturzentrum zur Integration von Migrantinnen und Migranten und zur Gewaltprävention in der Stadt dringend erforderlich wäre. Der Vorsitzende der Projektgruppe Planung der Universität Bochum stellte verschiedene Nutzungskonzepte ähnlicher Flächen in umliegenden Gemeinden vor. Der Vertreter der Fraktion A legte einen Antrag zur Nutzung des Stahlwerkgeländes als Gewerbegebiet vor. Die Fraktion C hatte einen

1 Dazu rückblickend ein Teilnehmers aus dem Senioreninternetclub: „In unseren Ratssitzungen gibt es nie so schrille Töne, wie es da zeitweise der Fall war. Aber es war ein Spiel und es mangelte nicht an Ernsthaftigkeit und tolerantem Humor, die zugewiesenen Rollen zu vertreten und Konsens anzustreben. Junge Leute müssen es eben lernen, mit der politischen Verantwortung umzugehen und Worte nicht als Waffe sondern als Mittel einer konsensfähigen Problemlösung einzusetzen. Bedauerlicher Weise mangelt es an Vorbildern in der großen Politik. So gesehen war die Offline-Ratsitzung ... sehr erfolgreich. Sowohl die Diskussion als auch das Gespräch in der Mittagspause zeigen, dass der persönliche Einsatz der Jugendlichen und deren Denkweise zur politischen Problemlösung Anlass zur Ermutigung gibt. Über die Verfahrensweise solcher virtuellen politischen Planspiele sollten nach der Auswertung darauf basierend neue Strategien entwickelt werden. Es hat mir viel Freude bereitet."

Antrag vorbereitet, nach dem der Stadtrat beschließen möge, dass auf dem Stahlwerkgelände ein Jugendzentrum errichten wird, das Raum bietet für kulturelle Veranstaltungen, für sportliche Aktivitäten und für Gewaltprävention. Da sich in der Diskussion der Anträge abzeichnete, dass keiner der Anträge eine Mehrheit finden würde, zogen die Fraktionen ihre Anträge zurück, um in einer kurzen Sitzungspause Änderungsanträge zu formulieren und dabei die gehörten Expertenberichte mit einzubeziehen.

Das Spielergebnis bestand aus einem fraktionsübergreifenden, einstimmig angenommenen Antrag: Nach gemeinsamen Beratungen konnten sich die Stadtverordneten Meyer und Weißalles auf folgende Formulierung einigen: „Der Stadtrat möge beschließen, dass das Stahlwerkgelände als multifunktionale Fläche ausgeschrieben wird. Begründung: Auf diesem Gelände soll ein Jugendzentrum, ein Sportbereich, ein Kulturbereich, ein Naherholungsgebiet und eine Gewerbefläche für den Verwaltungstrakt des Unternehmens Biotech entstehen. Im Jugendzentrum sollen Projekte zur Gewaltprävention durchgeführt werden, um allen Jugendlichen der Stadt Raum zu bieten. Auf Antrag der Fraktion C beschließt der Stadtrat, dass der Oberbürgermeister in Zusammenarbeit mit den betroffenen Gremien ein Konzept zur Integration der AsylbewerberInnen in unserer Stadt erstellt.“[1]

Das „salomonische“ Ende mit dem fraktionsübergreifenden Antrag darf nicht darüber hinwegtäuschen, dass die Inhalte der Stadtratsitzung eine – parteipolitische – Debatte widerspiegeln, wie sie auch in der Realität zu finden ist. Nach der Stadtratsitzung diskutierten Spieler/innen, wie sie in ihrer Stadt die Diskussion rund um das Thema Rechtsextremismus wahrnehmen. Dabei entstand eine spannende Debatte im Plenum rund um die Frage, inwieweit Rechtsextremismus als Teil der Jugendkultur zu sehen ist, wenn es in der eigenen Stadt zwar keine rechte Szene gibt, aber Skinheadmusik und die Gabba-Szene en vogue sind.

Tranferveranstaltungen 2001/2002

Die Diskussion, was das Spiel mit der eigenen Stadt zu tun hat und was die Politik, die Gesellschaft, der einzelne Bürger gegen rechte Tendenzen tun

1 Die Niederschrift der Sitzung des Rates am 08.12.2001 im kleinen Sitzungssaal in Oer-Erkenschwick ist abrufbar über die Homepage des Aktuellen Forums NRW: http://www.aktuelles-forum.de/rechtsrum/web/tb3.html.

können, wurde in Veranstaltungen vor Ort weitergeführt. Teilnehmende präsentierten das Spiel der Öffentlichkeit in Schulen, Jugendheimen, Internetcafés oder ähnlichen Einrichtungen. Für die nächste Projektierung entstanden dabei wertvolle Anregungen, beispielsweise der Vorschlag von Kommunalpolitikern in Kempen, das Spiels in den Schulunterricht einzubinden.

Bundestagpräsident Wolfgang Thierse lud „Rechts rum?"-Teilnehmer/innen zur „Jugendbegegnung aus Anlass des Gedenktages im Deutschen Bundestag für die Opfer des Nationalsozialismus" im Januar 2002 nach Berlin ein, an der insgesamt 200 deutsche und polnische Jugendliche teilnahmen, die aufgrund ihres gesellschaftspolitischen Engagement ausgewählt worden waren. Im Rahmen der dreitägigen Veranstaltung wurden einige wenige Projekte als beispielhaft im Reichstag präsentiert, zu denen auch „Rechts rum?" gehörte.

Konzept, Durchführung und Übertragbarkeit des Projekts standen im Jahr 2001 im Mittelpunkt einer Reihe von Vorträgen, Präsentationen und Diskussionen.[1] Dabei zeigten sich Einrichtungen der politischen Bildung, aber auch Schulen und Träger der Jugendhilfe interessiert, „Rechts rum?" als Tool zu adaptieren, gemeinsam auszubauen und so den Kreis der Projektpartner zu erweitern.

Literatur:

Berliner Erklärung. Ergebnis der internationalen Konferenz „Verbreitung von Hass im Internet" vom 26./27. Juni 2000 (http://www.fes.de/aktuell/berlinererklaerung.html)

Bromba, Michael/Edelstein, Wolfgang: Das anti-demokratische und rechtsextreme Potenzial unter Jugendlichen und jungen Erwachsenen in Deutschland. Expertise für das Bundesministerium für Bildung und Forschung (BMBF), Bonn 2001

Cremer, Wolfgang: Rechtsextremismus im Internet, Vortrag im Rahmen der internationalen Tagung „Hass und Gewalt im Internet" am 17.9.2002 in Düsseldorf (http://www.lfr.de/downloads/cremer.pdf)

Däubler-Gmelin, Herta: Verbreitung von Hass im Internet. Präsentation der „Berliner Erklärung" durch die Bundesministerin der Justiz im Rahmen der internationalen Konferenz „Verbreitung von Hass im Internet" am 27. Juni 2000 in Berlin (http://www.bmj.bund.de/ger/themen/internet_und_recht/10000113)

1 U.a. Tagungen der Gesellschaft für Medienpädagogik und Kommunikationskultur, des Landesverbands der Volkshochschulen von NRW, des Landesverbands der Volkshochschulen Mecklenburg-Vorpommern in Rostock, der Friedrich-Ebert-Stiftung, der Landeszentrale für politische Bildung NRW in Düsseldorf; Weiterbildungskonferenz Nordrhein-Westfalen in Gelsenkirchen; Seminar an der Universität Essen; Tagung des Landesinstituts für Schule und Weiterbildung und der Heinrich-Böll-Stiftung in Soest; internationale Tagung der Stadt Bonn.

Debiel, Tobias: Konflikt als Chance, in: Bundesministerium für wirtschaftliche Zusammenarbeit (Hrsg.), Konflikt als Chance. Eine interaktive CD-ROM, Berlin 2000

Den Opfern einen Namen geben, in: „Frankfurter Rundschau" vom 29.09.2000

Hermes, Claudia/Wisser, Ulrich: Der virtuelle Nahostkonflikt, in: Siegfried Frech/Wolfgang Hesse/Thomas Schinkel (Hrsg.): Internationale Beziehungen in der politischen Bildung, Schwalbach/Ts. 2000 (Didaktische Reihe der Landeszentrale für politische Bildung Baden-Württemberg), S. 343-353

Hermes, Claudia/Wisser, Ulrich: Rechts rum? Politische Bildung im Internet als Innovationsprojekt des Landes NRW, in: Dieter Wiedemann (Hrsg.): Die rechtsextreme Herausforderung (Schriften zur Medienpädagogik, Bd. 33, hrsg. von der Gesellschaft für Medienpädagogik und Kommunikationskultur), Bielefeld 2002, S. 273-280

Hermes, Claudia/Wisser, Ulrich: „Frieden leicht gemacht" – ein webbasiertes Simulationsspiel, in: Landeszentrale für politische Bildung Baden-Württemberg (Hrsg.): Virtuelle (Lern)Welten, Stuttgart 2002, S. 254-259

Krempl, Stefan: Düsseldorf will Sperrung amerikanischer Seiten durchsetzen, in: „Telepolis" vom 25.10.2001 (http://www.heise.de/tp/deutsch/inhalt/te/9902/1.html)

Mandl, Heinz/Reiserer, Markus/Geier, Boris: Problemorientiertes Lernen mit netzbasierten Planspielen, in: Berufliche Fortbildungszentren der bayerischen Wirtschaft (Hrsg.): Planspiele im Internet, Bielefeld 2001, S. 78-94

Pasch, Rolf: „Zeit der Outlaws ist vorbei", in: „Frankfurter Rundschau" vom 31.8.2001

Schmieding, Bettina: Freiheit – nicht schrankenlos, in: „funkfenster online" vom 18.09.2002 (http://www.lfr.de/funkfenster/medien_allgemein/medienregulierung/freiheit.php3)

Helmut Rook

Erinnerungsarbeit gegen Rechtsextremismus

Möglichkeiten, Chancen und Grenzen der pädagogischen Arbeit am Beispiel der Gedenkstätte Buchenwald

Die vorsichtige Umschreibung des Themas soll schon andeuten, dass Gedenkstätten wohl nicht der geeignete Ort zur Arbeit mit Rechtsradikalen sind. Dietfrid Krause-Vilmar von der Universität Kassel formulierte die Problemstellung anlässlich einer Weiterbildung in der Gedenkstätte Buchenwald noch deutlicher, mit den Worten: „Rechtsextremismus und Gedenkstättenarbeit – ein falscher Auftrag".

Diese Zuspitzung bedarf der Erläuterung und ich beziehe mich dabei auf Ergebnisse einer Jugendstudie zu Gewalt von Wolfgang Frindte und Jörg Neumann[1], Universität Jena. In ihren biografischen Analysen fremdenfeindlicher Gewalttäter beschreiben Frindte und Neumann, dass bei der Mehrzahl dieser Jugendlichen die persönliche Gewalterfahrung bereits in der Kindheit erfolgte. Neben anderen defizitären Erlebnissen prägen diese Jugendlichen schon sehr früh Gewaltanwendung als ein soziales Handlungsmuster aus, mit dem sie ihre Ziele durchzusetzen lernen. Erst später, in der pubertären Phase und als junge Männer, erfolgt die Orientierung an die Gewalt legitimierenden Ideologien, und dabei stehen der Rechtsextremismus und die Fremdenfeindlichkeit im Vordergrund. Zumeist sind es jedoch Versatzstücke von Ideologien, die die Jugendlichen aufgreifen, es besteht noch kein geschlossenes rechtsextremes Weltbild. In dieser ideologischen Orientierung kommt der Gewaltlegitimation eine besondere Bedeutung zu. Dazu dienen auch übernommene Fragmente aus der NS-Ideologie, insbesondere der Antisemitismus.

1 Wolfgang Frindte/Jörg Neumann (Hrsg.): Fremdenfeindliche Gewalttäter. Biografien und Tatverläufe, Wiesbaden 2002; vgl. auch den Beitrag von Frindte und Neumann in diesem Band (S. 49-64).

Diese Zusammenhänge, wenn auch drastisch verkürzt und vereinfacht, machen deutlich, wo überhaupt ein Ansatzpunkt und wo Spielräume der Gedenkstättenarbeit zu suchen wären und wie klein das Feld der Möglichkeiten ist, mittels historischer Aufklärung über Geschichte rechtsextreme Jugendliche zu erreichen. Insofern ist Gedenkstättenpädagogik in der Tat nicht geeignet, rechtsextremen Weltbildern zu begegnen. Das ist mit „falschem Auftrag" gemeint. Dennoch bin ich überzeugt, dass Gedenkstättenarbeit sehr wohl einen Beitrag in der Bildungsarbeit leisten kann und diese Erinnerungsarbeit auch einen Stellenwert gegen die Ausbreitung des Rechtsradikalismus hat. Aber diesen Stellenwert muss man genau bestimmen, ausloten, wo die Möglichkeiten, Potenzen, Chancen und Grenzen einer solchen Pädagogik liegen und wer die Adressaten sein können. Dies will ich am Beispiel der Gedenkstätte Buchenwald versuchen, wobei diese Erfahrungen auch auf andere Orte übertragbar sind und den Pädagogen anderer Regionen Anregung geben können.

Um schnell den Kern des pädagogischen Wirkungsfeldes von Gedenkstätten zu umreißen, sollen zwei der häufig vertretenen Positionen und falschen Erwartungshaltungen an Gedenkstätten wiedergegeben werden:

- „Man müsste alle Jugendlichen einmal an die Stellen solcher Massenverbrechen führen und ihnen Auschwitz oder Buchenwald zeigen. Wenn sie dann vor den Krematorien stehen und mit eigenen Augen sehen, was dort geschehen ist, dann werden solche rechten Parolen bestimmt bald verstummen."
- „Ich fahre mit meinen Abschlussschulklassen immer nach Buchenwald. Die Schüler sind jedes Mal sehr betroffen. Dieser Gang über den Appellplatz und durch das Krematorium, das beeindruckt sie sehr stark, da muss man gar nicht viel reden, diese Orte wirken von allein."

In der Gedenkstätte Buchenwald werden die pädagogischen Mitarbeiter mit solchen oder ähnlichen Positionen des Öfteren konfrontiert. Sicher stehen hinter diesen Positionen ein positiver Ansatz und viel guter Wille, den ich anerkenne. In allererster Linie zeigen diese Äußerungen jedoch zwei Richtungen von überzogenen Erwartungen an die Gedenkstätte und einen falschen pädagogischen Ansatz, bei dem die Enttäuschung der Erwartungen vorprogrammiert ist.

Um das Spannungsfeld von Gedenkstättenpädagogik zu umreißen, sollen zwei Gegenthesen aufgestellt werden:

- Wer Auschwitz oder Buchenwald besucht hat, kann mit Sicherheit nicht mehr leugnen, was er gesehen hat. Aber das führt nicht zwangsläufig zu einer anderen Bewertung der Geschichte und ändert nichts an der Ausländerfeindlichkeit des Jugendlichen beispielsweise gegenüber seinen türkischen Nachbarn.
- Wer wenig über die Geschichte dieser Orte weiß, der steht heute auf dem einstigen Appellplatz von Buchenwald und sieht nichts außer einem leeren Platz mit Mauerresten und Ruinen. Wer sich in der Pathologie und dem Krematorium gegruselt hat, hat noch lange nichts für sein Geschichtsbewusstsein getan, geschweige denn, dass er handlungsmotiviert wäre, um in seinem gegenwärtigen gesellschaftlichen Umfeld etwas bewirken zu wollen.

Der Ort allein wirkt nicht und bewirkt noch nichts! Wer glaubt, dass eine junge Generation die Gedenkstätten besucht und diesen historischen Ort der Verbrechen automatisch als kathartischen Ort ihrer Selbstbesinnung empfindet und geläutert von dannen geht, der irrt sich. Gedenkstätten sind weder ein Therapeutikum gegen rechte Gesinnung, noch sind sie ein Durchlauferhitzer für demokratische Positionen und Handlungen.

Das haben wir in jüngster Vergangenheit schon einmal erlebt. In der DDR gesellschaftlich gewünscht und gefördert, haben zwar tausende Jugendweiheteilnehmer jährlich die Gedenkstätte aufgesucht, das führte aber nicht zwangsläufig zu den erhofften verinnerlichten antifaschistischen Haltungen und mehr Engagement für den Staat.

Ebenso wenig erfüllt sich heute die Hoffnung von Politikern, die annehmen, Jugendliche durch Gedenkstättenbesuche zu läutern und zu guten Demokraten zu erziehen. Selbst Richter und Sozialarbeiter werden manchmal Opfer ihres guten Willens und ihrer Unkenntnis über Zusammenhänge, wenn sie mit jugendlichen Straftätern aus der rechten Szene in der Gedenkstätte nach Möglichkeiten eines gesellschaftlich nützlichen Arbeitseinsatzes nachfragen, der die Jugendlichen läutern soll.

Denken wir diese Konstellation doch einmal zu Ende: Jugendliche, die Naziparolen gebrüllt haben, antisemitische und rassistische Positionen vertreten, gewaltbereit waren oder sind und dafür verurteilt wurden, würden dann am Ort nazistischer Verbrechen, also einem Friedhofsgelände, in der unmittelbaren Nähe oder gar an den Gräbern selbst eine Arbeit verrichten, die Zwangscharakter hätte! Einmal abgesehen von der Unsensibilität eines solchen Vorhabens den Opfern gegenüber – was sollte eine solche Arbeit denn im Kopf der Jugendlichen bewegen – außer Verhärtung bestehender Positionen? Auch juristisch ist dieses Ansinnen abzulehnen, es wäre eine Gesinnungsstrafe.

Soweit zu den beiden Polen oder Grenzbereichen, wo Gedenkstättenarbeit endet oder ihre Wirksamkeit begrenzt ist. Im Folgenden sollen die Wirkungsfelder von Erinnerungsarbeit, die Potenzen und Möglichkeiten von Gedenkstättenarbeit in den Mittelpunkt gerückt werden. Ich möchte Erfahrungen aus der Gedenkstättenpraxis in Buchenwald vorstellen und zeigen, wo Möglichkeiten und Chancen, wo aber auch Grenzen der Pädagogik in der Gedenkstätte bestehen. Wir nehmen nicht in Anspruch, dass in der Gedenkstätte Buchenwald die Antworten auf alle pädagogischen Herausforderungen gefunden wurden. Wir sind weder eine Forschungs- noch eine Lehreinrichtung. Ganze acht Pädagogen bemühen sich um die Besucherbetreuung, Projektgruppen und Seminare. Die gesammelten Erfahrungen seien hier wiedergegeben, um Anregungen zu geben, die nicht nur bei Besuchen in Buchenwald umzusetzen sind, sondern auch in anderen Regionen, in lokalen Gedenkstätten etc. Anwendung finden können.

Der pädagogische Bereich der Gedenkstätte Buchenwald besteht aus drei Säulen:

- *Besucherdienst:* ca. 1800 Führungen für Gruppen im Jahr, ca. 108.000 Besucher geführt, das entspricht ca. 50 Prozent aller angemeldeten Besucher;
- Ganztägige Betreuungen: ca. 100 Veranstaltungen pro Jahr;
- Jugendbegegnungsstätte*:* ca. 100 Veranstaltungen mit 5.500 Übernachtungen für Projektgruppen, Gedenkstättenexkursionen, Weiterbildung für Multiplikatoren, Workcamps.

Diese Gliederung oder Struktur unserer Arbeit ist gleichzeitig unsere Antwort auf die Frage, wie man mit Jugendlichen in einer Gedenkstätte sinnvoll arbeiten kann, und da ist das Spektrum doch ganz beachtlich. Es beginnt mit dem Angebot bei der eineinhalbstündigen Überblicksführung, reicht über ganztägigen Beschäftigungen bis zur Projektwoche oder der Teilnahme an zweiwöchigen internationalen Camps.

Aber bevor ich mich als Pädagoge für eine Form oder ein pädagogisches Angebot entscheide, muss ich klären,

– was ich denn überhaupt bei den Jugendlichen erreichen will,
– warum ich mit wem und für wie lange in die Gedenkstätte fahre,
– was dort geschehen soll, was ich insgesamt erreichen will.

Das sind zentrale Fragen der Vorbereitung auf einen Gedenkstättenbesuch. Hinter diesen Fragen stehen jedoch andere Probleme, die ich zuerst klären muss:

– Mit welchen Jugendlichen kann und soll ich in die Gedenkstätte fahren,
– was ist vom Programm her sinnvoll, was nicht,
– mit welcher Altersgruppe und
– in welchem Zusammenhang fahre ich in eine Gedenkstätte,
– inwieweit kann die Gedenkstätte rechten Tendenzen entgegenwirken etc.?

Auf all diese Fragen soll thesenartig Antwort gegeben werden.

Zur *Altersgruppe:* Alle Erfahrungen der Vergangenheit haben in der Gedenkstätte Buchenwald zu der Entscheidung geführt, die pädagogischen Angebote erst ab Klassenstufe 9, also den 15-/16-Jährigen anzubieten. Jugendliche in dieser Altersgruppe bekommen den notwendigen Kontext der Lagergeschichte zum Nationalsozialismus im Geschichtsunterricht vermittelt und die Jugendlichen sind von ihrer persönlichen Entwicklung (geistig-psychisch) in der Lage, an bestimmte Probleme dieser spezifischen historischen Orte herangeführt zu werden – und dies fällt ihnen schwer genug. Von Besuchen mit Jüngeren raten wir dringend ab. D.h. nicht, dass man das Thema Nationalsozialismus, Holocaust, Konzentrationslager nicht mit jüngeren Schülern bearbeiten könnte, dazu gibt es geeignete Materialien. Es geht um den Zeitpunkt des Gedenkstättenbesuches.

Ohne *intensive Vorbereitung* sollte kein Gedenkstättenbesuch erfolgen. Wer auf die kathartische Wirkung des Ortes setzt, wird ohne gründliche Vorbereitung eher die Erfahrung machen, dass sich Jugendliche unbeeindruckt und gleichgültig verhalten, sich wie auf einem Touristenausflug benehmen oder allenfalls ein Gruselerlebnis haben, wie sie es mit jedem Horrorvideo leichter erreichen könnten.

Eine intensive Vorbereitung ist aus drei Gründen unerlässlich:

a) Um eine auch intellektuelle Auseinandersetzung zu ermöglichen, müssen sich die Teilnehmenden in einer Umgebung bewegen, die ihnen tendenziell bekannt, in der konkreten Ausprägung aber fremd ist (keine „Schocktherapie“[1]). Sie wissen um die Sache, aber der Ort ist ihnen fremd.

b) Die Teilnehmenden müssen sich kennen lernen und ein gewisses Maß an Vertrautheit entwickeln, außerdem muss sich die Gruppe verbindliche Kommunikationsstrukturen erarbeiten (dazu eignen sich das Plenum und/ oder Reflexionen).

c) Die Teilnehmenden müssen erfahren und erkennen, dass auch ihre Gegenwart von Vergangenem geprägt ist (z.B. familiengeschichtliche Recherche oder „Zeitstrahl“).

Ohne eine intensive, inhaltliche und emotionale Vorbereitung auf die Exkursion kann weder eine brauchbare kognitive Auseinandersetzung noch eine sinnvolle emotionale Verarbeitung vor Ort erfolgen.

Inhalte der Vorbereitung müssen

- das nationalsozialistische Herrschaftssystem,
- das System der Konzentrationslager und
- die Geschichte des Konzentrationslagers Buchenwald sowie
- der Umgang mit dem Nationalsozialismus in der Bundesrepublik sein.

Für die inhaltliche Vorbereitung empfiehlt sich eine Literaturliste, die in der Gedenkstätte abrufbar ist und aus der jeder Pädagoge Literatur zur Vorbereitung auswählen kann. Für die Einordnung des Konzentrationslagers Buchenwald in das System der Konzentrationslager empfehlen wir den Artikel von Ulrich Herbert.[2] Für eine Vorbereitung von Gruppen eignen sich Biographien besonders, weil sie Gesamtzusammenhänge deutlich machen und am nachvollziehbaren Einzelschicksal sich Empathie am ehesten einstellt. Hierzu ist für die Gedenkstätte Buchenwald die Biographie von Rolf Kralovitz[3] besonders zu empfehlen.

Ziel einer solchen Aufarbeitung muss es sein, deutlich werden zu lassen, dass der Nationalsozialismus unter bestimmten gesellschaftlichen Bedingungen

---

1 Vgl. Klaus Konrad-Tromsdorf: Gedenkstättenarbeit: Lernweg und Lernort politischer Bildung, in: Mitteilungsblatt der Lagergemeinschaft Auschwitz – Freundeskreis der Auschwitzer e.V., April 1993, S. 1-4.

2 Ulrich Herbert: Das System der nationalsozialistischen Konzentrationslager, in: Brandenburgische Gedenkstätten für die Verfolgten des NS-Regimes, Potsdam 1992. S. 21-27.

3 Rolf Kralovitz: ZehnNullNeunzig in Buchenwald. Ein jüdischer Häftling erzählt, Köln 1996.

entstand, die über 1945 hinaus fortbestanden und fortbestehen. In diesen Bedingungen lebt Vergangenheit als Gegenwart weiter und die gegenwärtig Lebenden werden durch diese Bedingungen (und von den Menschen von damals) geprägt. Die Auseinandersetzung mit dem Nationalsozialismus kann und darf sich gerade im Land der Täter nicht auf eine Identifikation mit den Opfern beschränken, sondern muss auch eine Annäherung an die Rationalität der Täter beinhalten.[1]

Eine Annäherung an die Situation der Opfer stellt sich gerade in der Gedenkstätte selbst vergleichsweise leicht her, wenn u.a. über die Schilderung des Lageralltags, die Situation in den Blocks und Arbeitskommandos, die Lebensrealität der Häftlinge konkret wird (Bereitschaft zur „Identifikation", zum „Mit-Leiden", zur Empathie). Demgegenüber fällt die Annäherung an die Rationalität der Täter ungleich schwerer (Nicht-Verstehen-Wollen, Abstraktheit der Herrschaft). Aber da „die Lager ein Ergebnis menschlichen Handelns waren, sind sie einem rationalen Verständnis prinzipiell zugänglich"[2]. Möglichkeiten bieten hier u.a. die Arbeit mit Archivmaterialien und die Auseinandersetzung mit dem eigenen Begriff von „Schuld" und „Täter" sowie eine Beschäftigung mit der Familiengeschichte, die die eigene Zugehörigkeit zur „Tätergesellschaft" akzeptiert und den tatsächlichen Anteil der eigenen Familie an Täterschaft und Schuld zu erforschen und zu bewerten sucht.[3]

Die Gedenkstätte ist ein *außerschulischer Lernort*, kein Klassenzimmer, und die Exkursion dorthin sollte nicht der verlängerte Arm des Geschichtsunterrichts sein! Wohlgemeinte Fragebogen für Schüler bleiben oft schon in unserer Besucheranmeldung stecken, wo sich die Schüler die geforderten Zahlen und Fakten wie Produktionskennziffern von Betrieben lieblos und so einfach wie möglich zu beschaffen suchen, um die lästige „Hausaufgabe" schnell hinter sich zu lassen. Steht auch noch eine Bewertung an, so ist die Chance, eine innere, ganz persönliche, emotionale Auseinandersetzung mit der Geschichte dieses Ortes zu betreiben, Problemen und der gesellschaftlichen Bedeutsamkeit von Geschichte für den Einzelnen nachzugehen, von vornherein

1 Vgl. Detlef Claussen: Grenzen der Aufklärung. Zur gesellschaftlichen Geschichte des modernen Antisemitismus, Frankfurt/M. 1987.

2 Wolfgang Sofsky: Die Ordnung des Terrors: Das Konzentrationslager, Frankfurt/M. 1993, S. 18.

3 Vgl. Klaus Konrad-Tromsdorf: Das Wissen um den Unterschied – „Irritation" als bestimmtes Moment. Gedenkstättenpädagogik – ein Zwischenbericht, in: Mitteilungsblatt der Lagergemeinschaft Auschwitz – Freundeskreis der Auschwitzer e.V., Juli 1996, S. 7-13.

vertan. Es gibt an Gedenkstätten andere, außerschulische Lernformen und Methoden, die sehr wohl auch umfangreiches Wissen vermitteln, vor allem aber auch einer ganz persönlichen Auseinandersetzung Raum geben. Damit eröffnen sich Chancen zur persönlichen Bewertung von Geschichte, zur Auseinandersetzung mit Werten, Ideologien, Idealen, Haltungen von Menschen, die den Jugendlichen auch die Chance eröffnen, eine persönliche Position zu analogen Fragen der Gegenwart zu finden, und die handlungsmotivierend in die Gegenwart hineinwirken können. Der persönliche, individuelle Umgang mit dem Ort und der Geschichte dieses Ortes hat einen zentralen Stellenwert in der pädagogischen Arbeit in der Gedenkstätte. In der Schule wird häufig außer Acht gelassen, dass das Aufarbeiten des Nationalsozialismus das Produkt intellektueller und emotionaler Anstrengung sein muss.

Jedes Aufarbeiten nationalsozialistischer Vergangenheit muss als *handlungs- und produktorientierter Lernprozess* organisiert werden, der es möglich macht, Spuren des Vergangenen im Gegenwärtigen zu finden[1] (z.B. die Ausstellung „Juden in Lich“ im Rahmen des weiter unten vorgestellten Projektbeispiels).

Die freiwillige und bewusste Entscheidung der Teilnehmenden, nach Buchenwald zu fahren, ist eine Grundbedingung von Gedenkstättenarbeit.[2] Projektarbeit lebt von der Freiwilligkeit und Motivation der Teilnehmer! Methodisch muss sich die Vorbereitung deutlich von schulischen Verfahren des Wissenswettbewerbs unterscheiden. Die Gedenkstätte ist ein Ort spezifischer Authentizität. Diese erschließt sich gleichwohl nicht durch einen „Besuch“, sie muss vielmehr sinnlich erfahren werden, um ein Informationsbedürfnis zu erzeugen. Hierzu braucht es Zeit – Zeit, die zudem nicht mit passivem Rezipieren aufbereiteter Materialien zugebracht werden darf, sondern zugleich Handlungsfelder bieten muss. So lassen die Sucharbeiten in der Gedenkstätte Buchenwald ein aktives Erfahren der Authentizität des Ortes zu, sie vermeiden ein Verharren im Zustand emotionaler Betroffenheit, sie bieten die Möglichkeit eines persönlichen Engagements.

Für die *Nachbereitung* einer Gedenkstättenexkursion muss schon im Vorfeld gesorgt sein. Eine Jugendstudie zu Beginn der 90er Jahre hat vergleichend drei Gedenkstätten (Hadamar, Buchenwald und Breitenau) untersucht und

1 Vgl. Klaus Konrad-Tromsdorf: Gedenkstättenarbeit: Lernweg und Lernort politischer Bildung.

2 Ebd.

darauf aufmerksam gemacht, wie wichtig die Gespräche danach sind[1]. Häufig werden die Jugendlichen mit Informationen über erschütternde Ereignisse und Orte der Massenverbrechen konfrontiert, und für das Gespräch, für die Verarbeitung gibt es später keine Gesprächspartner. Das intergenerative Gespräch zu Hause verläuft oft nur als kurzer Wortwechsel („Na, wie war der Besuch? – Schlimm? ...“) zur Bestätigung von Erwartungshaltungen, ohne tieferen persönlichen Austausch oder gar Hilfestellung zur Verarbeitung. Das Gespräch mit den Mitschülern findet selten statt, in der Annahme, dass ja alle dasselbe gesehen haben. Die Eindrücke werden kaum in der Gruppe thematisiert. Das Gespräch im Unterricht oder mit dem Lehrer kommt in aller Regel nicht zustande, allenfalls taucht der Gedenkstättenbesuch fragmentarisch im Geschichtsunterricht wieder auf. Das sind nicht nur verschenkte pädagogische Chancen für eine Positionierung, Persönlichkeitsbildung, Handlungsorientierung etc. Die Jugendlichen bleiben mit ihren Konflikten und Emotionen allein, und das führt zur Verdrängung und bewussten Ablehnung, sich weiter mit dem Thema auseinander zu setzen.

Nun zu den Möglichkeiten, Angeboten und Programmen in der Gedenkstätte Buchenwald. Wie bereits erwähnt, umfassen die pädagogischen Angebote der Gedenkstätte Buchenwald drei Bereiche:

- Die Besucherbetreuung bietet Führungen für Erstbegegnungen mit dem Ort,
- es gibt ganztägige Veranstaltungen, die im Rahmen von Projekttagen oder Studientagen stattfinden, und
- wir bieten über die Jugendbegegnungsstätte mehrtägige Seminare oder Projektwochen an.

1) *Kurzbesuche*, die Besichtigungscharakter haben und eine Erstbegegnung mit einer NS-Gedenkstätte darstellen, haben durchaus ihre Berechtigung. Immerhin stellen sie die Mehrzahl unserer Besucher, und das sind ca. 1.800 Gruppen im Jahr. Gleichwohl darf man dann die Erwartungen nicht zu hoch ansetzen. In den üblicherweise dreieinhalbstündigen Besichtigungen, die einen Einführungsfilm, eine Überblicksführung und den Museumsbesuch umfas-

1 Cornelia Fischer/Hubert Anton: Auswirkungen der Besuche von Gedenkstätten auf Schülerinnen und Schüler. Breitenau – Hadamar – Buchenwald. Bericht über 40 Explorationen in Hessen und Thüringen, hrsg. von der hessischen Landeszentrale für politische Bildung und der Landeszentrale für politische Bildung Thüringen, Wiesbaden/Erfurt 1992.

sen, findet eine Erstbegegnung mit dem Ort statt. Es ist ein konkretes Kennenlernen ausgewählter Themen der Lagergeschichte vor Ort und ein Wiederfinden bereits erfahrener Geschichte – und das macht deutlich, dass die Vorbereitung der Schlüssel für den Erfolg dieser Besuche ist. Ein solcher Kurzbesuch kann mitgebrachte Bilder bestätigen, konterkarieren, neue Fragen und Probleme aufwerfen und starke Emotionen auslösen. Während solcher Kurzbesuche besteht jedoch kaum die Möglichkeit, Fragen, Probleme und Emotionen aufzufangen, zu bearbeiten oder klären.

Dennoch können solche Erstbegegnungen Interesse wecken oder Auslöser für eine weiterführende Beschäftigung mit dem Thema sein, und damit haben sie einen berechtigten Stellenwert. Hier ist die Nachbereitung, der weitere Umgang mit dem Thema und der Exkursion der eigentliche Schlüssel. Wer glaubt, mit solchen Kurzbesuchen seine pädagogische Schuldigkeit im Umgang mit diesem Teil deutscher Geschichte getan zu haben, beruhigt nur sein Gewissen und beklagt zu Unrecht, dass Jugendliche trotz der Buchenwaldexkursion nichts aus der Geschichte gelernt hätten. Die Vor- und Nachbereitung ist hier also der Schlüssel zum Erfolg! Andererseits gleiten die Kurzbesuche häufig ab in cinc touristische Besichtigung eines „schlimmen Ortes“, der mit der eigenen Geschichte der Jugendlichen und mit ihrer persönlichen Verantwortung als junge Deutsche nichts mehr zu tun hat. Unter solchen Konstellationen würde ich eher vom Besuch der Gedenkstätte abraten, als sie zu einem harmlosen oder gruseligen Ort von Schauergeschichten werden zu lassen.

2) *Ganztägige Veranstaltungen* in der Gedenkstätte finden als Seminare oder Projekttage im Rahmen weiter reichender Auseinandersetzungen der Jugendlichen mit dem Thema Nationalsozialismus statt. Hier ist der Gedenkstättenbesuch nur spezifischer Bestandteil eines größeren Vorhabens und übernimmt die Funktion, Ort der konkreten, anschaulichen Auseinandersetzung mit den Relikten der Realgeschichte zu sein. Hier dominiert die Arbeit im Gelände, die Arbeit mit Archivmaterial, das Bearbeiten von Fundstücken, die Auseinandersetzung mit Dokumenten, Realien etc. im Museum, im Archiv und in der Bibliothek. Oft wird diese Arbeit angelegt als Spurensuche oder Recherche, bei der sich die Jugendlichen mit einem selbst gewählten Problem, das für sie persönlich relevant ist, auseinander setzen. Mit persönlich relevant meine ich, dass eine historische Fragestellung oder ein Thema für die Jugendlichen von heute persönliche Bedeutsamkeit hat und sie sich dabei auch mit analogen Problemstellungen der Gegenwart beschäftigen können: Wie

funktionierte Stigmatisierung, Ausgrenzung etc.? Wie wurde man Täter? Was wusste die Weimarer (deutsche) Bevölkerung und wie hat sie sich in der historischen Situation verhalten?

Wir legen in der Gedenkstätte Buchenwald keinen Wert darauf, dass Jugendliche sich vorgegeben Themen widmen. Ein selbstbestimmter Lernprozess ermöglicht es den Jugendlichen viel eher, eine ganz persönliche Beziehung zur Geschichte zu finden, und diese wirkt nachhaltiger als das Abarbeiten unterrichtsrelevanter Themen. Diese selbstbestimmten und individuellen Zugänge lassen durchaus zu, dass dennoch gemeinsame thematische Dokumentationen entstehen oder sich die Gruppe im Plenum austauscht (z.B. thematische Dokumentationen, zur Judenverfolgung, zum Alltag im Konzentrationslager, zu Außenkommandos etc.).

Projekttage in der Gedenkstätte, so angelegt und eingebettet in eine entsprechende Vor- und Nachbereitung, können sehr wohl Veränderungen im Geschichtsbewusstsein des Einzelnen bewirken, zu veränderten Einstellungen, Sichtweisen und Bewertungen führen oder gar für gegenwärtiges gesellschaftliches Engagement handlungsmotivierend wirken. Zumindest ist ein verändertes Gruppenklima und ein sensiblerer Umgang mit der Thematik zu beobachten, und der Nationalsozialismus wird damit im gesellschaftlichen Umfeld präsent und unter der Fragestellung diskutiert: Was hat das mit uns heute zu tun? Das, so denke ich, ist doch ein wünschenswerter Erfolg von historisch-politischer Bildung, wenn Fragen der gegenwärtigen, eigenen Verantwortung und des Umgangs mit Geschichte als junge Deutsche gestellt werden. Die Gedenkstätte Buchenwald eröffnete in diesem Jahr einen eigens für dieses Angebot entwickelten „Stützpunkt", und das Haus der Wannsee-Konferenz bietet sogar berufsspezifische Seminare an.[1]

3) *Die mehrtägige Projektarbeit* ist die wohl intensivste und nachhaltigste Form der pädagogischen Arbeit an der Gedenkstätte Buchenwald. Sie umfasst ca. drei bis fünf Tage intensiver Arbeit vor Ort, bedarf einer ausführlichen Vor- und Nachbereitung und endet erst mit der Präsentation der Ergebnisse am Heimatort. Für diese Projektarbeit gibt es in der Gedenkstätte keine abrufbaren Programme (ebenso wie für die Tagesveranstaltungen), wohl aber intensive Beratung. Voraussetzung ist, dass eine Gruppe eine ganz eigene Idee

1 Weitere Anregungen in Annegret Ehmann u.a. (Hrsg.): Praxis der Gedenkstättenpädagogik: Erfahrungen und Perspektiven, Opladen 1995.

oder Fragestellung an die Geschichte hat, der sie nachgehen will und bei der Buchenwald der Ort ist, NS-Geschichte im Konkreten zu vertiefen. Weitere Voraussetzung sind Klarheit über das Ziel, das Produkt und die Fragestellung, was dieses Projekt denn überhaupt bewirken soll. Am Beispiel der Ausstellung über die Judenverfolgung in Lich will ich exemplarisch deutlich machen, dass solche Projektarbeit auch an anderen Orten zu realisieren ist, denn die grundsätzlichen Abläufe, Ziele und Phasen eines solchen Projektes sind ähnlich und übertragbar.

Ein Projektbeispiel aus Hessen und seine Ausstrahlung gegen rechte Tendenzen an der Schule

Dieser Beitrag sollte bisher verdeutlichen, wie eine intensive Auseinandersetzung mit dem Nationalsozialismus zu verantwortungsvollem Umgang mit Geschichte, zur Förderung eines demokratischen Geschichtsbewusstseins und in diesem Sinne handlungsmotivierend wirken kann. Man mag angesichts des Titels bisher die Antwort auf die Frage vermisst haben, welchen Stellenwert pädagogische Arbeit gegen rechte Positionen, Tendenzen usw. haben kann. Das ist Absicht, denn wir stehen auf dem Standpunkt, dass pädagogische Arbeit in den Gedenkstätten kaum Chancen gegen verfestigte rechte Positionen oder gar Rechtsextremisten hat. Es gibt und gab durchaus auch pädagogische Arbeit mit rechten Gruppen, aber das kann nicht ohne weiteres verallgemeinert werden. Das heißt nicht, dass Gedenkstättenpädagogik chancenlos „gegen Rechts" ist! Aber das Hauptklientel der Gedenkstättenarbeit können nicht Menschen mit manifesten rassistischen, antisemitischen und nazistischen Positionen sein; bei ihnen finden wir nicht die Freiwilligkeit und Bereitschaft, sich offen und vorbehaltlos mit der Thematik auseinander zu setzen. Bei diesen Jugendlichen stehen die Lehren und Dogmen, an die sie glauben, von vornherein fest. In diesem Sinne kann ein Gedenkstättenaufenthalt sogar kontraproduktiv werden, denn er würde die bestehenden Bilder und Wertungen eher bestätigen. Es mag verblüffen, aber es ist immer wieder zu beobachten: Jugendliche der rechten Szene leugnen ja heute die Verbrechen gar nicht mehr, sie bewerten sie nur anders. Und so gesehen kann eine Gedenkstätte zum Lernort ganz anderer Art werden, nämlich wie ein „Guter Plan nicht zu Ende geführt wurde". Vor einem solchen Effekt muss jeder Pädagoge gewarnt sein, wenn er in guter Absicht mit jungen Rechten in die Gedenkstätte fährt.

Wenngleich das Hauptklientel für Erinnerungsarbeit nicht die Jugendlichen mit rechten Orientierungen sind, sondern Jugendliche, die interessiert, offen, auf demokratischer, humanistischer Position stehend – aber auch indifferent, suchend, unwissend – sind, so können die vorgestellten Formen und Methoden dennoch ein Beitrag gegen die Zunahme rechter Positionen und Tendenzen an der Schule sein. Peter Krahulec von der Fachhochschule Fulda hat dafür den Begriff des „Abschmelzens" geprägt, und ich will nun an einem Praxisbeispiel demonstrieren, wie ein solcher Prozess in Hessen erfolgreich organisiert wurde. Die beteiligten Schulen und Institutionen sind die Dietrich-Bonhoeffer-Schule in Lich, die Ernst-Ludwig-Chambré-Stiftung in Lich, die Wilhelm-von-Oranien-Schule in Dillenburg und das Hessische Jugendbildungswerk. Aus einer langjährigen Zusammenarbeit und einer Vielzahl von Projektgruppen soll ein Resümee gezogen werden, das aus Gründen der Demonstration vereinfacht wird. Das wird das Verständnis erleichtern und das Modell nachvollziehbar machen.

Was hier resümierend beschrieben wird, hatte seine Anfänge in der ersten Hälfte der 90er Jahre. An einer der benannten Hessischen Schulen stellten die Lehrer zunehmend rechte Tendenzen, Parolen und Themen in den Schülergesprächen fest. Den rechten Argumenten wurde von anderen Schülern wenig entgegengesetzt, und die Lehrer waren in aller Regel machtlos, denn sie waren nicht die Partner, mit denen man das Gespräch suchte, im Gegenteil, die Positionierung der Lehrer war bekannt und Konflikten wich man eher aus – das galt auch für den Geschichtsunterricht und das Thema Nationalsozialismus und Holocaust. Eine gute Idee einiger Lehrer war es, dem Problem weniger über das Instrumentarium der Schule als mehr durch die Schüler selbst zu begegnen. Junge, interessierte, couragierte und bereits engagierte Schüler, Schulsprecher etc. wurden zu einer Fahrt nach Auschwitz eingeladen und berichteten darüber später an der Schule.

Jetzt gab es an der eigenen Schule Mitschüler, die den Leugnungsversuchen entgegentreten konnten, sie hatten Auschwitz mit eigenen Augen gesehen. Das Interesse an der Weiterarbeit am Thema war geweckt, aus jüngeren Klassen meldeten sich neue Interessenten und die ersten Erfolge ermunterten zur Weiterarbeit. Ein längerfristiges Vorhaben wurde begonnen. Nach dem Motto: „Grabe, wo du stehst" wurde das Thema Judenverfolgung und Holocaust in der eigenen Heimatstadt recherchiert. Dazu gab es in den familiengeschichtlichen Recherchen interessante Gespräche mit Eltern und Großeltern und erstaunliche Ergebnisse, so manches arisierte Geschäft aus früherem jüdischen Besitz wurde wiederentdeckt und Spuren jüdischen Lebens, Spuren der Vertreibung und Vernichtung wurden aufgespürt.

Darüber – das war das Ziel – sollte eine Ausstellung in der Schule entstehen und gezeigt werden. Vom Ziel her plante man das Projekt, und so hatte die Projektwoche in Buchenwald einen konkreten Platz: Einmal diente die Projektwoche zur Vertiefung und Veranschaulichung des erworbenen Wissens, die Spurensuche vor Ort gab Aufschluss über das weitere Schicksal von verschleppten Juden aus Lich, die nach Buchenwald kamen. Ausgrabungsarbeiten setzten voraus, sich mit der konkreten Geschichte des Ortes auseinander zu setzen und sich mit Einzelschicksalen zu beschäftigen.

Eine solche Projektgruppe legte beispielsweise das Fundament des Kinderblockes 66 frei, eine andere arbeitete im ehemaligen Häftlingskrankenbau oder half, Fundamentreste des ehemaligen Kleinen Lagers wiederzuentdecken. Diese Arbeiten waren stets mit Wissensaneignung über die jeweiligen Orte und deren Geschichte verbunden. Besonders nachhaltig war die Beschäftigung mit Fundstücken, Überresten des Massenverbrechens und doch ganz persönlichen Gegenständen des Häftlingsalltags. Gerade diese Arbeiten lassen Empathie entstehen, lassen historische Schauplätze zu Orten werden, zu denen die Jugendlichen eine ganz persönliche Beziehung entwickeln, wo sie „ihren Ort“ finden. Dies alles beförderte den Wunsch und Drang, die Ergebnisse in Form einer Ausstellung zu präsentieren, was dann letztlich auch geschah. Erprobt werden können in der Gedenkstätte auch andere Formen der Ergebnisdarstellung, wie Videoproduktionen, Reader, Ton-Dia-Serien, Kunstprojekte, Theaterprojekte, Fotoausstellungen oder Zeitungsartikel. Das Wichtigste ist dabei nicht das Produkt an sich, sondern der Schaffensprozess und die Präsentation!

Zum Schaffensprozess: Eine Ausstellungstafel oder Readerseite enthält oft nur ein Bild mit einem kleinen Begleittext. Aber bevor beides veröffentlicht werden kann, muss eine intensive Aneignung von Kenntnissen erfolgen und eine Auswahl und Diskussion über die Präsentation stattfinden: Was soll dokumentiert werden, was soll vermittelt werden? Welche Themen werden in den Vordergrund gerückt? Wie stehen wir zu dieser Geschichte etc.? Was hat diese Geschichte mit unserer Generation heute noch zu tun? Das alles sind Fragen, die für die Projektteilnehmer zu klären sind. Aus Sicht des pädagogischen Prozesses bedeutet das: Die Arbeit am Produkt setzt Wissensaneignung voraus, führt zu eigenständiger Auseinandersetzung und Bewertungen von Geschichte, zu persönlichen Haltungen und fördert das persönliche Engagement in der Sache.

Die Präsentation und Öffentlichkeitsarbeit: Die Ausstellungseröffnung und die nachfolgende Wanderschaft der Ausstellung durch andere Schulen war ein denkbar gutes Mittel, welches die Schüler einerseits immer wieder in die Situation brachte, von ihren Beweggründen, Eindrücken und Schlussfolgerungen zum Umgang mit Geschichte sprechen zu können – oder zu müssen. Dies setzt einen persönlichen Prozess der Positionsfindung voraus, in dem man sich auch Klarheit verschafft, was denn diese Geschichte für uns heute noch bedeutet und wie man schlussfolgernd damit umgehen will. Zum anderen war mit der Präsentation, der Medienarbeit und einem Reader ein Prozess der öffentlichen Diskussion in Gang gesetzt worden. Diese begann im Familienkreis als Gespräch mit Großeltern, Eltern und Verwandten, sie setzte sich als stetiger Gesprächsstoff an der Schule fort, das Thema war einfach permanent präsent!

Die Zeitungsseite brachte Öffentlichkeit ganz besonderer Art. Nicht nur, dass das historische Thema auf eine sehr konkrete, ortsbezogene Form an die Leser herangeführt wurde – das persönliche Engagement von Lehrern und Schülern regte auch Leser zur Reaktion an und die Projektteilnehmer erfuhren Ermutigungen ebenso wie Schmähbriefe – was ja beweist, wie aktuell die Auseinandersetzung noch ist, und die Schüler mit diesen Realitäten konfrontierte.

Eine besonders sympathische und wirkungsvolle Idee der Öffentlichkeitsarbeit war das Angebot an die Lokalpolitiker, die entstandene Broschüre gegen eine Spende zu erwerben, die dann ehemaligen Häftlingen aus Konzentrationslagern zugute kommen sollte. Eine gute Sache an sich – aber auch ein Lehrbeispiel für die Schüler, wie sich Politik verhält. Sie lernten etwas über ehrliches Engagement, vorsichtige Zurückhaltung, bis zur gewissenberuhigenden Pflichthaltung. Vor allem aber lernten sie, dass eigenes Engagement etwas bewirken kann.

Fazit: Inzwischen ist die Projektarbeit an diesen hessischen Schulen zu einer fest etablierten Form geworden. Jährlich wachsen neue Interessenten nach, jährlich werden andere thematische Schwerpunkte gesetzt, gibt es andere Produktionen. Die teilnehmenden Schüler von einst, sind jetzt häufig schon als Teamer bei neuen Gruppen dabei oder sind Studenten. Aus den Teilnehmern der Projektwochen haben sich Interessenten gefunden, die in gewisser Weise politisch aktiviert wurden und sich auch an anderen Veranstaltungen wie zum 9. November etc. engagieren. Allmählich entstand ein Klima an der Schule, vorrangig getragen von solchen Projektteilnehmern und deren Umfeld, die, wirksamer als es Lehrer können und die Schule als Institution es vermag, den rechten Ideen und Einflüssen wirksam etwas entgegensetzen.

Literatur

Claussen, Detlev: Grenzen der Aufklärung. Zur gesellschaftlichen Geschichte des modernen Antisemitismus, Frankfurt/M. 1987

Ehmann, Annegret u.a. (Hrsg.): Praxis der Gedenkstättenpädagogik: Erfahrungen und Perspektiven, Opladen 1995

Fischer, Cornelia/Anton, Hubert: Auswirkungen der Besuche von Gedenkstätten auf Schülerinnen und Schüler. Breitenau – Hadamar – Buchenwald. Bericht über 40 Explorationen in Hessen und Thüringen, hrsg. von der hessischen Landeszentrale für politische Bildung und der Landeszentrale für politische Bildung Thüringen, Wiesbaden/Erfurt 1992

Frindte, Wolfgang/Neumann, Jörg (Hrsg.): Fremdenfeindliche Gewalttäter. Biografien und Tatverläufe, Wiesbaden 2002

Herbert, Ulrich: Das System der nationalsozialistischen Konzentrationslager, in: Brandenburgische Gedenkstätten für die Verfolgten des NS-Regimes, hrsg. vom Ministerium für Wissenschaft Forschung und Kultur des Landes Brandenburg, Potsdam 1992, S. 21-27

Konrad-Tromsdorf, Klaus: Gedenkstättenarbeit: Lernweg und Lernort politischer Bildung, in: Mitteilungsblatt der Lagergemeinschaft Auschwitz – Freundeskreis der Auschwitzer e.V., April 1993, S. 1-4

Konrad-Tromsdorf, Klaus: Das Wissen um den Unterschied – „Irritation" als bestimmtes Moment. Gedenkstättenpädagogik – ein Zwischenbericht, in: Mitteilungsblatt der Lagergemeinschaft Auschwitz – Freundeskreis der Auschwitzer e.V., Juli 1996, S. 7-13

Kralovitz, Rolf: ZehnNullNeunzig in Buchenwald. Ein jüdischer Häftling erzählt, Köln 1996

Sofsky, Wolfgang: Die Ordnung des Terrors: Das Konzentrationslager, Frankfurt/M. 1993

Alfons Kenkmann

Historisches Bewusstsein gegen Rechtsextremismus?

Erfahrungen mit schulischen Gedenkstättenfahrten[1]

Die multimediale Dauerausstellung „Im Auftrag. Polizei, Verwaltung und Verantwortung“[2] am Geschichtsort Villa ten Hompel, die die Geschichte der uniformierten Polizei zwischen 1920 und 1970 thematisiert, wurde im Mai 2001 von dem Präsidenten des Zentralrats der Juden in Deutschland, Paul Spiegel, und dem Ministerpräsidenten des Landes Nordrhein-Westfalen, Wolfgang Clement, eröffnet. Sie widmet sich der Verstrickung der Polizei in den Genozid und den Formen der Verdrängung und Erinnerung innerhalb der Polizei in der frühen Nachkriegszeit und in der Bundesrepublik.

Zwei Zitate aus dem Besucherbuch:

- „Fakten, Fakten, Fakten und im Endeffekt war es doch net sooooo langweilig.“
- „Ich finde es langweilig, ich auch“

Von weit über 200 Eintragungen im Gästebuch zur Dauerausstellung sind diese beiden die einzigen kritischen Kommentare. Die Ausstellung hat bundesweit in den Medien (Fernsehen, Radio, überregionale Zeitungen) große öffentliche Resonanz gefunden, wurde u.a. von der „Zeit“ und der „FAZ“ als „lohnenswert, da allgemeinverständlich“, und als didaktisch „richtungsweisend“[3] empfohlen.

---

1 Ich danke Herrn Stefan Querl für seine engagierte Mitarbeit und zahlreichen Anregungen im Rahmen des Gedenkstätten-Fahrten-Programms des Geschichtorts Villa ten Hompel.

2 So auch der Titel des von Alfons Kenkmann und Christoph Spieker herausgegebenen Begleitbandes zur Ausstellung, Essen 2001.

3 Karl Heinz Janssen: Massenmord in Grün. Eine Ausstellung zeigt: Auch die Polizei war an NS-Verbrechen beteiligt, in: „Die Zeit“ vom 10.5.2001 (Feuilleton); Michael Jeismann: Freund, Feind und Helfer. Der Schupo als Polizeisoldat: Eine Ausstellung in Münster, in: „Frankfurter Allgemeine Zeitung“ vom 16.6.2001 (Beilage „Bilder und Zeiten“).

Wer waren die Kritiker? Im ersten Zitat, der noch milderen Variante, ein Schüler einer Münsteraner Berufsschule, in der zweiten Variante, der schärferen Kritik, Schüler einer Gesamtschule aus dem münsterländischen Olfen.

Was indiziert die Kritik? Manche Adressatengruppen der historisch-politischen Bildung werden nur zum Teil oder gar nicht mit historischen Ausstellungen und Seminarangeboten erreicht. Ausstellungspräsentationen, seien sie noch so innovativ und an den Prinzipien des entdeckenden und forschenden Lernens[1] orientiert, reichen offenkundig nicht aus, ein solches Besucherklientel anzusprechen. Das Desinteresse mag vielleicht unter diesen Adressaten für jede Form des Ausstellungsbesuches zutreffen und damit losgelöst sein von der engeren Thematik „Nationalsozialismus". Es bei diesem Befund zu belassen, wäre jedoch für alle in den Gedenk- und Erinnerungsstätten Arbeitenden und sich Engagierenden äußerst unbefriedigend.

Außerdem mehren sich am Geschichtsort Villa ten Hompel vertraulich vorgebrachte Anfragen von Schulleiterinnen und Schulleitern sowie Lehrerinnen und Lehrern, die um Hilfestellungen, Konzepte oder Ideen bitten, mit denen sie demokratiefremden Provokationen und Einstellungen begegnen können, die bei immer jüngeren Jahrgängen manifest werden. Zwei Beispiele dazu mögen genügen:

- Ein Schüler der Sekundarstufe I an einer Münsteraner Schule wurde von einem der Meinungsführer der Klasse und einem Hof von Mitläufern mehrere Monate lang als „Jude" gemobbt. Antisemitische Zeichnungen und Flugblätter wurden gegen ihn in Umlauf gebracht und er wurde ständig diffamiert.
- An einer Schule in einer münsterländischen Kleinstadt schrieb ein Schüler nach der neuen Rechtschreibung das Doppel-S im Wort „dass" ständig provokativ in SS-Runen. Die Lehrerin war sich unsicher, ob sie dagegen etwas unternehmen könne. Als Rechtschreibfehler könne sie dies nicht monieren – so die Unterrichtende.

In beiden Fällen zeigten die Bemühungen der Lehrerin und des Lehrers, die Jugendlichen über das NS-Regime aufzuklären, keine Wirkung: Weder wurde

1 Vgl. Heinz Dieter Schmid/Klaus Vorbach: Entdeckendes Lernen im Geschichtsunterricht der Sekundarstufe I, in: Geschichtsdidaktik, Heft 2/1978, S. 129-135; Schülerwettbewerb Deutsche Geschichte/Ernst Klett Schulbuchverlag (Hrsg.): Forschendes Lernen im Geschichtsunterricht, Stuttgart 1992.

im ersten Fall von der Diffamierung gelassen, noch im zweiten Fall die Provokation aufgegeben. Beide Male waren die Jugendlichen aufklärungsresistent. Die Unterrichtenden stoßen in diesen Fällen an die Grenzen der Aufklärung. Eine solche Klientel – insbesondere im ersten Beispiel – ist eher ein Fall für den Sozialarbeiter in der akzeptierenden Jugendarbeit, im Einzelfall für therapeutische Betreuung und eventuell auch für die Polizei und die Staatsanwaltschaft, nicht aber für den Lehrer.

Nicht an die Minderheit unter den Jugendlichen, die sich manifest rechtsextrem verhält, und auch nicht an die konfrontative Gegnerseite im links-libertären Jugendmilieu richtet sich das vorzustellende Projekt, sondern an die mit Abstand größte Teilgruppe, die Mehrheit der indifferenten Jugendlichen – die Mitte der Jugend[1]. An sie ist unser Vorhaben „Historisches Bewusstsein gegen Rechtsextremismus und Rassismus" adressiert.

Projekt „Historisches Bewusstsein gegen Rechtsextremismus und Rassismus"

Das Modellprojekt versteht sich als historisch-politische und pädagogisch-didaktische Initiative, die Verbindungen zwischen Erinnerungsorten bzw. den Gedenkstätten an die Geschichte des Nationalsozialismus und den Gesamt-, Real-, Haupt- und Berufsschulen herstellen und in Form einer kontinuierlichen Zusammenarbeit fortentwickeln will. Auf diese Schulformen zuzugehen ist auch deshalb von besonderer Wichtigkeit, da sich der Kontakt bisher – von Ausnahmen abgesehen – fast ausschließlich auf Gymnasien beschränkte.

Die Kooperation zwischen Erinnerungsorten bzw. Gedenkstätten und Schulen ist prinzipiell auf zwei Wegen realisierbar: Zum einen können die Erinnerungsorte als außerschulische Lernorte genutzt werden, an denen Schülergruppen der genannten Schulformen in einen selbsttätigen und aktiven Lernprozess treten; zum anderen kann es Möglichkeiten der Zusammenarbeit geben in Form einer aktiven Unterstützung schulischer Lernprozesse seitens der Erinnerungsorte – beispielsweise durch den Entwurf von Unterrichtsreihen,

---

1 Vgl. auch das Schaubild auf S. 192. Dass sich die Mehrheit der Heranwachsenden in Deutschland auch selbst in der politischen Mitte verortet und sich trotz einer latent vorhandenen Parteienverdrossenheit weder apolitisch gibt noch extremen Positionen zuwendet, hat die Jugend- und Sozialforschung erst kürzlich erneut empirisch zeigen können. Vgl. die jüngste Shell-Studie, hier insbesondere Mathias Albert u.a.: Entgrenzung von Politik? Ein Resümee, in: Deutsche Shell (Hrsg.): Jugend 2002, Frankfurt/M. 2002, S. 213-220.

die Bereitstellung von Materialmappen sowie die Initiierung von unterrichtlichen bzw. projektartigen Veranstaltungen an den einzelnen Schulen. Beide Formen können alternativ oder einander ergänzend eingesetzt werden.

Im Bestreben, Schüler und Schülerinnen für die Wahrnehmung fremdenfeindlichen und rassistischen Denkens und Handelns zu sensibilisieren, kommt Geschichtsorten, die an Täterhandeln erinnern, und Gedenkstätten für Opfer des Nationalsozialismus auf der einen Seite und der schulischen Bildungsarbeit auf der anderen Seite eine besondere Bedeutung zu.

Beide Institutionen setzen die Vermittlung von Einsichten in zentrale Zusammenhänge nationalsozialistischer Verfolgung, die Ausbildung von Empathie mit den Opfern, aber auch die kritische Auseinandersetzung mit den Handlungsmotiven der Täter und Täterinnen mit Recht in den Mittelpunkt ihrer Arbeit, um gegenwärtiges Handeln und Denken junger Menschen auf ein verfassungskonformes und verantwortungsvolles Fundament zu stellen. Vor diesem Hintergrund versteht sich das Projekt „Historisches Bewusstsein gegen Rechtsextremismus und Rassismus" als ein didaktischer Modellversuch, der auf dem Weg der historisch-politischen Bildungsarbeit einen Beitrag gegen die Ausbreitung von Rassismus und Fremdenfeindlichkeit in der Gesellschaft und damit auch gegen Ausgrenzung und Diskriminierung leisten will.

Ausgehend von den spezifischen Möglichkeiten des Erinnerungsortes Villa ten Hompel umfasst das didaktische Angebot u.a. folgende Elemente: Schülerorientierte und motivierende Erstbegegnungen mit den Gegenständen der Dauerausstellung „Im Auftrag. Polizei, Verwaltung und Verantwortung", schülergeleitete Führungen durch die Räumlichkeiten der Ausstellung, didaktische Reduktion komplexer Sachstrukturen durch altersgemäße biographisch-identifikatorische Zugriffe, exemplarisches Arbeiten am „historischen Fall" als Schlüssel für ein tiefer gehendes Verstehen, zielorientierter und lernprogressiver Einsatz von Arbeitsblättern und/oder Fotos, Initiierung schülergeleiteter Forschungsprojekte (z.B. Namenssuche für eine Schule), Entwicklung von Lern- und Geschichtspfaden in das unmittelbare Umfeld des Erinnerungsortes[1], Vorbereitung mehrtägiger Seminare und Fahrten zu KZ-Gedenkorten (Bergen-Belsen, Buchenwald).

1 Horst Wiechers/Dieter Fuchs (Bearb.): „Wohin wir auch gehen, setzen wir den Fuß auf ein Stück Geschichte". Spurensuche: Exemplarische Stationen eines Geschichtspfads im Osten Münsters (Faltblatt), Münster 2001.

Im Folgenden wird das letztgenannte Modul, das Exkursionsprogramm des Geschichtsortes Villa ten Hompel zur Begegnung mit Gedenkstätten, am Beispiel eines Modellprojekts skizziert. An dieser Stelle muss vorangestellt werden, dass die KZ-Gedenkorte innerhalb der bundesweiten Gedenkstättenlandschaft eine besondere Rolle einnehmen: Sie sind neben dem Ort der NS-Gewaltherrschaft und Unterdrückung immer auch Friedhöfe der Opfer.[1]

„Aus der Geschichte lernen?!" – Ein historisch-politisches Seminarprojekt für Schülerinnen und Schüler

Das hier vorzustellende didaktische Profil des Projekts wird im Rahmen eines auf drei Jahre angelegten Modellversuchs am Geschichtsort Villa ten Hompel erprobt und ausgewertet. Kooperationspartner sind die Deutsch-Israelische Gesellschaft in Münster und die Katholisch-Soziale Akademie Franz-Hitze-Haus, das Tagungs- und Bildungszentrum des Bistums Münster.

Das Projekt knüpft an Erfahrungen an, die bei Veranstaltungen am Geschichtsort Villa ten Hompel selbst sowie bei 1½-tägigen Seminaren vor allem mit Gymnasiasten und Realschülern gemacht wurden, in deren Mittelpunkt ein Gedenkstättenbesuch in Bergen-Belsen stand. Die Evaluation der Seminare hatte als wesentliche Quintessenz ergeben,

- dass anderthalb Seminartage eine insgesamt zu knapp bemessene Zeit darstellen;
- dass man in der Vermittlung der historischen Fakten schulische Formen wie reine Textarbeit möglichst vermeiden sollte (insbesondere hatten Schüler Einwände gegen die anfangs als Quellentexte ausgewählten Textauszüge aus dem Anne Frank-Tagebuch, das die meisten Seminarteilnehmer schon zur Genüge kannten und offenbar bis zum Überdruss im Unterricht behandelt hatten);
- dass es nicht ratsam ist, Schüler verschiedener Schulformen zu „mischen" (bei einem der Seminare war eine Gruppe aus Gesamtschülern und Gym-

1 Volkhard Knigge: Tatort – Leidensort – Friedhof – Gedenkstätte – Museum. Notizen für eine KZ-Gedenkstätte der Zukunft. Vortrag auf der Tagung des ReferentInnenvermittlungsdienstes zur Zeitgeschichte mit dem Programmschwerpunkt „Erinnern in Gedenkstätten", Ebensee, 10. bis 13. April 1997 (Manuskript).

nasiasten gebildet worden, wobei erstere eine deutlich geringere Konzentrationsfähigkeit aufwiesen);

- dass es Zeiten und Räume zur Nachbereitung der Lernerfahrungen geben sollte.[1]

Mit diesem „Rüstzeug“ an Vorerfahrungen versehen, wurde ein auf zweieinhalb Tage konzipiertes historisch-politisches Seminarangebot entwickelt.[2] Das so umstrukturierte Seminar hat derzeit das auf S. 184 dargestellte zeitliche Gerüst (als Musterprogramm, das nur bei Bedarf variiert wird).

Zielsetzungen

Ziel des Projekts und Seminars ist es,

- Schülerinnen und Schülern die Geschichte des Dritten Reichs und speziell des Genozids in seiner Bedeutung für die heutige Rolle und Identität Deutschlands zu vermitteln;
- neue methodische Ansätze zur Vermittlung eines reflektierten Geschichtsbewusstseins in der historisch-politischen Bildung zu erproben,[3]
- den Stellenwert von Rechtsstaatlichkeit, Toleranz und Gerechtigkeit für ein demokratisches Gemeinwesen zu untersteichen;
- Nachdenken über die Vergewisserung der Werte, die den Basiskonsens der bundesrepublikanischen Gesellschaft bilden;
- Abbau von Feindbildprojektionen gegen gesellschaftliche Minderheiten;
- die Engagementbereitschaft gegen jede Form von Gewaltherrschaft und Intoleranz zu stärken.

---

1 Markus Köster: Evaluationsbericht zur Seminarreihe „Nicht vergessen – Ein Erinnerungsseminar für junge Erwachsene“ (10.-11. November 1999 u. 1.-2. Dezember 1999), Münster 2001 (Manuskript), S. 7; siehe auch Markus Köster/Stefan Querl/Meik Zülsdorf: Über Verantwortung nachdenken – KZ-Gedenkstätten begegnen, in: Barbara Menke u.a. (Hrsg.): Ermutigung zur Zivilcourage. Innovative Konzepte und Projekte politischer Bildung, Schwalbach/Ts. 2003.

2 Zum Folgenden vgl. Alfons Kenkmann/Markus Köster/Meik Zülsdorf: Aus der Geschichte lernen?! Ein historisch-politisches Seminarprojekt mit Besuch einer KZ-Gedenkstätte, in: POLIS, Heft 4/2001, S. 16-19.

3 Vgl. etwa Marko Demantowsky/Bernd Schönemann (Hrsg.): Neue geschichtsdidaktische Positionen, Bochum 2002.

„Aus der Geschichte lernen?!“

Ein historisch-politisches Seminarprojekt für Schülerinnen und Schüler

	1. Tag
9.00 Uhr	Begrüßung und Einführung ins Thema. Das „unsichtbare Theater“
10.00 Uhr	„Menschen, nicht Nummern“: Eine lokalgeschichtliche Annäherung an Opfer und Täter
12.30 Uhr	Mittagspause
13.30 Uhr	„Die Gegenwart der Vergangenheit“ Ein Gespräch mit Zeitzeugen und/oder Mitgliedern des Jugendforums der Deutsch-Israelischen Gesellschaft (DIG) Münster. Im Rahmen dieser Einheit steht eine Sequenz u.a. unter der Fragestellung: „Bergen-Belsen begegnen: Was erwartet uns dort, wollen wir gemeinsam an die Opfer erinnern bzw. wie können wir ihrer auf dem Gelände gedenken?“
15.00 Uhr	„Wer nur ein einziges Leben rettet, rettet die Welt“ Filmvorführung mit anschließender Diskussion
18.00 Uhr	Ende des Vorbereitungstages
	2. Tag: Exkursion nach Bergen-Belsen
8.00 Uhr	Abfahrt mit dem Bus nach Bergen-Belsen Unterwegs: Einführende Information: Zwischen Menschenhandel und „Endlösung“, vom „Aufenthalts“- zum Vernichtungslager: Geschichte Bergen-Belsens[1]
11.30 Uhr	Führung durch die KZ-Gedenkstätte Bergen-Belsen mit – Filmvorführung mit dem britischen Bildmaterial zur Befreiung 1945 – Führung durch die Dauerausstellung – Erläuterungen zum Gräberfeld – Gedenken am jüdischen Mahnmal bzw. am Obelisken
15.00 Uhr	Rückfahrt nach Münster Unterwegs: Gelegenheit für Gespräche. Schreibeinladung „Brief an mich selbst“
18.00 Uhr	Erfahrungen einer Fahrt. Eine „Schreibwerkstatt“
	3. Tag (etwa eine Woche nach der Begegnung mit Bergen-Belsen)
ca. 2 Std.	Extremismus damals und heute – und was uns das angeht. Nachbereitung mit Brückenschlägen vom Historischen in die Gegenwart

1 Arbeitsgrundlagen sind didaktische Materialien und Übersichtspläne der Niedersächsischen Landeszentrale für politische Bildung, die Trägerin der Gedenkstätte Bergen-Belsen ist. Darüber hinaus werden zur Vorbereitung des Rundgangs die beiden einschlägigen Forschungsberichte herangezogen: Eberhard Kolb: Bergen-Belsen. Vom „Aufenthaltslager“ zum Konzentrationslager, 6. Aufl., Göttingen 2002; Alexandra-Eileen Wenk: Zwischen Menschenhandel und „Endlösung“. Das Konzentrationslager Bergen-Belsen, Paderborn 2000.

Den thematischen Mittelpunkt des Seminarprojekts bildet die Sensibilisierung für die Geschichte und heutige Bedeutung des Holocaust als einem Ereignis, das die deutsche Identität bis in die Gegenwart zentral prägt[1] und das gleichzeitig in besonderer Weise auffordert, aktuelle Formen von Antisemitismus, Ausländerfeindlichkeit und jede Art von Intoleranz und Gewalt zu bekämpfen.

Bisherige Erfahrungen

Besonders bemerkenswert war die Zielgruppe der Realschulen. Hier fiel vor allem das nachhaltige Interesse der Schülerinnen und Schüler auf. So war z.B. die Resonanz in der Stufe 10 einer Realschule auf dieses Projekt so groß, dass die Teilnehmerinnen und Teilnehmer ausgelost werden mussten. Angesichts des Protestes der auf diese Weise zu kurz Gekommenen hat die Schule selbstständig einige Wochen später eine Fahrt nach Bergen-Belsen organisiert, jedoch ohne externe Begleitung.

Der Programmskizze ist der organisatorische Dreischritt zu entnehmen. Am ersten Tag wird vorbereitet, am zweiten Tag die Exkursion nach Bergen-Belsen unternommen und eine Woche später die Nachbereitung des Projekts durchgeführt.

Den jeweiligen Seminareinstieg bildet eine aktuelle Diskriminierungssituation, mit der die Teilnehmer in Form eines „unsichtbaren Theaters“ konfrontiert werden.[2] Daran schließt sich die Auseinandersetzung mit verschiedenen Phasen und Formen der Diskriminierung jüdischer Bürger im Nationalsozialismus an, die ausgehend von lokalen Beispielen in Rollenspielen erschlossen werden. Beispiele aus der eigenen Lebenswelt, dem Wohnviertel, der Stadt, der näheren Region erleichtern den Zugang zur „Zeitreise“ in die NS-Zeit.

1 Dass hier nach wie vor Bedarf besteht und einer „Schlussstrich-Mentalität“ entgegengewirkt werden muss, belegt u.a. eine neue Studie aus Essen, die allerdings die familial-erzieherische Genese politischer Einstellungen unter Heranwachsenden stark betont: Klaus Ahlheim/Bardo Heger: Die unbequeme Vergangenheit. NS-Vergangenheit, Holocaust und die Schwierigkeiten des Erinnerns, Schwalbach/Ts. 2002.

2 Zu dieser Methode ausführlich Meik Zülsdorf: „Immer wieder dieses Thema! Das ist einfach zu langweilig!“ – Außerschulische Bildung zum Thema „Nationalsozialismus“ im Kontext von Lernfrustration und Übersättigung, in: Siegfried Grillmeyer/Zeno Ackermann (Hrsg.): Erinnern für die Zukunft, Schwalbach/Ts. 2002, S. 89-98.

Umso erschreckender ist der empirische Befund, dass diese Lernformen im Schulalltag nur eine marginale Verwendung finden.[1] Nach einem Zwischenschwenk zu den Erfahrungen, die junge Mitglieder der Deutsch-Israelischen Gesellschaft bzw. die Zeitzeugen als Deutsche in Israel gemacht haben, folgt abends die Vorführung des Spielfilms, der Terror und Gewaltherrschaft zwischen 1933 und 1945 thematisiert. Mit realen Facetten des Holocaust werden die Schülerinnen und Schüler selbst am nächsten Tag mittels des Besuches der KZ-Gedenkstätte Bergen-Belsen konfrontiert.

Eine Woche später findet dann eine zweistündige Nachbereitung zum Thema „Extremismus damals und heute" statt. Drei Bereiche werden dabei vorgestellt:

- Die politikgeschichtliche Dimension durch Thematisierung von Kampagnen der NPD, DVU bzw. anderer Parteien des populistisch-rechtsextremen Spektrums („Kampf um die Köpfe", „Kampf um die Straße", „Kampf um die Parlamente");
- Selbstpräsentation des Rechtsextremismus im Internet;
- Rechte Jugendsubkulturen (Symbole, Zeichen, Habitus).

Schritte sukzessiver Evaluation

Das Konzept ist inzwischen didaktisch beständig weiterentwickelt und verfeinert worden. In der Praxis hat sich u.a. herausgestellt, dass das gemeinsame Anschauen der Films „Bergen-Belsen z.B." über die Befreiung des Lagers samt Zeitzeugeninterviews unerlässlich ist, da ansonsten ein Teil der Teilnehmerinnen und Teilnehmer in Bergen-Belsen den Opferort, den Friedhofcharakter, nicht aus der Parklandschaft erlesen hätte.

Vor allem die Rollenspiele zur historischen Diskriminierungssituation am ersten Seminartag am Beispiel lokalhistorischer Episoden aus der Verfolgung der Juden in Münster und im Münsterland zwischen 1933 und 1941 wurden von den Schülerinnen und Schülern intensiv und sehr engagiert umgesetzt.

1 Vgl. Bodo von Borries: Historische Projektarbeit im Vergleich der Methodenkonzepte. Empirische Befunde und normative Überlegungen, in: Bernd Schönemann/Uwe Uffelmann/Hartmut Voit (Hrsg.): Geschichtsbewußtsein und Methoden historischen Lernens, Weinheim 1998, S. 276-306, hier S. 278.

Dabei wurden bedeutsame Beobachtungen im Gruppengefüge gemacht. Alle Rollenspiele zeigten folgendes Bild: Überwiegend wurden diskriminierende Positionen mit schlechten Argumenten vertreten; „Minderheiten" vertraten Gegenpositionen mit den sachlich besseren Argumenten; dennoch setzten sich immer die „Mehrheiten" durch, indem sie z.B. verbal oder durch Tätigkeiten Druck ausübten. In der Zusammenstellung und Bewertung der genannten Argumente im Anschluss an die Rollenspiele war allen deutlich: Die Argumente gegen Diskriminierung sind bei weitem stichhaltiger; dennoch haben sich ihre Vertreter zu Beginn diskriminieren lassen und dennoch endeten alle Rollenspiele mit der Niederlage der sachlich besseren Position. Diese Diskrepanz macht deutlich, welche Zusammenhänge neben den Sachargumenten entscheidende Bedeutung haben: Verbale Aggression, Brutalität und Isolation der „Minderheit" führten in der Regel zu einem Rückzug der „Minderheit" – nicht aber zur Auflehnung. Diesen Befund gilt es in Zukunft mit den Schülern noch stärker zu thematisieren. Als Lernziel wäre insbesondere zu betonen, dass guter Wille und Zivilcourage allein nicht reichen, wenn die Prinzipien des Rechtsstaats außer Kraft gesetzt sind, die Gegenseite also ungestraft zu Gewalt, Denunziation etc. greifen kann.

Bei der Vorführung des Films „Schindlers Liste" erwies es sich als sehr wichtig, den Film mit einer Pause zu zeigen, um Abstand zur Spielberg-Thematik zu finden. Diese Pause ist auch wichtig, damit die Schülerinnen und Schüler ihre starke Betroffenheit zum Ausdruck bringen können, die sich beim Sehen angestaut hat. Alle Schülerinnen und Schüler sind auch nach der Pause konzentrierte Zuschauer geblieben, was von der Dramaturgie des Films her sehr wichtig ist, weil ein Abbrechen nach der Hälfte der Zeit die Zuschauer mit den grausamen Bildern und ohne die im zweiten Teil vermittelte Hoffnung allein gelassen hätte. Schüleräußerungen zu dem Film lassen sich bündeln unter dem Zitat „Ein echt heftiger Film", wobei es aber trotzdem gut gewesen sei, ihn zu sehen, „weil wirklich jedem klar wird, wie schlimm das früher war".

Die eigentliche Fahrt zur KZ-Gedenkstätte wurde zwar weitgehend positiv aufgefasst, doch empfanden einige Teilnehmer den Besuch als enttäuschend. Obwohl sie zunächst vor Ort die Filmdokumentation „Bergen-Belsen z.B." über das Lager gesehen hatten, fiel es augenscheinlich besonders jüngeren Schülern der Klassen 9 und 10 schwer, den Transfer zwischen der heutigen optischen Naturidylle und dem damaligen Geschehen herzustellen. „Warum bauen die nicht wenigstens einige Baracken wieder auf?", lautet eine Frage, die in fast allen Seminarprojekten gestellt wird und meist zu Polarisierungen innerhalb der Gruppen führt.[1] Manche (i.d.R. Jungen) befürworten den Vorschlag der Anschaulichkeit halber, andere wiederum lehnen eine originalgetreue, aber eben nachträgliche Rekonstruktion als „unecht" und als „Hollywood-Kulisse" vehement ab.

Dass solchen Kontroversen und solcher Kritik an KZ-Gedenkstätten durchaus ein didaktischer Wert zugemessen werden kann, ergibt sich schon aus dem Befund, dass die Diskussionen zum Nachdenken über den generellen Umgang mit Geschichte heute anregen. Aufschlussreich gestalten sich solcherlei Reflexionsrunden darüber hinaus, wenn die Debatten auf vorangegangene Gespräche in Familien und Freundeskreisen rekurrieren. Als ein Gesamtschüler Anfang 2002 von der Gedenkstätten-Exkursion nach Hause gekommen war, hat seine Mutter ihm lange zugehört und anschließend bedauert, dass das Thema „Nationalsozialismus" in ihrer Schulzeit „mehr beschwiegen denn besprochen worden" sei. Demgegenüber kam die Gymnasiastin eines Münsteraner Geschichtskurses (Jahrgangsstufe 11) aus persönlichen Beweggründen und mit konkreten Fragen ins Seminarprojekt: Ihre Urgroßmutter war, weil jüdischen Glaubens, nach Theresienstadt verschleppt worden.

Bewährt hat sich am zweiten Seminartag – nach der Rückkehr der Gruppe von der Bergen-Belsen-Exkursion und der Wiederankunft in der Villa ten Hompel bzw. in der Akademie Franz-Hitze-Haus – der methodische Wechsel zum produktorientierten Arbeiten in einer „Schreibwerkstatt". Bei dieser Schreibwerkstatt führten die Jugendlichen vorgegebene Statements wie „Die Beschäftigung mit der Nazi-Zeit ist ..." bzw. „In den vergangenen zwei Tagen habe ich ..." in Form von Wandzeitungsgraffitis zu Ende.

Zum Nachbereitungstag kamen bis auf Ausnahmen alle Schüler, wobei festzuhalten ist, dass die Diskussion der historischen Thematik und der Gegenwartsbezug zu heutigem aktuellem Rechtsextremismus stets sehr engagiert vollzogen wurde. Besonders auffällig waren die Erfahrungsberichte, die einige Teilnehmer mit Neonazis und ausländerfeindlicher Diskriminierung gemacht hatten.

1 In diesem Zusammenhang werden die Aktivitäten des Landesjugendrings Niedersachsen, der zurzeit zumindest einige Fundamente früherer Baracken in Bergen-Belsen freilegt, von den Seminargruppen interessiert verfolgt.

Erfahrungen mit einer Gruppe von Hauptschülern

Diese Gruppe, zusammengesetzt aus zwei zehnten Klassen, zeichnete sich durch einen rund 50-prozentigen Anteil von Migrantenjugendlichen aus unterschiedlichsten Ländern (Polen, Kasachstan, Iran, Türkei, Portugal etc.) und einen hohen Anteil von offenkundig erziehungsschwierigen Schülern aus. Das dreitägige Seminarprogramm wurde dadurch zu einer echten Herausforderung für die Pädagogen. Die Schwierigkeiten lagen weniger darin begründet, dass die Teilnehmerinnen und Teilnehmer mit den Inhalten bzw. mit der Art der Vermittlung grundsätzlich nichts hätten anfangen können – interessierte Rückfragen, kreative Mitarbeit bei den Rollenspielen und ein sehr positives Feedback zumindest einiger Teilnehmer verweisen auf das Gegenteil – als vielmehr darin, dass einige Schüler enorme Defizite hinsichtlich ihres sozialen und kommunikativen Verhaltens vor allem in der eigenen Gruppe hatten. Die permanenten Störungen, der z.T. sehr aggressive Umgangston machten es auch für die anderen schwer, sich am Seminar aktiv zu beteiligen. Ein besonderes Problem war das Auftreten gegenüber dem fast 70-jährigen Zeitzeugen und das Verhalten in der KZ-Gedenkstätte Bergen-Belsen. Viele Teilnehmer hatten offenbar nie gelernt, in solchen Situationen ein Mindestmaß an Respekt und Zurückhaltung an den Tag zu legen. Bemerkenswert war, dass sich ein Teil der Schülerinnen und Schüler bei der Abschlussreflexion bitter über das unangemessene Auftreten der Störer beschwerte. Gerade diejenigen, die von dem Erlebnis des KZ-Besuchs sehr betroffen waren, zeigten großen Ärger über das Verhalten der anderen.

Beachtenswert war darüber hinaus, dass die interessiertesten und auch für das Thema sensibelsten Jugendlichen eindeutig aus den Reihen der ausländischen Schülerinnen und Schüler stammten. Offenkundig war ihr Interesse an der Judenverfolgung deshalb deutlich höher, weil sie sich selbst in ähnlicher Weise als diskriminierte Minderheit erfahren haben, auch wenn das aus unterschiedlichen Gründen ein unangemessener Vergleich ist: Diskriminierung findet erstens heute vor einem demokratischen Hintergrund statt, der dem diskriminierten Individuum die menschlichen Grundrechte sichert. Zudem bedeutet das Schlüpfen ausländischer Jugendlicher in die Rolle jüdischer Opfer eine Erhöhung der eigenen Opferrolle. Hier in den Diskussionen die notwendigen Differenzierungen vorzunehmen, ist eine Herausforderung, der sich die Multiplikatoren in den Seminarprojekten zunehmend stellen müssen – schon insofern, als die beschriebenen Projektionen bzw. Ängste von Jugendlichen aus Familien mit Migrationserfahrung im schulischen Umfeld immer stärker virulent sind[1]. Die veränderten ethnischen Strukturen in nahezu allen Schulformen erfordern daher auch innovative, dezidiert interkulturelle Ansätze für eine empathiefördernde Menschenrechtserziehung an Erinnerungsorten. Es wird in Zukunft schließlich pädagogisch zusehends schwieriger werden (wenn nicht gar völlig unmöglich sein), gegenüber jugendlichen Gleichaltrigengruppen an kollektiv gewachsene, ethnisch-historische Verantwortungszusammenhänge zu appellieren.

Schlussfolgerungen und Perspektiven

Trotz der beschriebenen Probleme wird das Seminarprogramm weiter angeboten und fortentwickelt. Folgende Konsequenzen sollten jedoch aus dem bisherigen Verlauf gezogen werden:

1. Ein eindringliches Vorbereitungsgespräch mit der Schule bzw. den Unterrichtenden ist erforderlich, um eine wenigstens grobe inhaltliche Vorbereitung (Grundfakten und Begriffe der NS-Geschichte) und auch eine sorgfältige Auswahl der Seminarteilnehmer bzw. eine Instruktion einiger Grundverhaltensregeln sicherzustellen;
2. Schülergruppen müssen konsequent in Kleingruppen geteilt werden, sowohl beim Vorbereitungstag als auch beim Rundgang in Bergen-Belsen (weniger und stärker interessierte Schüler);
3. In die Erarbeitung der NS-Zeit sollten die historischen Vorläufer heutiger Jugendcliquen – „Wilde Cliquen", Edelweißpiraten etc. – einbezogen werden, deren subkulturelle Auflehnung gegen nationalsozialistische Autoritäten schwerwiegende Sanktionen durch die sozialen Kontrolleure während des Dritten Reichs nach sich zogen. Subkulturelle Skinhead-Cliquen heute rekrutierten sich zum Teil aus dem gleichen Milieu wie die Edelweißpiraten in den 1930er und 1940er Jahren.[2] Das Wissen um den rigiden Umgang der nationalsozialistischen Akteure mit den subkulturellen Arbeiterjugendlichen zwischen 1933 und 1945 könnte zu positiven Irritatio-

1 Auf den Zusammenhang zwischen interkultureller Sozialisation und veränderter historischer Identitätsbildung weisen schon erste Untersuchungen aus den 1990er Jahren hin: Viola Georgi: Migrantenjugendliche und NS-Geschichte, in Doron Kiesel u.a. (Hrsg.): Pädagogik der Erinnerung, Frankfurt/M. 1997, S. 39-56.

2 Vgl. Alfons Kenkmann: Wilde Jugend. Lebenswelt großstädtischer Jugendlicher zwischen Weltwirtschaftstkrise, Nationalsozialismus und Währungsreform, Essen 2002, S. 355-364.

nen unter den heutigen sich rechtsextrem gebärdenden Heranwachsenden führen.

4. Zwingend notwendig sind solide Kenntnisse der mit demokratiefremden Jugendlichen befassten Pädagogen, Psychologen und Sozialarbeitern über die historische Gewordenheit heutiger jugendsubkultureller Strömungen. Denn erst auf diese Weise ist zu ermessen, ob fremdenfeindliche Übergriffe heutiger Jugendcliquen aus Problemen der gegenwärtigen Gesellschaft resultieren oder aber aus der geschichtlichen Kontinuität jugendlicher Subkulturen im 20. Jahrhundert abzuleiten sind.

5. Erforderlich ist eine stärker aktivierende, erfahrungsorientierte und auch sprachlich auf das Niveau der Schüler abgestimmte Vorbereitungsarbeit – ein Postulat, das auch für die Methode des Rollenspiels und für die Annäherung an die KZ-Gedenkstätte gilt.

6. Der Anteil von handlungs- und produktorientierten Arbeitsformen (selbständig verfasste Texte, Collagen etc.) muss vergrößert werden.

7. Eine stärker biographische und auf den Besuchstag in Bergen-Belsen hinführende Orientierung der Rollenspiele ist erforderlich. Es muss deutlicher werden, dass die gespielten Situationen unterschiedliche Phasen der Diskriminierung der jüdischen Bevölkerung markieren, die letztlich in Todeslagern wie Bergen-Belsen endete.

8. Es heißt Abstand zu nehmen von jedweder vereinfachenden Geschichtsvermittlung, die allein passive Opfer aktiven Tätern gegenüberstellt. Eine solche Dichotomie didaktisch zu konstruieren, ist nicht nur vom geschichtswissenschaftlichen Forschungsstand her überholt, sondern birgt im Hinblick auf eine historisch gerichtete Menschenrechtserziehung sogar die Gefahr von Fehlrezeptionen bzw. -interpretationen. Können doch Opfer, Täter, Zuschauer und zudem Helfershelfer des Holocaust nur als Geflecht von agierenden Subjekten begreifbar werden. Insofern muss die Beschäftigung mit der NS-Vernichtungspolitik eine Annäherung an verschiedene Täterprofile mit einschließen und z.B. auch die Thematik „Selbstbehauptung von KZ-Häftlingen" berühren, wenn sie nicht in veraltete oder monokausale Erklärungsmuster für Verfolgung und Völkermord verfallen soll[1].

---

1 Ein nachdrückliches Plädoyer für den Abschied von solchen „alten Formeln" findet sich u.a. bei Daniel Levy/Natan Sznaider: Erinnerung im globalen Zeitalter: Der Holocaust, Frankfurt/M. 2001, S. 219-232.

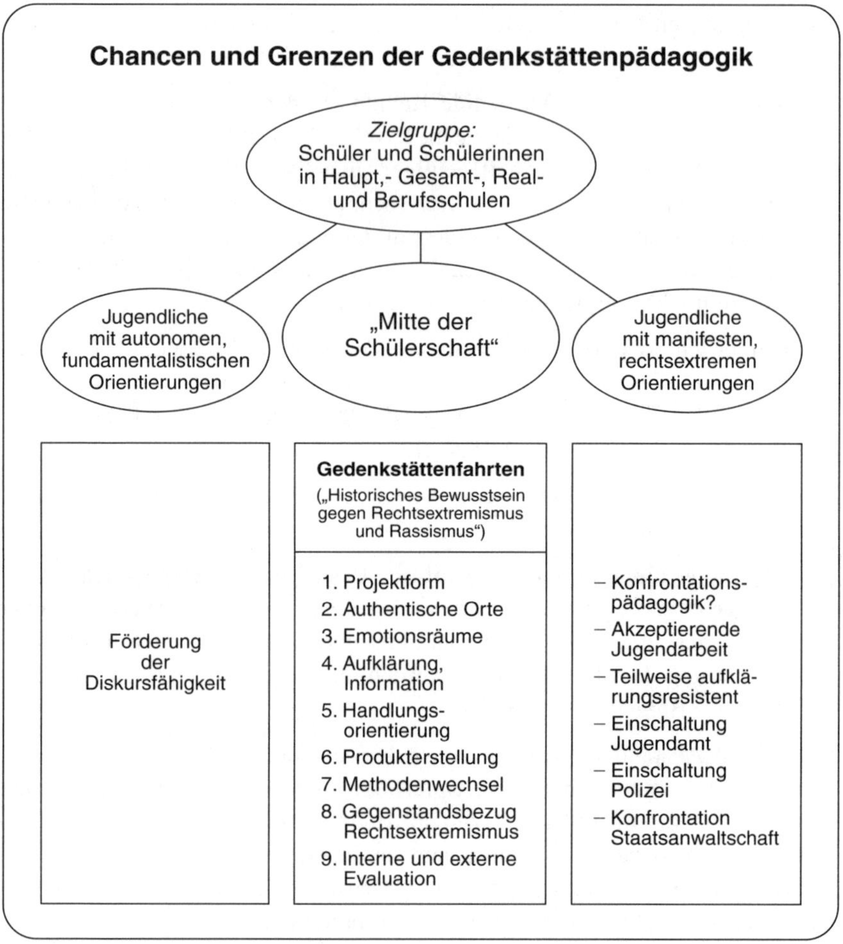

Das hier beschriebene Seminarprojekt liefert keine Patentrezepte für eine „erfolgreiche“ Auseinandersetzung mit demokratiefremden Einstellungen unter Jugendlichen, wohl aber Module für eine Bildungsarbeit, die als langfristiges Ziel die Hinführung zu einem reflektierten Geschichtsbewusstsein anstrebt. Niemand unter den jungen rechtsextremen Meinungsführern wird durch die Teilnahme an Bildungsprogrammen vom Saulus zum Paulus. Hingegen können aber die eingangs zitierten Kritiker einer Ausstellung über die Geschichte des Nationalsozialismus aus der Mitte der Schülerschaft erreicht werden.

Literatur

Ahlheim, Klaus/Heger, Bardo: Die unbequeme Vergangenheit. NS-Vergangenheit, Holocaust und die Schwierigkeiten des Erinnerns, Schwalbach/Ts. 2002

Albert, Mathias/Hurrelmann, Klaus/Linssen, Ruth/Quellenberg, Holger: Entgrenzung von Politik? Ein Resümee, in: Deutsche Shell (Hrsg.): Jugend 2002. Zwischen pragmatischem Idealismus und robustem Materialismus, Frankfurt/M. 2002, S. 213-220

Borries, Bodo von: Historische Projektarbeit im Vergleich der Methodenkonzepte. Empirische Befunde und normative Überlegungen, in: Bernd Schönemann/Uwe Uffelmann/Hartmut Voit (Hrsg.): Geschichtsbewußtsein und Methoden historischen Lernens (Schriften zur Geschichtsdidaktik; Bd. 8), Weinheim 1998, S. 276-306

Demantowsky, Marko/Schönemann, Bernd (Hrsg.): Neue geschichtsdidaktische Positionen (Dortmunder Arbeiten zur Schulgeschichte und zur historischen Didaktik, Bd. 32), Bochum 2002

Georgi, Viola: Migrantenjugendliche und NS-Geschichte, in Doron Kiesel u.a. (Hrsg.): Pädagogik der Erinnerung. Didaktische Aspekte der Gedenkstättenarbeit, Frankfurt/M. 1997, S. 39-56

Janssen, Karl Heinz: Massenmord in Grün. Eine Ausstellung zeigt: Auch die Polizei war an NS-Verbrechen beteiligt, in: „Die Zeit" vom 10.5.2001 (Feuilleton)

Jeismann, Michael: Freund, Feind und Helfer. Der Schupo als Polizeisoldat: Eine Ausstellung in Münster, in: „Frankfurter Allgemeine Zeitung" vom 16.6.2001 (Beilage „Bilder und Zeiten")

Kenkmann, Alfons: Wilde Jugend. Lebenswelt großstädtischer Jugendlicher zwischen Weltwirtschaftstkrise, Nationalsozialismus und Währungsreform, Essen 2002

Kenkmann, Alfons/Köster, Markus/Zülsdorf, Meik: Aus der Geschichte lernen?! Ein historisch-politisches Seminarprojekt mit Besuch einer KZ-Gedenkstätte, in: POLIS, Heft 4/2001, S. 16-19

Kenkmann, Alfons/Spieker, Christoph (Hrsg.): Im Auftrag. Polizei, Verwaltung und Verantwortung (Schriften Villa ten Hompel, Bd. 1), Essen 2001

Knigge, Volkhard: Tatort – Leidensort – Friedhof – Gedenkstätte – Museum. Notizen für eine KZ-Gedenkstätte der Zukunft. Vortrag auf der Tagung des ReferentInnenvermittlungsdienstes zur Zeitgeschichte mit dem Programmschwerpunkt „Erinnern in Gedenkstätten", Ebensee, 10. bis 13. April 1997 (Manuskript)

Kolb, Eberhard: Bergen-Belsen. Vom „Aufenthaltslager" zum Konzentrationslager, 6. Aufl., Göttingen 2002

Köster, Markus: Evaluationsbericht zur Seminarreihe „Nicht vergessen – Ein Erinnerungsseminar für junge Erwachsene" (10.-11. November 1999 u. 1.-2. Dezember 1999), Münster 2001 (Manuskript)

Köster, Markus/Querl, Stefan/Zülsdorf, Meik: Über Verantwortung nachdenken – KZ-Gedenkstätten begegnen, in: Barbara Menke/Manfred Jastrzemski/Klaus Waldmann/Peter Wirtz (Hrsg.): Ermutigung zur Zivilcourage. Beiträge der politischen Bildung zu einer neuen Kultur, Schwalbach/Ts. 2003.

Levy, Daniel/Sznaider, Natan: Erinnerung im globalen Zeitalter: Der Holocaust, Frankfurt/M. 2001

Schmid, Heinz Dieter/Vorbach, Klaus: Entdeckendes Lernen im Geschichtsunterricht der Sekundarstufe I, in: Geschichtsdidaktik. Probleme, Projekte, Perspektiven, Heft 2/1978, S. 129-135

Schülerwettbewerb Deutsche Geschichte/Ernst Klett Schulbuchverlag (Hrsg.): Forschendes Lernen im Geschichtsunterricht, Stuttgart 1992

Wenk, Alexandra-Eileen: Zwischen Menschenhandel und „Endlösung". Das Konzentrationslager Bergen-Belsen, Paderborn 2000

Wiechers, Horst/Fuchs, Dieter (Bearb.): „Wohin wir auch gehen, setzen wir den Fuß auf ein Stück Geschichte". Spurensuche: Exemplarische Stationen eines Geschichtspfads im Osten Münsters (Faltblatt), Münster 2001

Zülsdorf, Meik: „Immer wieder dieses Thema! Das ist einfach zu langweilig!" – Außerschulische Bildung zum Thema „Nationalsozialismus" im Kontext von Lernfrustration und Übersättigung, in: Siegfried Grillmeyer/Zeno Ackermann (Hrsg.): Erinnern für die Zukunft. Die nationalsozialistische Vergangenheit als Lernfeld der politischen Jugendbildung, Schwalbach/Ts. 2002, S. 89-98

Franz-Josef Bölting

Jugendliche und die Attraktivität rechter Parolen – drei Handlungsalternativen für die Schule

Geht man von den Ausgangsinteressen von Lehrerinnen und Lehrern bei Fortbildungsveranstaltungen zur Thematik „Fremdenfeindlichkeit, Rechtsextremismus und Gewaltbereitschaft" aus, so lassen sich die schulformübergreifend häufig vorgetragenen Klärungswünsche zu etwa drei Fragestellungen zusammenfassen:

1. Wie soll man mit denjenigen umgehen, die verbal oder in ihren Handlungen aus der Rolle fallen und vermeintliche Symbole oder Parolen des Rechtsextremismus demonstrativ benutzen? Hinter dieser Frage müssen nicht unbedingt eigene Erfahrungen, sondern können auch Befürchtungen stehen, die sich auf potentiell drohende Entwicklungen beziehen – und auf die vermuteten eigenen Schwierigkeiten mit einer angemessenen Reaktion.
2. Wodurch können die vielen unauffälligen, aber offenbar nicht unbedingt unanfälligen „Normal-Schülerinnen und Schüler", die nur gelegentlich oder in bestimmter Hinsicht fremdenfeindliche oder antidemokratische Tendenzen entwickeln, vor einem Abrutschen in rechtsextreme Bereiche sinnvoll geschützt werden?
3. Auf welche Weise kommt man heute an die Schülerinnen und Schüler überhaupt noch heran, so dass sie sagen, was sie wirklich denken (und seien es auch unbequeme Versatzstücke), dass sie sich auf eine kritische Auseinandersetzung mit ihren Urteilen einlassen und auch mit anderen Auffassungen konstruktiv umgehen?

Auf diese Fragen gibt es keine einfachen Antworten, keine einfachen Rezepte, wie sie nicht selten von Lehrerinnen und Lehrern auf Fortbildungsveranstaltungen und in Seminaren zunächst erhofft werden – was vor dem Hintergrund ihrer kontinuierlich zunehmenden Belastung im Beruf sehr verständlich erscheint. Vorschläge und Antworten werden im Folgenden in pragmatischer Perspektive entwickelt; Überlegungen zur Auseinandersetzung mit Phänomenen der Fremdenfeindlichkeit oder des Rechtsextremismus und der Gewalt an Schulen werden verbunden mit methodischen Vorschlägen für die Arbeit mit jungen Menschen.

In der Regel haben es, anders als die erste Frage vermuten lässt, Lehrerinnen und Lehrer mit Jugendlichen, die bereits fest in rechtsextremen „Kameradschaften“ oder in den loseren rechtsextremen Cliquen organisiert sind, gar nicht zu tun. In diesen Bereichen könnten ihre pädagogischen Bemühungen auch nur sehr begrenzt wirksam werden, Bereiche, in denen bestenfalls die Sozialarbeit im Sinne langfristig angelegter Begleitung von potentiellen Aussteigern erfolgreich werden kann. In erster Linie geht es vielmehr um „Normal-Jugendliche“ und vielleicht einzelne Jugendliche, die zwar fremdenfeindliche oder nationalistische Tendenzen zeigen, welche sich aber noch keineswegs zu einer rechtsextremen Einstellung verfestigt haben und die vor allem nicht mit fester Organisation in einer entsprechenden Clique einhergehen.

Extremismustendenzen bei jungen Menschen werden unübersehbar in ihrem Wahlverhalten: Bei der Bundestagswahl 1998 in Deutschland beispielsweise wählten die jungen Männer zwischen 18 und 24 Jahren immerhin zu zehn (West) bis zwanzig (Ost) Prozent rechtsextrem, und das bei einer Wahl ohne erkennbare Chancen für den Einzug rechtsextremer Parteien in das Parlament – das (nachwachsende) eigentliche Potential ist zweifellos erheblich. Jürgen W. Falter hat in einer Studie allerdings ausführlich erläutert, auf welche Weise man bei der Interpretation ein und desselben Befragungsergebnisses aus guten Gründen sowohl zum Ergebnis kommen kann, dass jeder Zwanzigste in Deutschland (auch bei Jugendlichen) über ein geschlossenes rechtsextremes Weltbild verfügt als auch zum Ergebnis, dass es 10 Prozent oder sogar 17 Prozent sind.[1] Dementsprechend gehen die Schätzungen über die „Anfälligkeit“ Jugendlicher weit auseinander, zumal sie davon abhängen, nach welchem Phänomen gefragt wird.[2]

1 Jürgen W. Falter: Wer wählt rechts?, München 1994, S. 151; vgl. auch Kai Arzheimer/Harald Schoen/Jürgen W. Falter: Rechtsextreme Orientierungen und Wahlverhalten, in: Wilfried Schubarth/Richard Stöss (Hrsg.): Rechtsextremismus in der Bundesrepublik Deutschland, Opladen 2000, S. 220-245.

2 Die Unterscheidung von Implikationen und von Varianten der Fremdenfeindlichkeit und des Rechtsextremismus ist auch im Hinblick auf Reaktionsmöglichkeiten wichtig; vgl. dazu Franz-Josef Bölting: Rechtsextremismus, Fremdenfeindlichkeit und Gewalt. Wahrnehmungen – Hintergründe – Entscheidungen, Paderborn 1997, S. 29-73.

Trotz ihrer Unzufriedenheit mit Parteien und politischen Strukturen sowie ihren Vorbehalten Ausländern gegenüber hält die übergroße Mehrheit junger Menschen in Deutschland allerdings die Demokratie ohne Zweifel für die geeignete Staatsform und spricht sich dezidiert für pluralistische Lebensformen aus. Freie Meinungsäußerung, Lebensgenuss, Kreativität, Abenteuer, Emanzipation, auch Mitsprache und Mitbestimmung stehen bei den „Kindern der Freiheit" in aller Regel höher im Kurs als Disziplin, Anpassungsbereitschaft oder Unterordnung.[1]

Nach der Erhebung der Shell-Jugendstudie im Jahre 2000 glauben jedoch fernab der Diskussion um die Zuwanderung fast zwei Drittel der deutschen Jugendlichen, dass zu viele Ausländer im Land leben.[2] Dieses Ergebnis hat im „Forscherteam" offenbar zu ungläubigem Staunen geführt, wie in einem SPIEGEL-Gespräch mit einem der Autoren nach Vorstellung der Ergebnisse deutlich wurde, welcher im Grunde alles tat, um den Befund zu relativieren.[3] Tatsächlich muss das Resultat vor dem Hintergrund anderer Untersuchungen, auf die an dieser Stelle nicht näher eingegangen werden kann, fraglich erscheinen; interessant ist in diesem Zusammenhang jedoch die Art der Reaktion, welche den Tatbestand der Verharmlosung zumindest streifte. In diesem Beispiel zeichnet sich ein erstes Reaktionsmuster bei unliebsamen Ereignissen exemplarisch ab. Es bildet eines von *drei typischen Reaktionsmustern*, zu denen sich die Antworten auf die eingangs formulierte erste Frage nach Reaktionsmöglichkeiten gruppieren. Häufig ist zweifellos vor allem die erste Strategie:

Wegschauen – Schutz und fatale Folgen

Für ein Übersehen, Überhören oder (wie gesagt) Überspielen unangenehmer „Vorfälle" oder ungewollter Ergebnisse gibt es die unterschiedlichsten Strategien. Sie können im Bereich des rechten Extremismus schon deshalb zum Tragen kommen, weil mit fehlenden Kenntnissen relevante Signale erst gar nicht wahrgenommen oder verstanden werden. An mehrere „Talkshows" mit

1 Vgl. Ulrich Beck: Kinder der Freiheit, Frankfurt/M. 1997; Klaus Hurrelmann: Lebensphase Jugend. Eine Einführung in die sozialwissenschaftliche Jugendforschung, Weinheim 1999.

2 Deutsche Shell (Hrsg.): Jugend 2000, Opladen 2000, S. 241.

3 Vgl. Dietmar Pieper: „Viele sind in Sorge", in: „Der Spiegel", Nr. 14 vom 3.4.2000, S. 38.

dem geschickten Rechtspopulisten Jörg Haider aus Österreich kann in diesem Zusammenhang erinnert werden (besonders peinlich Erich Böhme auf N-TV im Jahr 2000). So können z.B. einzelne (und eher unwesentliche) Aspekte isoliert betrachtet werden, die für sich gesehen „diskussionswürdig“ oder stimmig erscheinen, jedoch Bausteine eines rechtspopulistischen Bildes bilden, das demokratischen Ansprüchen kaum noch standhält – was bei der „diskreten“ Sicht aus dem Blick gerät.

Die Reaktion des bewussten Wegsehens oder ungewollten Verdrängens stellt in manchen Situationen allerdings einen unabdingbaren Selbstschutz dar, vor allem dann, wenn Vorfälle – insbesondere in Schulen – völlig unvorbereitet eintreffen, so dass sie entweder lähmend wirken oder ein emotionales Potential freisetzen, das lediglich zu wenig hilfreichen Überreaktionen führen würde. Entsprechende Befürchtungen zeichnen sich hinter der eingangs formulierten ersten Frage offenbar ab.

So sinnvoll solche (Nicht-)Reaktionen als erster Impuls allerdings auf der einen Seite erscheinen mögen, so können sie andererseits allzu leicht verharmlosend wirken und lediglich weiter gehende Provokationen auslösen, besonders dann, wenn sie als latente Unterstützung verstanden oder missverstanden werden können. Man weiß beispielsweise selbst bezüglich der fremdenfeindlichen Gewalttäter dank der von Willems u.a. akribisch ausgewerteten polizeilichen Ermittlungsakten und Urteilsbegründungen von Richtern, dass der „vermutete gesellschaftliche Rückhalt“[1] einer von vier maßgeblichen Faktoren der Auslösung der Gewalt darstellt. Das Gefühl, stellvertretend für andere zu handeln, ist von entscheidender Bedeutung. Fremdenfeindliche jugendliche Straftäter geben häufig an, sie seien selbst Opfer der Aggression von Ausländern geworden und würden sich „nur“ rächen. In der Studie von Willems u.a. heißt es dazu jedoch: „Doch gelang es den Gerichten nur in wenigen Fällen, dies zu verifizieren; oft mußten die Täter letztlich zugeben, dass sie von solchen Angriffen nur gehört hatten.“[2] Selbst bei völlig „entregelten“ und scheinbar sinnlosen Gewalthandlungen spielt die vermutete Unterstützung eine beträchtliche Rolle – und eine nicht erfolgende Reaktion bekommt vor diesem Hintergrund möglicherweise weitaus größere Bedeutung als beabsichtigt.

---

1 Helmut Willems u.a.: Fremdenfeindliche Gewalt. Einstellungen, Täter, Konflikteskalationen, Opladen 1993, S. 190.

2 Ebd. S. 188.

Zivilcourage – die optimale Reaktion?

Die zweite Möglichkeit besteht in einer konsequenten und möglichst sofort erfolgenden Reaktion. Es ist das Verhaltensmuster, das in Reden namhafter Politiker in den letzten Jahren immer wieder von den Bürgerinnen und Bürgern eingefordert wurde. Der Mut zur Zivilcourage, zum Hinsehen, zum Eingreifen insbesondere in Situationen, in denen Schwächere zum Opfer gemacht werden, wurde vielfach beschworen: „Hass und Niedertracht dürfen nie unwidersprochen bleiben, wo immer sie sich zeigen. Geschichtsfälschung und Verharmlosung nationalsozialistischer Verbrechen muss klar widersprochen werden, wo immer sie geäußert werden", forderte Johannes Rau[1] beispielsweise in einer der bemerkenswertesten Reden der letzten Jahre zum Thema Rechtsextremismus.

Tatsächlich sprechen gute Gründe für eine solche Haltung. Schließlich wird eindeutig Position bezogen, ein nicht vorhandenes Einverständnis verdeutlicht. Auch ist zu bedenken, dass es in relevanten Situationen oft auch „Zuschauer" gibt, denen auf diese Weise verdeutlicht wird, dass etwas nicht stimmt; sie werden veranlasst nachzudenken. Bei unmittelbar erforderlichem Opferschutz (Gewaltdrohung oder bei Provokationen wie der von Bela Ewald Althans in der Gaskammer in Auschwitz, die im Film „Beruf Neonazi" aufgezeichnet wurde) liegt die Bedeutung sofortigen und dezidierten Handelns ohnehin auf der Hand.

Die lediglich situativ orientierten konsequenten Reaktionsmuster (und damit auch entsprechende Trainingsprogramme) haben allerdings nur eine begrenzte Reichweite: Es wäre illusionär zu glauben, dass mit einer kurzzeitigen Reaktion langjährig verfestigte rechtsextreme Versatzstücke abgebaut und entsprechend motiviertes Verhalten allein über „Einsicht" verändert werden könnten. Die spontane Reaktion kann zwar für kurze Zeit zu erheblichen Erfolgen führen, aber nur selten eine Bewusstseinsänderung erreichen. Es erscheint zudem nicht unwahrscheinlich, dass belehrende Überreaktionen das Gegenteil dessen bewirken, was sie erreichen sollen, nämlich zu Verhärtungen geradezu erst beitragen – und am Ende vielleicht lediglich zu deren verstärkter Unauffälligkeit im Alltag führen. Damit würde diese Reaktion in den Auswirkungen ungewollt in die Nähe der zuerst genannten Strategie rücken.

---

1 Nachgedruckt in: „Süddeutsche Zeitung" vom 8.9.2000, S. 13: „Es waren Anschläge auf die Würde der Bürger". Bundespräsident Johannes Rau über die Welle rechtsextremer Gewalt in Deutschland.

Auf ein bemerkenswertes politisches Konzept, das 2001 in Hamburg und Ludwigshafen erprobt wurde[1], kann in diesem Zusammenhang hingewiesen werden, um die Problematik der Strategie zu verdeutlichen: Eine Neonazi-Demonstration durfte ohne die übliche Symbolik stattfinden; Springerstiefel, Bomberjacken und andere vermeintliche Insignien der rechtsextremen Szene waren verboten. Nun waren die Neonazis also auf der Straße ohne als solche unmittelbar erkennbar zu sein – ein Erfolg? Und ein Anstoß für Schulen? In vielen Schulen sind inzwischen nicht nur Springerstiefel und Bomberjacken, sondern auch Sweatshirts mit LONSDALE-Aufdruck, die in Kombination mit geeigneter Jacke als NSDA … gelesen werden können, verboten, auch wenn diese sich gar nicht so eindeutig nur einer Jugendszene zuordnen lassen. Die Verwaltungsgerichte haben die Entscheidungen von Schulleitungen und Schulkonferenzen mittlerweile durchweg bestätigt, sichtbare Rechtsextremismus-Tendenzen vom Schulhof zu verbannen. Im Sinne einer Grenzziehung (vgl. auch die oben angesprochenen Wirkungen auf die Zuschauer) und vor allem des Schutzes potentieller Opfer (Ausgrenzung) kann die konsequente Verbotspraxis an Schulen – über ohnehin bereits verbotene Symbole hinaus – durchaus eine sinnvolle pädagogische Intervention darstellen. Sie kann unter Umständen aber auch mehr Probleme schaffen, als sie löst, nämlich dann, wenn von der nicht mehr sichtbaren Problematik auf deren Lösung geschlossen und das Kleidungsverbot für mehr gehalten wird als ein erster Schritt.

Auch muss leider angesprochen werden, dass selbst die couragiertesten Reaktionen ihre Schattenseiten für die mutigen Akteure mit sich bringen können. Das mussten z.B. die beiden Deutschtürken Taner G. und Erkan Y. erfahren, die am 15. Januar 2001 in München Leib und Leben riskiert hatten, um das Leben des bereits bewusstlos geschlagenen 31-jährigen Griechen Artemis T. zu retten, auf den betrunkene deutsche Skinheads mit der Parole „Den bringen wir um“ eintraten. Zunächst als Helden gefeiert und in Talkshows herumgereicht, mussten die beiden couragierten Helfer, die nicht eine Sekunde bei ihrer Reaktion gezögert hatten, nun erfahren, dass sie selbst zur Zielscheibe der Neonazis und ihrer Unterstützer wurden. Aus Angst vor einem Anschlag gab Taner G. seinen Lottostand auf und machte Schulden, litt unter ständigen Drohungen. Und politisch etablierte Kreise, auch Medien, verschärften die Situation der Helfer willentlich (vgl. den Auszug aus einem „Zeit“-Dossier zum Thema Zivilcourage in Deutschland auf S. 201).

1 Vgl. Bomberjacken verboten, in: „Süddeutsche Zeitung“ vom 19.2.2001, S. 6.

Der Fluch der guten Tat

Aus den Helden werden Opfer, die für ihre Zivilcourage bitter büßen müssen. Stehen die Münchner ihnen nun tatkräftig bei? Hilft ihnen die Gesellschaft, zumal sie doch, wie immer wieder betont wurde, nicht nur ein Menschenleben retteten, sondern auch das Ansehen Deutschlands? Doch nun geschieht etwas Merkwürdiges, nämlich – nichts. Die Helfer fühlen sich bald im Stich gelassen. Die Stadt werde auf ihre Kosten die Wohnungen der Türken mit Sicherheitstechnik aufrüsten, mit Videoüberwachung und Alarmaufschaltung zur Polizei, hieß es zunächst, doch kein Techniker erscheint.

Eine geplante Open-Air-Veranstaltung München gegen Rechts am Odeonsplatz fällt kurzerhand aus, wegen Regens ...

„Infame Quertreiber", wie Oberbürgermeister Ude sagt, wühlen in der Vergangenheit der Helfer. Es beginnt mit dem Vorschlag eines Stadtrats der Freien Wähler, die fünf Türken mit der Verdienstmedaille München leuchtet auszuzeichnen. Das war zumindest ungeschickt, vielleicht auch absichtsvoll, denn die Medaille wird immer nur für ein Lebenswerk verliehen, kann an die fünf Retter also nicht vergeben werden. Um den Ruf der Helfer nicht beschädigen zu lassen, schlägt Ude flugs vor, sie stattdessen mit dem erst im vorigen Jahr geschaffenen Preis für Zivilcourage Münchner Lichtblicke zu ehren. Da wartet das Nachrichtenmagazin *Focus* mit der Enthüllung auf, die Polizei habe bei drei Helfern „Kenntnis von einschlägigen Tatbeständen". Einer soll gar „mehrfach vorbestraft" sein.

Die Indiskretion stammt vermutlich aus dem Ältestenrat der Stadt, „von rechts", wie Ude sagt. Was ist dran an den Vorwürfen? Taner und Erkan versichern, sie seien unbescholten; auch Özgur und Caner, zwei der Helfer, die sich vorher nie öffentlich zu Wort gemeldet haben, weisen die Vorwürfe zurück. Bleibt der 32-jährige Selim, er ist tatsächlich vorbestraft, wegen Körperverletzung. Zwölf Jahre liegt es zurück, aus dem polizeilichen Führungszeugnis ist die Vorstrafe längst getilgt. In einem offenen Brief an den Ältestenrat beschweren sich die fünf: „Mit der Diskussion über unser Vorleben haben Sie Vorurteile gegen Ausländer verstärkt, ohne zu überlegen, wie Sie uns damit schaden, und ohne Sinn: Wichtig ist nicht, wer geholfen hat, sondern dass jemand geholfen hat." Helden müssen offenbar gut sein und makellos – als ob es ihre Verdienste schmälerte, wenn sich herausstellte, dass sie nicht ohne Fehl und Tadel sind. Und eine Gesellschaft, die Helden zu ehren bereit ist, prüft umso genauer die moralische Reinheit der Geehrten, je mehr diese Gesellschaft in ihnen ein poliertes Spiegelbild sehen möchte. Denn wenn München sich schmücken will mit dem Anstand deutsch-türkischer Retter, dann auch deshalb, weil diese Retter der Mitte der Gesellschaft zugerechnet werden – anders als die rechten Schläger. Vielleicht gehörten die Skinheads nicht weniger zur Mitte der Gesellschaft, doch das zählt nicht mehr in einem solchen Moment. Helden werden gemacht – und fallen gelassen.

Auszug aus: Roland Kirbach: Der Fluch der guten Tat, in: „Die Zeit", Nr. 30 vom 19.7.2001

Kompetenzorientierung als langfristige Alltagsstrategie

Die dritte Art der Reaktion zielt auf längerfristigere Konzepte und präventive Strategien ab, und sie erinnert an das in der zweiten eingangs formulierten Fragestellung angesprochene Gros der unauffälligen, aber nicht unbedingt unanfälligen „Normal"-Schülerinnen und -Schüler. Vor rechtsextremen Sinnangeboten, gewaltorientierter „Action", auch „fundamentalistischen Verlockungen" (Wilhelm Heitmeyer) und Fanatismen lassen sich junge Menschen bekanntermaßen am besten schützen, wenn sie in ihrer politischen und sozialen Handlungsfähigkeit gefördert werden. In der 2001 in Nordrhein-Westfalen erschienenen „Rahmenvorgabe Politische Bildung"[1], die sich über den Fachunterricht hinaus auch an Schulen und ihre Schulkultur richtet, werden die entscheidenden Kompetenzen in drei Bereiche differenziert, die sich überschneiden, aber unterschiedliche Perspektiven für pädagogisches Handeln verdeutlichen:

- So stellt sich beispielsweise im Rahmen der *Politischen Urteilskompetenz* allgemein die Aufgabe, dass junge Menschen politische Argumente und Positionen im Hinblick auf sachliche Richtigkeit, implizite Werthaltungen und die mit ihnen verfolgten Interessen analysieren lernen. Grundlegend dafür ist jedoch, dass sie sich auch ihrer eigenen politischen Einstellungen im Hinblick auf Einflussfaktoren und ihr Menschenbild bewusst werden – und dass sie zu deren Korrektur in der Auseinandersetzung mit anderen Sichtweisen bereit werden.
- Zur *Politischen Handlungskompetenz* gehört es unter anderem, sich generell in die Situation und Perspektive anderer versetzen sowie abweichende politische Positionen verstehen zu können, in der Lage zu sein, sich in politischen Kontroversen durchzusetzen, aber auch mit anderen kooperieren, Kompromisse finden und überhaupt in der politischen Öffentlichkeit selbstbewusst auftreten zu können und – auch in der Position der Minderheit – in kontroversen Diskussionen überzeugend politisch argumentieren zu können.
- *Methodische Kompetenz* umfasst einerseits z.B. die Fähigkeit, verschiedene Medien effizient und reflektiert für die Information über Politik nutzen und Medienprodukte selbst entwickeln zu können. Andererseits gehört das Beherrschen unterschiedlicher Gesprächsformen, Präsentations- und Visuali-

1 Ministerium für Schule, Wissenschaft und Forschung des Landes Nordrhein-Westfalen: Rahmenvorgabe Politische Bildung, Düsseldorf 2001.

sierungstechniken für die Darstellung von politischen Sachverhalten dazu (in dem Zusammenhang auch Differenzierung von vier „Methodenbereichen“).

Es stellt sich allerdings – genau wie eingangs in der dritten Fragestellung – zunächst einmal die Frage, wie sich Zugänge zu Jugendlichen denn aufbauen lassen, welche ein effizientes präventives Arbeiten erst ermöglichen. Dafür ist zunächst einmal eine pädagogische Grundhaltung entscheidend: Zugänge ergeben sich letztendlich nur, wenn man sich wirklich für Kinder und Jugendliche als Personen interessiert – und nicht nur für ihr unerwünschtes oder abweichendes Verhalten. Man kann in *diesem* Zusammenhang etwas von der unter anderem von Franz Josef Krafeld konzipierten „Akzeptierenden Jugendarbeit“ lernen, bei der dieser Grundgedanke geradezu konstitutive Bedeutung besitzt: „Man muss ihnen (den jungen Menschen; F-J.B.) zuhören, statt ihnen erst einmal gehörig die Meinung zu sagen. Man muss Interesse an den Personen zeigen, mit ihren Ecken und Kanten, mit ihren anstößigen Seiten. Gerade das ist etwas, was die meisten Jugendlichen kolossal vermissen, dass sich Erwachsene für sie interessieren – und sich nicht nur da einmischen, wo sie etwas stört oder ärgert. Ein echter Dialog kann relativ leicht über anfängliches Zuhören, aber kaum je über anfängliches Belehren oder ‚Unter-den-Tisch-Diskutieren‘ erreicht werden.“[1]

Akzeptanz bedeutet allerdings mehr als lediglich emotionale Annahme und Interesse an der Person. Auch die Herausforderung der Selbstverantwortung und das zielorientierte Aushandeln und Einhalten von Umgangsformen sind ihre Bestandteile, worauf Klaus Hurrelmann bereits 1993 hinwies: „Erziehung findet in einem *magischen Dreieck* statt: Zur Erziehung gehören die emotionale Annahme des Kindes, Wärme und Akzeptanz. Das Kind muß merken: Ich mag dich so wie du bist. Zugleich aber ist eine Überhitzung dieser Wärmebeziehung äußerst gefährlich … Erziehung ist die Herausforderung von Selbständigkeit des Kindes … Erziehung ist drittens die ständige gemeinsame Absprache, ja das Aushandeln von Umgangsformen und Regeln, mit Begründung und Erläuterung, angemessen für jede Entwicklungsstufe ... Wer die Familienregeln verletzt, der muß auch die Folgen spüren ... Das ist das

1 Franz Josef Krafeld: Zur Praxis der pädagogischen Arbeit mit rechtsorientierten Jugendlichen, in: Wilfried Schubarth/Richard Stöss (Hrsg.): Rechtsextremismus in der Bundesrepublik Deutschland. Eine Bilanz, Bonn 2000, S. 271-291, hier S. 279; vgl. auch den Beitrag von Krafeld in diesem Band (S. 142-147).

Entscheidende: Sich für die Pläne der Kinder und Jugendlichen interessieren, ihnen Anregungen geben, sie kontinuierlich begleiten bei der Umsetzung. Autorität durch Beziehung und nicht durch Zucht oder durch Beziehungslosigkeit – also das einfache Gewährenlassen, das ja immer eine Interesselosigkeit zum Ausdruck bringt –, das ist das Gebot der Stunde."[1]

Entscheidend scheint insgesamt zu sein, dass junge Menschen als Personen mit ihren Erfahrungen und Urteilen in mehrfacher Hinsicht ernst genommen werden, und zwar gerade dann, wenn Verhaltensweisen und ärgerliche klischeehafte politische Einstellungen nicht akzeptiert werden können. Das grundsätzliche Unterscheiden von „Verhalten" und „Person" schafft wichtige Grundlagen möglicher Reaktion auch in „schwierigen" Situationen. Das hört sich jedoch einfacher an, als es in der Praxis zu realisieren ist: Oft fällt die Unterscheidung von Akzeptanz der Person und Kritik des Verhaltens nicht gerade leicht, kann das Einfordern und Trainieren von Selbständigkeit anstrengend werden, wäre ein „Unter-den-Tisch-Diskutieren", wie es im Zitat Krafelds hieß, eigentlich appetitlicher als das Einlassen darauf, was manche unausgegoren auf den Tisch bringen. In der dritten Frage wird dementsprechend eingefordert, wie denn zu realisieren sein könnte, dass junge Menschen sagen, was sie wirklich denken, an ihren Urteilen arbeiten und mit anderen konstruktiv umgehen, „Handlungskompetenzen" weiterentwickeln. Gefragt sind also konkrete Anregungen.

Entscheidungsorientierte Methoden und Kompetenzentwicklung

Rechtsextrem orientierten Jugendlichen fehlt nicht einfach das Wissen über den Nationalsozialismus – selbst Jugendliche in „Kameradschaften" wissen in der Regel recht genau, was sie sagen. „Wissen" kann zu einem demokratischen Urteil nur beitragen, wenn es nicht selektiv, sondern vielschichtig verarbeitet wird und die Ebene der persönlichen Einstellungen und Wahrnehmungen erreicht. Gefragt sind insofern Methoden, die Schülererfahrungen und Voreinstellungen gezielt aufgreifen und Jugendlichen zur Aufgabe machen, Entscheidungen zu treffen, sie anderen zu begründen, Einwänden standzuhalten und Kompromisse zu finden. Lernsituationen sollten Sorge dafür tragen, dass Aussagen in vereinbarten Grenzen ohne „persönliches Risiko" gemacht werden können und auch die Lehrenden, die eine zentrale Rolle bei

---

1 Klaus Hurrelmann: Mitdenken, mitfühlen, mitziehen, in: „Die ZEIT", Nr. 13 vom 26.3.1993 (Herv. F.-J.B.).

der Steuerung einnehmen, auf Kommentare und wohlmeinende Relativierungen an dieser Stelle verzichten.

Das *„Entscheidungsspiel“* beispielsweise bemüht sich gerade um diese Kriterien. Es hat sich mittlerweile bei vielen Themen bewährt.[1] Im Mittelpunkt steht die für jeden sichtbar werdende Entscheidung zu „schwierigen“ Aussagen, die so formuliert sind, dass sie unterschiedlich verstanden und bewertet werden können, so dass sie fast zwangsläufig zum Diskurs führen. Thesen könnten – in Anlehnung an die oben angesprochenen gegenwärtig dominierenden Verbotstendenzen – etwa sein: „Springerstiefel müssen in den Schulen verboten werden“, oder, in Anlehnung an ein Lied der „Ärzte“: „Gewalt und rechtsextreme Provokationen sind ein Schrei nach Liebe“ (gleichzeitig auf eine in diesem Fall eher problematische Annahme akzeptierender Jugendarbeit anspielend), oder die Parole „Nur wer etwas leistet, sollte auch etwas verdienen“, der 73 Prozent der Deutschen (West und Ost) tatsächlich zustimmen[2]. Die Auffassungen zu solchen Aussagen gehen offensichtlich weit auseinander, in der Öffentlichkeit, in der Politik – und bei Jugendlichen.

Jeder Teilnehmende ordnet sich einem „Ja“ oder einem „Nein“ räumlich zu (die Distanz bildet die Raumbreite) – für jeden sichtbar. Wechsel sind möglich, sie erfolgen ohnehin bei jeder neuen Aussage, wenn sich die Mitspieler in der Raummitte wieder versammeln, um die These zu hören und sich erneut der Ja- oder der Nein-Seite zuzuordnen (und nur im Notfall in der Mitte unentschieden stehen zu bleiben). Die Positionierung im Raum bringt die Beteiligten in einen intensiven Reflexionszusammenhang, denn offensichtliche Entscheidungen müssen nun auch begründet, der anderen Seite gegenüber verteidigt und diese möglichst von der eigenen Einschätzung überzeugt werden. Gefordert ist daher ein schnelles und geschicktes Reagieren auf Argumentationen und Sichtweisen. „Nebenbei“ geweckt wird ein Bedürfnis für begriffliche Präzisierungen („Gibt es denn nun menschliche Rassen oder nicht?“[3]) und inhaltliche Klärungen (in einer Formulierung von Theodor W.

---

1 Vgl. Franz-Josef Bölting: Entscheidungsspiel zu Rechtsextremismus und Fremdenfeindlichkeit, in: Gesellschaft – Wirtschaft – Politik, Heft 2/2002, S. 229-239; Edwin Stiller (Hrsg.): Dialog SoWi. Unterrichtswerk für Sozialwissenschaften, Bd. 1, Bamberg 2002.

2 So eine Studie der Friedrich-Ebert-Stiftung; vgl. Gunther Hofmann: Starke Hand gesucht, in: „Die Zeit“, Nr. 52 vom 20.12.2000.

3 Dazu z.B. Informationen in jugendnaher Formulierung in: Luca und Francesco Cavalli-Sforza: Verschieden und doch gleich. Ein Genetiker entzieht dem Rassismus die Grundlage, München 1994.

Adorno: Welche Mechanismen sind es, „die die Menschen so machen, daß sie solcher Taten fähig werden"[1]).

Die Zuordnung zu den vorgetragenen Aussagen fällt durchaus nicht leicht; es werden Kontroversen und verschiedene Sichtweisen deutlich, die sogar zu Seitenwechseln führen. Die Auseinandersetzung mit dem „Gegenüber" zu den einzelnen Thesen führt zu einem *Problem*verständnis, das die nächsten, auch inhaltlichen Schritte der weiteren Arbeit anbahnt („produktive Verunsicherung"). Eine Besonderheit dieser Methode liegt zudem in der ungewohnten Gruppenerfahrung der Schülerinnen und Schüler, die sich im schnellen Wechsel mal in der großen Mehrheit, mal in der Minderheit, nicht selten auch einmal ganz allein mit anderer Meinung der gesamten Gruppe gegenüberstehend wiederfinden. Nicht zuletzt diese ungewohnten Erfahrungen müssen in einer Reflexionsphase genau ausgewertet werden.

Bei dem Verfahren der *Bildassoziation*, durchgeführt insbesondere zu fotografisch festgehaltenen Situationen, die sich auf das Zusammenleben von Deutschen und Ausländern beziehen, wird besonders darauf geachtet, dass Beiträge zwar ergänzt, nicht aber kommentiert werden. Lediglich die Unterschiedlichkeit von Wahrnehmungen und Einschätzungen wird thematisiert, wie im Vorfeld zu vereinbaren ist. Jeder Mitspieler steckt durch die individuelle Entscheidung für eines der zahlreichen ausliegenden Bilder bereits mitten in der Methode, weil sich aus ihr unmittelbar die Anforderung ergibt, die eigene Entscheidungsgrundlage vor allen anderen zu erläutern und Assoziationen zur dargestellten Situation transparent zu machen. Eine Dopplung von Bildern kann sinnvoll sein, da sie zur Thematisierung unterschiedlicher Wahrnehmungen und zum Aufbrechen der Annahme homogener Haltungen in der Gruppe führt und Aspekte des Konstruktivismus verdeutlichen hilft, denen ganz erhebliche Bedeutung für das Verständnis rechtsextremer Phänomene zukommt.

Es ist erstaunlich, wie sehr solche Verfahren Schülerinnen und Schülern über die Visualisierung und inhaltsbezogene Handlungsorientierung inhaltliche Zugänge erleichtern und wie sich die „andere" Art des Umgangs auch bei „schwierigeren" Schülerinnen und Schülern auszahlen kann. Auch wenn damit zu rechnen ist, dass bei dieser Methodik gelegentlich „Unappetitliches"

1 Theodor W. Adorno: Erziehung nach Auschwitz, in: Theodor W. Adorno: Stichworte, Frankfurt/M. 1969, S. 85-101, hier S. 87.

auf den Tisch kommt, wie es oben hieß, kann man doch davon ausgehen, dass die Ebene der persönlichen Einstellungen erreicht und eher verarbeitet wird sowie zu einem „Wissen" beiträgt, das demokratische Handlungsspielräume eröffnet.

Die vorgestellten Methoden stehen stellvertretend für zahlreiche weitere, die dazu beitragen können, dass junge Menschen es lernen, sich in die Situation und Perspektive anderer zu versetzen, abweichende politische Positionen zu verstehen und sich in politischen Kontroversen durchzusetzen. Sie lernen, mit anderen kooperieren zu können, Kompromisse finden zu müssen und überhaupt in der Öffentlichkeit selbstbewusst auftreten zu können. Dafür ist es wichtig, dass sie auch etwas über ihre eigenen unreflektierten Annahmen, ihre Einflüsse, auch Begrenzungen erfahren und ihr Normalitätsverständnis, schon den meist vorhandenen trügerischen Glauben an die Homogenität von Einstellungen der eigenen Gruppe im Klassenraum, „produktiv" infrage stellen.

Solche Erfahrungen bzw. entsprechende Strategien sind am ehesten in der Lage, so könnte abschließend die Antwort auf eingangs formulierte Fragen lauten, Schutz vor einem Abgleiten Jugendlicher in Extremismus oder Gewaltbereitschaft zu bieten.

Literatur

Adorno, Theodor W.: Erziehung nach Auschwitz, in: Theodor W. Adorno: Stichworte, Frankfurt/M. 1969, S. 85-101

Arzheimer Kai/Schoen, Harald/Falter, Jürgen W.: Rechtsextreme Orientierungen und Wahlverhalten, in: Wilfried Schubarth/Richard Stöss (Hrsg.): Rechtsextremismus in der Bundesrepublik Deutschland. Eine Bilanz, Opladen 2000, S. 220-245

Auernheimer, Georg (Hrsg.): Interkulturelle Kompetenz und pädagogische Professionalität, Opladen 2002

Beck, Ulrich (Hrsg.): Kinder der Freiheit, Frankfurt/M. 1997

Bomberjacken verboten, in: „Süddeutsche Zeitung" vom 19.2.2001, S. 6

Bölting, Franz-Josef: Rechtsextremismus, Fremdenfeindlichkeit und Gewalt. Wahrnehmungen – Hintergründe – Entscheidungen, Paderborn 1997

Bölting, Franz-Josef: Entscheidungsspiel zu Rechtsextremismus und Fremdenfeindlichkeit, in: Gesellschaft – Wirtschaft – Politik, Heft 2/2002, S. 229-239

Cavalli-Sforza, Luca und Francesco: Verschieden und doch gleich. Ein Genetiker entzieht dem Rassismus die Grundlage, München 1994

Deutsche Shell (Hrsg.): Jugend 2000, Opladen 2000

Falter, Jürgen W.: Wer wählt rechts? Die Wähler und Anhänger rechtsextremistischer Parteien im vereinigten Deutschland, München 1994

Hofmann, Gunther: Starke Hand gesucht, in: „Die Zeit", Nr. 52 vom 20.12.2000

Hurrelmann, Klaus: Mitdenken, mitfühlen, mitziehen, in: „Die ZEIT", Nr. 13 vom 26.3. 1993

Hurrelmann, Klaus: Lebensphase Jugend. Eine Einführung in die sozialwissenschaftliche Jugendforschung, Weinheim 1999

Ministerium für Schule, Wissenschaft und Forschung des Landes Nordrhein-Westfalen: Rahmenvorgabe Politische Bildung, Düsseldorf 2001

Kirbach, Roland: Der Fluch der guten Tat, in: „Die Zeit", Nr. 30 vom 19.7.2001

Krafeld, Franz Josef: Zur Praxis der pädagogischen Arbeit mit rechtsorientierten Jugendlichen, in: Wilfried Schubarth/Richard Stöss (Hrsg.): Rechtsextremismus in der Bundesrepublik Deutschland. Eine Bilanz, Bonn 2000, S. 271-291

Pieper, Dietmar: „Viele sind in Sorge", in: „Der Spiegel", Nr. 14 vom 3.4.2000, S. 38

Rau, Johannes: „Es waren Anschläge auf die Würde der Bürger". Bundespräsident Johannes Rau über die Welle rechtsextremer Gewalt in Deutschland, in: „Süddeutsche Zeitung" vom 8.9.2000, S. 13

Rippl, Susanne/Seipel, Christian/Kindervater, Angela (Hrsg.): Autoritarismus. Kontroversen und Ansätze der aktuellen Autoritarismusforschung, Opladen 2000

Scherr, Albert: Pädagogische Interventionen. Gegen Fremdenfeindlichkeit und Rechtsextremismus – eine Handreichung für die politische Bildungsarbeit in Schulen und der außerschulischen Jugendarbeit, Schwalbach/Ts. 2001

Stiller, Edwin (Hrsg.): Dialog SoWi. Unterrichtswerk für Sozialwissenschaften, Bd. 1, Bamberg 2002

Willems, Helmut (zusammen mit Roland Eckert, Stefanie Würtz, Linda Steinmetz): Fremdenfeindliche Gewalt. Einstellungen, Täter, Konflikteskalationen, Opladen 1993

Wolfgang Schulte

Das Thema Rechtsextremismus in der Aus- und Fortbildung der Polizei

Um das Thema „Rechtsextremismus“ für die Aus- und Fortbildung der Polizei zunächst einmal etwas näher einzugrenzen, ist es notwendig, sich klarzumachen, in welchen Arbeitsbereichen die Polizei mit rechtsextremistischen Erscheinungsformen konfrontiert wird. Grundsätzlich muss im Bereich der Arbeitsebenen zwischen dem Außen- und dem Innenverhältnis unterschieden werden. Besonders virulent und konkret wird das Thema „Rechtsextremismus“ im Bereich fremdenfeindlicher Einstellungen und Übergriffe; und dies kennzeichnet auch ein wichtiges organisationsinternes Problemfeld, in dem Handlungsbedarf für die politische Bildung der Polizei gesehen wird. Die nachfolgenden Ausführungen beschäftigen sich mit den Planungen, Überlegungen und Zielen bei der Einführung einer Unterrichtseinheit zum Thema „Fremdenfeindlichkeit“ für die politische Bildung in der Polizei.

Vorüberlegungen

Grundsätzlich stellen sich folgende Anforderungen für die Polizei in multiethnischen Gesellschaften – und ich gehe davon aus, dass die bundesdeutsche Gesellschaft mittlerweile eine multi-ethnische Gesellschaft geworden ist: Zunächst einmal muss die Polizei rassistisch motivierte Gewalttaten und fremdenfeindliche Straftaten verhindern bzw. verfolgen. Zum Zweiten ist es ihre Aufgabe, Straftaten, die von Angehörigen ethnischer Minderheiten begangen werden, zu verfolgen und *last but not least* gehört es zum Aufgabenbereich aller Polizeibeamten, fremdenfeindliche Einstellungen oder gar Übergriffe von „Kollegen“ zu bekämpfen und möglichst zu verhindern.

Die folgenden Ausführungen beschäftigen sich vor allem mit den Möglichkeiten politischer Bildung zur Bekämpfung fremdendfeindlicher Verhaltensweisen von Polizeibeamten. Dazu soll zunächst einmal der Problembereich „Fremdenfeindlichkeit in der Polizei“ etwas genauer betrachtet werden.

Fremdenfeindlichkeit in der Polizei

Nach der Vereinigung der beiden deutschen Staaten wurde in der ersten Hälfte der 90er Jahre eine Häufung fremdenfeindlicher Straftaten festgestellt, die von Polizeibeamten in Ausübung ihres Dienstes begangen worden waren. Das damit einhergehende Medieninteresse führte zu verstärkten Diskussionen in der bundesdeutschen Öffentlichkeit. Amnesty International legte mehrere Berichte zu dem Thema vor, die sehr kontrovers diskutiert wurden. Verantwortliche Politiker aus den Innenverwaltungen der Länder und Führungskräfte der Polizei reagierten auf die Vorfälle mit einem ganzen Bündel von Maßnahmen. So wurde die Polizei-Führungsakademie beauftragt, eine Studie zu dem Problemfeld „Fremdenfeindlichkeit in der Polizei" vorzulegen, die dann auch 1996 veröffentlicht wurde[1]. Die Studie setzt sich auch mit den bis zu diesem Zeitpunkt gängigen innerpolizeilichen Rechtfertigungsthesen für fremdenfeindliches Verhalten von Polizeibeamten auseinander, die vorab kurz erläutert werden sollen.

In Ergänzung einer Auflistung von Hans-Gerd Jaschke[2] lassen sich in Diskussionen mit Polizeibeamten zu dieser Thematik folgende Erklärungsmuster unterscheiden:

1. Einzelfälle, „Schwarze Schafe"
2. Spiegelbild der Gesellschaft
3. Medienkonstrukt
4. Relativierungsthese
5. Freispruchthese

Zu 1. (Einzelfälle – „Schwarze Schafe"): Nach diesem Erklärungsmuster handelt es sich bei fremdenfeindlichen Verhaltensweise und Vorfällen um absolute Einzelfälle, die mit der Polizeiorganisation eigentlich nichts zu tun haben. Sofern Straftaten vorliegen, ist dies – so die Argumentation – ein Fall für den Staatsanwalt, um derartige Verhaltensweisen individuell juristisch zu ahnden. Hierbei wird natürlich übersehen, dass es aufgrund der besonderen Befugnisse von Polizeibeamten schon ganz anders bewertet werden muss,

---

1 Fremdenfeindlichkeit in der Polizei? Ergebnisse einer wissenschaftlichen Studie (Schriftenreihe der Polizei-Führungsakademie, Nr. 1-2/1996), Münster 1996.

2 Vgl. Hans-Gerd Jaschke: Rechtsextremismus und Fremdenfeindlichkeit bei der Polizei. Expertise im Auftrag der Polizei-Führungsakademie, in: Fremdenfeindlichkeit in der Polizei? Ergebnisse einer wissenschaftlichen Studie, Münster 1996, S. 199-219, hier S. 218 f.

wenn diese ihre Machbefugnisse ausnutzen, um fremdenfeindliche Einstellungen auszuagieren.

Zu 2. (Spiegelbild der Gesellschaft): Nach dieser These stellt die personelle Zusammensetzung der Polizei ein Spiegelbild der Gesellschaft dar. Und in einer Gesellschaft, in der vermehrt fremdenfeindliches Verhalten vorkommt, ist es folglich kein Wunder, wenn auch in der Polizei fremdenfeindliche Attitüden und Verhaltensweisen auftreten. Ein polizeispezifisches Problem liegt demnach nicht vor.

Zu 3. (Medienkonstrukt): Nach dieser These sind fremdenfeindliche Vorfälle in den Reihen der Polizei von den Medien konstruiert, um die Polizeiorganisation insgesamt zu diffamieren.

Zu 4. (Relativierungsthese): Ähnlich wie die „Spiegelbildthese" geht die Relativierungsthese davon aus, dass in bestimmten Berufsgruppen Fremdenfeindlichkeit vermehrt zu beobachten sei. So seien analog auch in der Gruppe der Polizeibeamten, die vor allem in negativ besetzten Situationen mit Angehörigen ethnischer Minderheiten zusammenkommen, entsprechende Einstellungen und Attitüden verstärkt zu beobachten.

Zu 5. (Freispruchthese): Bei Diskussionen mit Polizeibeamten über fremdenfeindliche Übergriffe in der Polizeiorganisation ist auch immer wieder zu hören, dass es – gemessen an der Zahl der Fälle – nur in geringem Maße bisher auch zu rechtskräftigen Verurteilungen gekommen sei. Daraus wird der Schluss gezogen, dass das Problem aufgebauscht und eigentlich gar nicht vorhanden sei.

Eine genauere Untersuchung der einzelnen Thesen zeigt allerdings schnell deren Schwächen auf und unterstreicht den Handlungsbedarf für Politik und Polizeiführung. So stellt z.B. die Freispruchthese schon eine bemerkenswerte Attributionsleistung dar, wenn man bedenkt, dass gerade Polizeibeamte nicht müde werden, in anderen Deliktsbereichen mit „normalen Tätergruppen" den Zusammenhang zwischen der Anzahl der Verurteilungen und der gesellschaftlichen Relevanz des Kriminalitätsphänomens mit genau der gegenteiligen Einschätzung zu versehen.

Zur Relativierungsthese ist zu sagen, dass berufsspezifische fremdenfeindliche Attitüden in der Polizeiorganisation noch weniger zur tolerieren sind als in anderen Berufsgruppen, da striktes rechtsstaatliches, an der Würde des Menschen ausgerichtetes Verhalten vom Inhaber des staatlichen Gewaltmonopols unabdingbar eingefordert werden muss. Verschiedene Untersuchungsberichte und die Prozessakten diverser Fälle belegen ganz eindeutig, dass es sich bei den inkriminierten fremdenfeindlichen Vorfällen und Übergriffen von Polizeibeamten eindeutig nicht um ein Medienkonstrukt handelt; die Desorientierungsabsicht derartiger Argumentationen ist zu offensichtlich.

Auch die Behauptung, die Polizei stelle ein Spiegelbild der Gesellschaft dar, stimmt bereits von ihrer Grundannahme her nicht, denn die Polizei stellt in ihrer personellen Zusammensetzung mitnichten ein Spiegelbild der Gesellschaft dar. Ansonsten gilt das bereits zur Relativierungsthese Gesagte: Die unbedingte Einforderung rechtsförmigen Verhaltens der Polizei ist nicht verhandelbar und eine wichtige Basis unserer rechtsstaatlichen demokratischen Gemeinschaft.

Studie der Polizei-Führungsakademie

Soweit zur Analyse von innerpolizeilichen Rechtfertigungsmustern, die noch einmal den Untersuchungsbedarf über die Hintergründe fremdenfeindlicher Einstellungen in der Polizeiorganisation unterstreichen. Die erwähnte Studie der Polizei-Führungsakademie kam 1996 zu dem Ergebnis, dass fremdenfeindliche Verhaltensweisen von Polizeibeamten keine isoliert zu betrachtenden Einzelfälle, aber auch kein systematisches Verhaltensmuster darstellen, dass vielmehr strukturelle Defizite und Besonderheiten polizeilicher Arbeit derartige Attitüden und auch Übergriffe begünstigen.

Zu diesen Besonderheiten gehört eine Akkumulation von belastenden Faktoren:

- der „Sisyphus"-Charakter von Polizei-Arbeit,
- eine vielfach festzustellende interne Tabuisierung von Konflikten beim Umgang mit ethnischen Minderheiten,
- negative Auswirkungen von Organisationsdefiziten
- und last but not least das Gefühl von vielen Polizeibeamten, beim Umgang mit ethnischen Minderheiten von Vorgesetzten und Politikern „allein gelassen" zu werden.

Konkrete Probleme auf der Arbeitsebene der Polizeibeamten ergeben sich nach der Studie in folgenden Bereichen:

- Sprachprobleme,
- mangelnde Kenntnisse von Kultur und Gebräuchen,

– Risiko von Missverständnissen,
– Möglicherweise komplizierte Rechtsverhältnisse.[1]

Aus all dem ergibt sich für Polizeibeamte insgesamt ein größerer Stress und eine höhere Arbeitsbelastung beim Umgang mit Angehörigen ethnischer Minderheiten. Nun kann dies natürlich nicht als Rechtfertigung für fremdenfeindliches Verhalten akzeptiert werden. Sicherlich werden durch die Ergebnisse der Studie auch nur zum Teil Ursachenkomplexe benannt, die Auswirkungen auf latent oder offensichtlich vorhandene fremdenfeindliche Einstellungen haben.

Als Folge der Studie wurde vom Arbeitskreis II der Innenministerkonferenz ein Maßnahmenpaket beschlossen, mit dem die einzelnen von der Studie der Polizei-Führungsakademie angesprochen Ursachenkomplexe angegangen werden sollten:

– Einstellung von Angehörigen ethnischer Minderheiten in den Polizeidienst,
– Ausländerbeauftragte als Mediatoren (Modell Hessen),
– Kommunikations-, Stress- und Konfliktbewältigungstrainings,
– Aus- und Fortbildung in den Bereichen
  • Geschichte und Kultur ethnischer Gruppen,
  • deutsche Polizei-Geschichte,
  • Zusammenhang zwischen Vorurteilen und Fremdenfeindlichkeit.

Unterrichtseinheit „Vorurteile und Fremdenfeindlichkeit"

In dem hier beschriebenen Zusammenhang interessieren vor allem die Aus- und Fortbildungsmaßnahmen. So wurde u.a. die Schaffung einer bundeseinheitlichen Unterrichtseinheit zur Steigerung der interkulturellen Kompetenz beschlossen. Die Projektbetreuung hierfür lag bei der Polizei-Führungsakademie, die Klaus Ahlheim von der Universität Essen mit der Erstellung der Unterrichtseinheit beauftragte.[2] Im Sommer 1998 wurde das Unterrichtswerk

1 Vgl. Manfred Bornewasser/Roland Eckert/Helmut Willems: Die Polizei im Umgang mit dem Fremden – Problemlagen, Belastungssituationen und Übergriffe, in: Fremdenfeindlichkeit in der Polizei? Ergebnisse einer wissenschaftlichen Studie, Münster 1996, S. 9-165.

2 Vorausgegangen war eine Bestandsaufnahme in Bund und Ländern, inwieweit das Thema „Fremdenfeindlichkeit und Polizei" in der Aus- und Fortbildung der Polizei bereits berücksichtigt wird; vgl. Klaus Ahlheim/Bardo Heger: „Fremdenfeindlichkeit und Polizei" als Thema politischer Bildung in der Aus- und Fortbildung der Polizei, in: Fremdenfeindlichkeit in der Polizei? Ergebnisse einer wissenschaftlichen Studie, Münster 1996, S. 167-197.

von Klaus Ahlheim in Zusammenarbeit mit Bardo Heger unter dem Titel „Fremdenfeindlichkeit und Vorurteile. Handreichungen für die politische Bildung in der Polizei“[1] fertig gestellt und von der Polizei-Führungsakademie an die Fortbildungsstellen der Länderpolizeien verteilt.

Das Unterrichtswerk besteht aus fünf Lerneinheiten, die den Zusammenhang zwischen Fremdenfeindlichkeit und Vorurteilen aufzeigen:

LE 1: Die Natur des Vorurteils

LE 2: Ein Vorurteil kommen selten (von) allein

LE 3: Vorurteile und (Medien-) Öffentlichkeit

LE 4: Vorurteile und Fremdenfeindlichkeit in der Mitte der Gesellschaft

LE 5: Fremdenfeindlichkeit und Antisemitismus ganz rechtsaußen

Die Abfolge der einzelnen Module entspricht grundsätzlich einer aufeinander aufbauenden Lehr- und Lernlogik. Gleichwohl ermöglicht der methodisch-didaktische Aufbau der „Handreichungen“ aber auch die Nutzung einzelner Lerneinheiten, die für sich allein genommen einen Fortbildungstag füllen können. Selbst einzelne Übungen lassen sich problemlos aus dem „Steinbruch“ des gesamten Angebots herausnehmen. Jede Lerneinheit besteht aus inhaltlichen und methodischen Hinweisen für den Dozenten (L-Teil), um ihn methodisch-didaktisch auf Diskussionen, Textarbeit, Rollenspiele etc. vorzubereiten. Die benötigten schriftlichen Materialien für die einzelnen pädagogischen Aktivitäten werden im M-Teil in Form von Kopiervorlagen gleich mitgeliefert. Weiterführende Literatur ist für Interessierte im so genannten T-Teil ebenfalls noch beigefügt.

In der theoretischen Begründung gehen die Verfasser davon aus, dass fremdenfeindliche Orientierungen rationalen Argumenten nur schwer zugänglich sind. Gleichwohl bleibt das Ziel politischer Bildung aber immer das „autonome Subjekt“, dessen Ich-Identität auch durch Erkenntnis und politisch-gesellschaftliches Wissen gestärkt werden kann. Politische Bildung kann demnach das Individuum stärken, indem sie die Welt und die Dinge erklärt!

Für den polizeilichen Berufsalltag wird mit den Lerneinheiten die Hoffnung verknüpft, dass soziale, auch berufliche Orientierung in Konflikten durch das

1 Klaus Ahlheim/Bardo Heger: Vorurteile und Fremdenfeindlichkeit. Handreichungen für die politische Bildung der Polizei, Schwalbach/Ts. 1998.

Eröffnen neuer Denkansätze und -möglichkeiten erleichtert wird, die eine als unüberschaubar, gar bedrohlich erlebte Realität strukturieren helfen.

Konkret werden in den Lerneinheiten folgende inhaltliche Schwerpunkte aufbereitet:

- Vorurteile als Bestandteil unseres alltäglichen Lebens,
- Vor-Urteile als notwendige, unreflektierte ad-hoc Orientierungshilfe im Alltag,
- Analyse und Reflexion von Vorurteilen, die die Basis für Fundamentalismus, Intoleranz und Irrationalismen bieten.

Dabei soll polizeiliches Erfahrungswissen nicht in Frage gestellt werden, aber es soll die Reichweite und Relativität insbesondere von so genannten „erfahrungsgesättigten" Vorurteilen deutlich werden.

Angestrebte Wirkungen der Lerneinheiten sind zum einen die Schaffung eines „rationaleren" Klimas beim Umgang mit Personen aus ethnischen Minderheiten und zum anderen die Unterstützung der großen Mehrheit der Beamten bei der Herausbildung eines demokratischen und professionellen beruflichen Selbstverständnisses. Zielgruppe der „Handreichungen" sind also nicht diejenigen, die bedauerlicherweise bereits eine vorurteilsvolle bis fremdenfeindliche Einstellung mit entsprechenden Verhaltensweisen zeigen oder gezeigt haben, sondern die Mehrheit der Beamten, die bei der Schaffung eines offenen, demokratischen Meinungs- und Verhaltensklimas unterstützt werden sollen. Ziel der Unterrichtseinheit ist folglich die Stärkung des Demokratisierungsprozesses in der Polizei, um so ein Binnenklima herzustellen, in dem fremdenfeindliche/rassistische Einstellungen nicht mehr (so leicht) ausagiert werden können.

Evaluation

Die Unterrichtseinheit ist in den Jahren 1998/99 im Rahmen eines Seminars an der Polizei-Führungsakademie evaluiert worden. Dabei wurden die Lerneinheiten in 6 Bundesländern mit 387 Polizeibeamten durchgeführt, die anschließend per Interview und Fragebogen zu den Lerneinheiten und dem Problembereich „Fremdenfeindlichkeit" befragt wurden. Grundsätzlich wurden die Materialien und Methoden der Lerneinheiten von einer deutlichen Mehrheit der Seminarteilnehmer positiv eingeschätzt, die Bearbeitung des

Problemfeldes „Fremdenfeindlichkeit“ in Aus- und Fortbildungsmaßnahmen der Polizei wurde als sehr wichtig angesehen. Gleichwohl gab es während der Bildungsveranstaltungen immer wieder Verweigerungshaltungen zu beobachten. Befragungen und Analysen zeigen, dass die Bearbeitung des Themas „Fremdenfeindlichkeit“ in der Polizei nicht unproblematisch ist, da immer wieder bei den Teilnehmern die Befürchtung zu spüren war, bereits durch die Teilnahme an Veranstaltungen zu diesem Thema stigmatisiert zu werden. Zu dieser Einstellung trägt sicherlich auch bei, dass Fortbildungsmaßnahmen zum Thema „Fremdenfeindlichkeit ...“ in unserer Mediengesellschaft häufig anlassbezogen und möglichst öffentlichkeitswirksam kommuniziert werden. Politische Bildungsmaßnahmen zu diesem Thema erhalten damit fast zwangsläufig einen Legitimationscharakter, der Aversionen bei potentiellen Fortbildungsteilnehmern noch weiter verstärkt. So kann als Fazit der Evaluation nur gefordert werden, die Bearbeitung des Themas „Fremdenfeindlichkeit“ möglichst kontinuierlich und anlassunabhängig etwa in die verhaltensorientierte ganz alltägliche Fortbildung von Polizeibeamten einzubinden, um solche Vorbehalte gar nicht erst entstehen zu lassen. Dies wäre eine wünschenswerte Voraussetzung dafür, dass z.B. die hier kurz vorgestellten Handreichungen für die politische Bildung der Polizei ihr Potential zur konstruktiven Bearbeitung fremdenfeindlicher Einstellungen voll und ganz entfalten können.

Literatur

Ahlheim, Klaus/Heger, Bardo: „Fremdenfeindlichkeit und Polizei“ als Thema politischer Bildung in der Aus- und Fortbildung der Polizei, in: Fremdenfeindlichkeit in der Polizei? Ergebnisse einer wissenschaftlichen Studie, Münster 1996, S. 167-197

Ahlheim, Klaus/Heger, Bardo: Vorurteile und Fremdenfeindlichkeit. Handreichungen für die politische Bildung der Polizei, Schwalbach/Ts. 1998

Bornewasser, Manfred/Eckert, Roland/Willems, Helmut: Die Polizei im Umgang mit dem Fremden – Problemlagen, Belastungssituationen und Übergriffe, in: Fremdenfeindlichkeit in der Polizei? Ergebnisse einer wissenschaftlichen Studie, Münster 1996, S. 9-165

Fremdenfeindlichkeit in der Polizei? Ergebnisse einer wissenschaftlichen Studie (Schriftenreihe der Polizei-Führungsakademie, Nr. 1-2/1996), Münster 1996

Jaschke, Hans-Gerd: Rechtsextremismus und Fremdenfeindlichkeit bei der Polizei. Expertise im Auftrag der Polizei-Führungsakademie, in: Fremdenfeindlichkeit in der Polizei? Ergebnisse einer wissenschaftlichen Studie, Münster 1996, S. 199-219

Ulrike Sommer

Markenzeichen: Kontinuität und Nachhaltigkeit

Die Arbeit der Landeszentralen und der Bundeszentrale für politische Bildung gegen Rechtsextremismus, Fremdenfeindlichkeit und Gewalt

Die Überzeugung, dass rechtsextreme Einstellungen und Verhaltensweisen letztlich ein Randphänomen seien, dem man durch konsequente Ausgrenzung, beherzte Repression und im Übrigen durch einen möglichst aufgeklärten Umgang mit der deutschen Geschichte, insbesondere der Geschichte des Nationalsozialismus, wirkungsvoll begegnen könne, war bis zum Beginn der 90er Jahre weit verbreitet – und letztlich auch kennzeichnend für die Art der gesellschaftlichen und politischen Auseinandersetzung mit dem Thema Rechtsextremismus in der Bundesrepublik.

Gründlich erschüttert wurde diese Überzeugung durch eine Welle fremdenfeindlicher Ausschreitungen und Gewalttaten in den Jahren 1991/92 (Hoyerswerda, Hünxe, Rostock-Lichtenhagen, Solingen, Mölln), die zugleich eine neue Qualität des Rechtsextremismus in Deutland sichtbar werden ließen.

In geradezu periodischen Abständen scheint das Thema seither immer wieder auf die Agenda zu kommen: Im Frühjahr 1998 waren es die spektakulären Wahlergebnisse der rechtsextremen DVU bei den Landtagswahlen in Sachsen-Anhalt, die die Öffentlichkeit – zumindest kurzfristig – alarmierten; im Sommer des Jahres 2000 der Mord an dem aus Mosambik stammenden Alberto Adriano in Dessau und wenig später ein Sprengstoffanschlag in Düsseldorf, bei dem eine Reihe jüdischer Kontingentflüchtlinge aus der ehemaligen Sowjetunion zum Teil schwer verletzt wurden. (Ob dieser Anschlag tatsächlich einen rechtsextremen Hintergrund hatte, konnte allerdings bis heute nicht geklärt werden.)

Es überrascht nicht, dass sich auch Institutionen und Akteure des – ansonsten nicht eben mit öffentlicher Aufmerksamkeit verwöhnten – Metiers „politische

Bildung“ im Gefolge dieser Ereignisse unversehens im Kreuzfeuer von Forderungen, Appellen, wohlgemeinten Ratschlägen und unbequemen Fragen sahen. Eine deutliche Positionierung war (und ist) gefragt – und hat vielfach auch stattgefunden.

Was also kann politische Bildung in der Auseinandersetzung mit Rechtsextremismus, Fremdenfeindlichkeit und Gewalt leisten, was nicht? Zumindest über die folgenden Kernpunkte scheint unter politischen Bildnerinnen und Bildnern ein weitreichender Konsens zu bestehen:

1. Die Auseinandersetzung mit Rechtsextremismus, Rassismus, Antisemitismus, Fremdenfeindlichkeit und Gewalt gehört – ungeachtet aktueller Anlässe – seit langem und kontinuierlich zu den Kernthemen politischer Bildungsarbeit.

2. Rechtsextreme bzw. fremdenfeindliche Einstellungen und Verhaltensweisen lassen sich aber wohl nur in Ausnahmefällen durch pädagogische Interventionen „kurieren“; gegen tief verankerte Vorurteilsstrukturen kommt politische Bildung kaum an (Klaus Ahlheim).

3. Daher taugt politische Bildung auch nicht als „Ausfallbürge“ gesellschaftspolitischer Problemlagen (Benno Hafeneger); bestenfalls kann sie *ein* Element einer auf Prävention gerichteten Gesamtstrategie sein (Thomas Krüger).

4. Vor allem der „harte Kern“ rechtsextrem bzw. fremdenfeindlich motivierter Täter und Unterstützer, aber selbst „Gefährdete“ sind durch Angebote der politischen Bildung in der Regel nicht zu erreichen. Politische Bildung kann jedoch mit ihren Mitteln und Möglichkeiten diejenigen unterstützen, die sich in Beruf, Gesellschaft und/oder Politik gegen Rechtsextremismus, Fremdenfeindlichkeit und Gewalt engagieren (wollen). Eine wichtige Zielgruppe sind außerdem „Schlüsselpersonen“, die eine Rolle in der öffentlichen Meinungsbildung spielen (Hafeneger).

5. Politische Bildung setzt auf Kontinuität und Nachhaltigkeit, auf mittel- oder langfristige Lernprozesse wie auch auf Lernarrangements, die den Lernenden Raum und Möglichkeiten geben, veränderte Einsichten, Einstellungen und Verhaltensweisen auch in alltäglichen Situationen zu erproben. Als „gesellschaftspolitische Feuerwehr“ oder gar als „Blitzbude zu Vermittlung von Werten“ (Ahlheim) ist sie mithin kaum geeignet.

6. Wissen und Erkenntnis sind in der politischen Bildung auch und gerade in der Auseinandersetzung mit Rechtsextremismus, Fremdenfeindlichkeit und Gewalt unverzichtbar – moralische Empörung allein reicht nicht aus. Aufklärung, Urteilsbildung und Information an die Stelle von Ressentiments, Vorurteilen und Halbwissen treten zu lassen (Klaus-Peter Hufer), ist daher sicherlich eine der wichtigsten Aufgaben politischer Bildungsarbeit. Nicht Faktenhuberei und „Belehrungspädagogik" (Hafeneger), sondern vielfältige, auf unterschiedlichen methodischen und medialen Zugängen beruhende, wann immer möglich auch: handlungsorientierte Lernformen sind daher gefragt.

Nicht zuletzt unter diesen Prämissen soll im Folgenden ein Blick auf Arbeit und Engagement einer – in mancherlei Hinsicht „besonderen" – Art von Einrichtungen der politischen Bildungsarbeit gerichtet werden: der Landeszentralen und der Bundeszentrale für politische Bildung.[1]

Entstanden sind die Landeszentralen und die Bundeszentrale für politische Bildung (bzw. ihre Vorläuferorganisationen) seit 1946 im Westen Deutsch-

---

1 Ursprünglich sollte mein Beitrag vor allem ein exemplarischer Bericht über die Arbeit der Landeszentrale für politische Bildung NRW werden. Doch schon sehr bald schon erschien die Beschränkung auf das Beispiel NRW eher hinderlich. Dies zum einen, weil die nordrhein-westfälische Landeszentrale gewiss nicht umstandslos als Beispiel für die Arbeit der Zentralen für politische Bildung schlechthin stehen kann, zum anderen aber auch, weil die Beschränkung auf NRW zwangsläufig bedeutet hätte, auf eine Fülle konkreter Beispiele, Hinweise und Argumente zu verzichten, die vielfach erst fassbar machen, was denn eigentlich *strukturelle* Kennzeichen staatlich verantworteter politischer Bildung in Deutschland sind – und was diese nicht nur einmalig, sondern auch unverzichtbar macht.

Gleichwohl ist es sicherlich kein umfassendes, sondern bestenfalls ein eher impressionistisches Bild, das im Folgenden von den Aktivitäten der Landeszentralen und der Bundeszentrale für politische Bildung in Sachen Rechtsextremismus gezeichnet werden kann. Es beruht nicht etwa auf einer systematischen Abfrage, sondern lediglich auf einer Auswertung von Geschäftsberichten, Internetpräsenzen und anderen Veröffentlichungen und vor allem auch auf manchem Wissen, das sich in langen Jahren der Zusammenarbeit ergeben hat.

Der NRW-Blickwinkel ist unverkennbar und soll im Übrigen auch gar nicht geleugnet werden. Darüber ist sicherlich manches zu kurz gekommen; dies gilt nicht nur, aber besonders für die Arbeit der kleinen, vor Ort – in Bremen, in Hamburg oder im Saarland – sehr aktiven und wirkungsvoll tätigen Landeszentralen, deren Aktivitäten sich in dem hier zugrunde gelegten Raster nur bedingt widerspiegeln.

Und noch etwas bedarf der Begründung: Natürlich ist das Thema Rechtsextremismus eng verschränkt mit dem Themenbereich Migration/Integration wie auch mit dem Themenbereich Geschichte des Nationalsozialismus/Erinnerungskultur. Beide Bereiche sind hier jedoch bewusst außer Acht gelassen worden, weil sie allemal eine eigene Betrachtung verdient haben.

lands bzw. in der Bundesrepublik vornehmlich unter dem Eindruck der als „deutsche Katastrophe“ empfundenen nationalsozialistischen Vergangenheit. Zugleich wurde ihre Gründung motiviert durch die – am Gedanken der „re-education“ orientierte – Überzeugung, dass es möglich sei, Bürgerinnen und Bürgern durch politische Bildung Demokratie als Wert und als Lebensform nahe zu bringen. (Politische) Bildung sollte auf diese Weise einen wichtigen Beitrag für die dauerhafte Veränderung der politischen Kultur und der politischen Mentalität in Deutschland leisten. So entstand bereits 1946 die so genannte Staatsbürgerliche Bildungsstelle (und spätere Landeszentrale für politische Bildung) in Nordrhein-Westfalen. 1952 wurde die spätere Bundeszentrale für politische Bildung als Bundeszentrale für Heimatdienst gegründet. Sukzessive entstanden auch in anderen Ländern der alten Bundesrepublik staatliche Einrichtungen der politischen Bildung, seit dem Ende der 60er Jahre heißen sie einheitlich Zentralen für politische Bildung.

Im Zuge der deutschen Vereinigung sind auch in den fünf neuen Ländern Landeszentralen für politische Bildung entstanden. Ungeachtet anfänglicher Unterstützung aus dem Westen sind sie alles andere als Kopien der Zentralen in den alten Ländern; vielmehr haben sie jeweils unverkennbare und eigenständige Profile entwickelt.

Im Einzelnen gibt es sicherlich eine Fülle von Unterschieden zwischen den insgesamt 16 Landeszentralen und der Bundeszentrale für politische Bildung: hinsichtlich inhaltlicher Schwerpunktbildungen, aber auch hinsichtlich Größe, Ausstattung und Organisationsformen. Als Einrichtungen der politischen Bildung in staatlicher Verantwortung ist Landeszentralen und Bundeszentrale jedoch ein grundsätzlicher Auftrag und eine Verpflichtung gemeinsam: zum einen der Auftrag, Bürgerinnen und Bürger zu motivieren, aktiv an der demokratischen Gestaltung des Gemeinwesens mitzuwirken, zum anderen die Verpflichtung zur unabhängigen und überparteilichen Wahrnehmung ihrer Aufgaben.

Wie kaum ein anderes Thema hat die Auseinandersetzung mit dem Phänomen Rechtsextremismus die Arbeit der Landeszentralen und der Bundeszentrale praktisch von Anfang an begleitet und ist eng mit ihrer Geschichte und Entwicklung verknüpft; dies gilt auch für die Landeszentralen in den neuen Ländern. Wohl nur wenige Bildungsinstitutionen können auf eine ähnlich kontinuierliche und nachhaltige Beschäftigung mit dem Thema Rechtsextremismus verweisen.

Zielgruppen

Nur in Ausnahmefällen richten sich Landeszentralen und Bundeszentrale mit ihren Aktivitäten an Mitglieder der rechtsextremen Szene(n) bzw. an Gefährdete. Eine wichtige Aufgabe sehen sie hingegen darin, Bürgerinnen und Bürger über das Thema Rechtsextremismus zu informieren und sie zu einem aktiven Engagement gegen rechtsextreme und fremdenfeindliche Einstellungen und Verhaltensweisen zu motivieren.

Wichtigste Zielgruppe der Arbeit sind jedoch zumeist Menschen mit Multiplikatorenfunktionen: Pädagogen, Schlüsselpersonen aus Schule, Jugend- und Sozialarbeit, aus der außerschulischen Jugend- und Erwachsenenbildung, aus Polizei, Justiz, Medien und Politik, Menschen also, die sich aus beruflichen oder politischen Gründen mit dem Thema befassen bzw. die Trägerinnen und Träger öffentlicher Meinungsbildung sind.

Dabei dienen die Angebote der Landeszentralen und der Bundeszentrale zum einen dazu, über Ursachen, Hintergründe und Erscheinungsformen von Rechtsextremismus, Rassismus, Antisemitismus und Gewalt zu informieren. Zum anderen wollen sie aber auch Anregungen zum Tun geben: So werden Projekte initiiert, begleitet oder – ebenso wie neue Lernformen – vorgestellt; zugleich schaffen Tagungen und Workshops Möglichkeiten zur Vernetzung und zum Erfahrungsaustausch.

Kooperationen

Ob Landeszentralen oder Bundeszentrale: Ohne produktive Allianzen wäre ein nachhaltiges Engagement in der Auseinandersetzung mit dem Thema Rechtsextremismus kaum denkbar. Wie sich diese Allianzen im Einzelnen gestalten, ist allerdings von Fall zu Fall unterschiedlich.

Die enge Kooperation mit Wissenschaftlerinnen und Wissenschaftlern verschiedener Fachrichtungen gehört wohl immer dazu, sei es in Form fachlicher Beratung, in Form gemeinsam konzipierter Projekte oder Veranstaltungen oder – seltener – auch in Form dezidierter Forschungsaufträge. So wurde auch die Fachtagung zum Thema „Rechtsextremismus als Herausforderung für Bildung und Qualifizierung“, auf die dieser Band zu großen Teilen zurückgeht, von der Landeszentrale für politische Bildung und vom Bildungsministerium NRW in enger Zusammenarbeit mit Klaus Ahlheim von der Universität Essen konzipiert und realisiert.

Für alle Zentralen selbstverständlich ist zudem die Zusammenarbeit mit Institutionen, Organisationen oder Verbänden, die sich in der Fortbildung von Multiplikatorinnen und Multiplikatorinnen engagieren. Auch die politischen Stiftungen sind häufig Kooperationspartner.

Schließlich haben eine Reihe von Landeszentralen wie auch die Bundeszentrale Netzwerke der Zusammenarbeit mit Initiativen, Gruppen, Organisationen und Einrichtungen aufgebaut, die sich – oft auch auf lokaler und regionaler Ebene – dezidiert und mit ganz unterschiedlichen Zugängen und Schwerpunkten in der Auseinandersetzung mit dem Thema Rechtsextremismus engagieren. In Nordrhein-Westfalen etwa ist die Landeszentrale selbst Teil eines solchen, mittlerweile seit mehr als 15 Jahren bestehenden regionalen Netzwerks – des „Arbeitskreises der Ruhrgebietsstädte gegen rechtsextreme Tendenzen bei Jugendlichen" („AK Ruhr") –, dem 36 kommunale Jugendämter, die Bezirksregierungen Arnsberg und Düsseldorf, das Anti-Rassismus-Informationszentrum (ARIC) NRW, das Amt für Jugendarbeit der Evangelischen Kirche von Westfalen, die Informations- und Dokumentationsstelle gegen Gewalt, Rechtsextremismus und Ausländerfeindlichkeit (IDA) NRW, die Regionale Arbeitsstelle zur Förderung von Kindern aus Zuwandererfamilien (RAA) Mülheim sowie die Gedenkhalle Oberhausen angehören. Innerhalb des Verbundes nimmt die Landeszentrale insofern eine besondere Funktion wahr, als sie regelmäßig Fachtagungen, themenorientierte Workshops wie auch den Erfahrungsaustausch der beteiligten Institutionen und Organisationen organisiert.

Ebenso wie die Bundeszentrale und die Landeszentralen in Niedersachsen und Bremen ist die Landeszentrale NRW zudem Partnerin des von der „Aktion Courage – SOS Rassismus e.V." koordinierten (und vom früheren Bundesministerium für Arbeit und Sozialordnung aus Mitteln der Europäischen Sozialfonds geförderten) Projekts „Schule ohne Rassismus", das Schülerinnen und Schüler motiviert, sich in ihrer Schule in eigener Regie aktiv mit dem Phänomen Rassismus auseinander zu setzen.

Einzelne Landeszentralen wie auch die Bundeszentrale pflegen zudem auch in Bezug auf das Thema Rechtsextremismus eine enge Zusammenarbeit mit Kultur und Kunst. Neuland hat die Bundeszentrale hingegen 2001 betreten, indem sie eine bundesweite Plakatkampagne gegen rechts mit potenten Partnern aus Wirtschaft und Sport realisiert hat.

Veranstaltungen

„Verirrung, Provokation oder Protest?“ war das Motto eines Kongresses zum Thema Gewalt, Fremdenfeindlichkeit und Rechtsextremismus, zu dem die Bundeszentrale im März 2001 nach Leipzig eingeladen hatte. 1100 Personen nahmen an der mit prominenten Referentinnen und Referenten besetzten Tagung teil, weiteren Interessierten musste die Bundeszentrale eine Absage erteilen. Vielleicht nicht ganz so spektakulär, aber dennoch beachtlich war der Zuspruch auch bei einer Reihe von Tagungen bzw. größeren Fachkonferenzen, die verschiedene Landeszentralen im Verlauf des Jahres 2001 veranstalteten. Ganz offenkundig entsprachen die Angebote einer breiten Nachfrage.

Fraglos haben solche Großveranstaltungen einen wichtigen Stellenwert: Sie setzen wirksame öffentliche Signale, sprechen einen breiten Kreis von Interessentinnen und Interessenten an, tragen zu Austausch und Vernetzung bei und sind überdies geeignet, die Teilnehmenden auch auf weitere Angebote und Aktivitäten der Zentralen für politische Bildung aufmerksam zu machen.

Für ein Stück Nachhaltigkeit in der Auseinandersetzung mit dem Thema bürgt allerdings eher die Vielzahl von kleineren Veranstaltungen – Fachtagungen, Seminaren, Workshops – wie sie fast alle Landeszentralen und die Bundeszentrale regelmäßig anbieten – nicht nur in Zeiten, in denen dem Thema Rechtsextremismus öffentliche Aufmerksamkeit sicher ist. Sie befassen sich mit den gesellschaftlichen Ursachen, ideologischen Hintergründen und Erscheinungsformen von Rechtsextremismus und Gewalt wie auch mit konkreten Möglichkeiten (pädagogischer) Intervention, stellen Projekte, Materialien und Medien vor und/oder widmen sich speziellen Themen wie dem Rechtsextremismus im Netz oder der rechten Musikszene.

Printmedien

Das Angebot an Printmedien, das die 16 Landeszentralen und die Bundeszentrale für politische Bildung für Multiplikatorinnen und Multiplikatoren, aber auch für interessierte Bürgerinnen und Bürger bereithalten, gilt wohl – nach wie vor – als wichtigstes „Markenzeichen“ staatlich verantworteter politischer Bildung. Das Thema Rechtextremismus gehört dabei durchweg zu den Kern-Themen des Angebots: Keine Zentrale, die nicht ein mehr oder minder breit gefächertes Repertoire an Titeln zu diesem Themenkomplex bereit hielte. Einzelne Landeszentralen wie auch die Bundeszentrale haben darüber hinaus für Multiplikatorinnen und Multiplikatoren ganze Medienpakete zum Thema Rechtsextremismus entwickelt (Rheinland-Pfalz) bzw. zusammengestellt.

Die Landeszentrale für politische Bildung NRW beispielsweise hatte zwischen 1999 und 2001 immerhin 15 verschiedene Titel zum Themenkomplex Rechtsextremismus/Fremdenfeindlichkeit/Gewalt im Angebot (Absatz insgesamt: gut 55.000 Exemplare). Das Spektrum reichte von Veröffentlichungen, die sich mit Ursachen und Hintergründen rechtsextremer bzw. fremdenfeindlicher Einstellungen und Verhaltensweisen wie auch mit deren verschiedenen Erscheinungsformen befassen, bis hin zu Publikationen, die handlungsleitende Anregungen für die Praxis geben.

Aus der selbst für informierte Leserinnen und Leser kaum noch überschaubaren Fülle von Publikationen treffen die Zentralen eine sorgfältig geprüfte und auf die Bedürfnisse von Nutzerinnen und Nutzern abgestimmte Auswahl von Titeln. Dabei sind die einzelnen Zentralen in ihren Ankauf- bzw. Produktionsentscheidungen durchaus souverän, und so ist das Angebot auch keineswegs ein uniformes, sondern spiegelt (im Rahmen der jeweils verfügbaren Budgets) durchaus unterschiedliche Programmatiken und Schwerpunktsetzungen wider. Chance und Möglichkeit zu fachlichem Austausch und zur Verabredung von Mitdrucken, gemeinsamen Ankäufen und gemeinschaftlichen Projekten bietet die in halbjährlichem Turnus stattfindende „Fachkonferenz Publikationen" aller 17 Zentralen für politische Bildung.

Gerade in Bezug auf das Thema Rechtsextremismus liegt es auf der Hand, dass das Engagement der Landeszentralen und der Bundeszentrale nicht ohne Einfluss auf die Produktions- und Angebotspolitik von Verlagen ist: Ankäufe bzw. Koproduktionen seitens der Zentralen sichern bzw. ermöglichen nicht selten auch Buchprojekte, die ansonsten aus wirtschaftlichen Erwägungen möglicherweise nicht zustande kommen würden. Auf diese Weise leisten die Landeszentralen, vor allem aber die Bundeszentrale mit ihrem erheblichen Publikationsetat einen sicherlich nicht unwesentlichen Beitrag für die kontinuierliche Präsenz des Themas auch auf dem Buchmarkt.

Zudem kaufen und verbreiten die Zentralen nicht nur, sondern sie produzieren auch selbst, wie z.B. die von der Bundeszentrale geförderten, in Pilotseminaren erprobten und seit 1993 mehrfach nachgedruckten „Argumente gegen den Haß" von Klaus Ahlheim, Bardo Heger und Thomas Kuchinke mit

Texten, Unterrichts- und Seminarvorschlägen zum Thema „Vorurteile, Fremdenfeindlichkeit und Rechtsextremismus“. Landeszentralen und Bundeszentrale geben eigenständig oder in Zusammenarbeit mit Verlagen Buchreihen, Zeitschriften oder Lose-Blatt-Sammlungen heraus bzw. initiieren und begleiten – konzeptionell und redaktionell – Veröffentlichungen, die in einem Verlag erscheinen.

Im Zusammenhang mit dem Thema Rechtsextremismus ist hier besonders auf Publikationen hinzuweisen, die handlungsleitende Konzepte und konkrete Anregungen für die (pädagogische) Praxis anbieten – an ihrer Veröffentlichung waren und sind Landeszentralen und Bundeszentrale nicht selten aktiv beteiligt. Das von Klaus-Peter Hufer entwickelte „Argumentationstraining gegen Stammtischparolen“[1], mittlerweile ein kleiner „Bestseller“ des Themenbereichs, ist ein Beispiel dafür: Ohne das Interesse und die Ankaufzusage seitens der Landeszentrale NRW wäre der Band seinerzeit kaum zustande gekommen.

Multimedia

Das World Wide Web macht es möglich, Informationen rasch zu verbreiten; zugleich lässt es sich auch als interaktives Medium nutzen. Immer mehr Menschen „gehen online“, und dies bedeutet, dass sich über das Netz auch Nutzerinnen und Nutzer erreichen lassen, die nicht zur klassischen Klientel der Landeszentralen und der Bundeszentrale für politische Bildung gehören.

Alle Landeszentralen wie auch die Bundeszentrale haben daher im Verlauf der 90er Jahre Online-Präsenzen auf- und zum Teil auch ausgebaut. Welche Bedeutung sie dem Medium Internet beimisst, hat jüngst die Bundeszentrale mit einem ambitionierten Relaunch ihrer Homepage demonstriert. Auch zum Schwerpunktthema Rechtsextremismus wird Nutzerinnen und Nutzern hier eine Fülle von Angeboten und Hinweisen zugänglich gemacht.

Seit einigen Jahren gibt es zudem die Domain *www.politische-bildung.de* als gemeinsames Portal der Landeszentralen und der Bundeszentrale für politische Bildung, entwickelt und betreut von der Landeszentrale Baden-Württemberg. Hier findet sich u.a. ein Forum zum Thema „Politische Bildung gegen Rechtsextremismus“.

---

1 Vgl. auch den Beitrag von Klaus-Peter Hufer in diesem Band (S. 133-141).

Frühzeitig sind vor allem die Landeszentralen in Baden-Württemberg, Brandenburg und NRW auch mit anspruchsvollen themenorientierten Angeboten ins Netz gegangen – so unter anderem auch zum Thema Rechtsextremismus: Gemeinsam mit dem Medienpädagogischen Zentrum Brandenburg und der Landesarbeitsgemeinschaft Multimedia initiierte beispielsweise die Brandenburgische Landeszentrale 1998/99 den Wettbewerb „denkM@l 2 – online gegen gewalt, rechtsextremismus & fremdenfeindlichkeit" für junge Internetnutzerinnen und -nutzer, der präsentiert und bekannt gemacht wurde durch den Jugendsender „Radio Fritz"; parallel zu diesem Wettbewerb gab es eine Chat-Reihe zum Thema mit bekannten Persönlichkeiten (nicht nur) aus Brandenburg.

Auch die Bundeszentrale unterhält mit *www.bpb-aktiv.de* inzwischen ein spezielles Modul zum Thema Rechtsextremismus. Es umfasst eine regelmäßig aktualisierte „Chronik der Gewalt", einen Veranstaltungskalender, Informationen über Initiativen gegen rechts, Argumentationshilfen gegen rechte Parolen, Ratschläge für Opfer und Bedrohte sowie eine kommentierte Bibliografie.

Einige Landeszentralen (Bayern, NRW, Rheinland-Pfalz) und auch die Bundeszentrale engagieren sich überdies nach wie vor für das klassische Medium Film bzw. Video. Dies gilt in besonderer Weise für die Landeszentrale NRW, die hier seit langen Jahren einen besonderen Schwerpunkt hat. Rund 350 aktuelle und bewährte Videos zu Themen der politischen Bildung hat die Landeszentrale im Angebot. Hochwertige Fernsehdokumentationen, Reportagen und Features sind Basis dieses Programms, das ständig aktualisiert und erweitert wird. Vornehmlich kauft die Landeszentrale an, regelmäßig betätigt sie sich jedoch auch als Koproduzentin und setzt damit eigenständige inhaltliche Akzente. Das Verleihgeschäft läuft über ein Netz von Vertriebspartnern, dem die rund 60 Medienzentren und Bildstellen sowie eine Reihe von Bibliotheken im Land angehören. In einem verleihübergreifenden Online-Katalog (*www.medienzentren.nrw.de*) können die Medien recherchiert und oftmals gleich vor Ort bestellt werden. Das Thema Rechtsextremismus ist ein intensiv gepflegter Schwerpunkt des Angebots (Aktuelles unter: *www.politische-bildung.nrw.de/Medien*). In enger Zusammenarbeit mit engagierten Autoren wie Ulrich Leinweber oder Rainer Fromm sind zu diesem Thema eine Reihe von Koproduktionen entstanden – ähnlich wie im Bereich Printmedien kann die Landeszentrale auch hier gelegentlich die Rolle einer Impulsgeberin spielen.

Schließlich halten einzelne Landeszentralen und die Bundeszentrale auch medienpädagogische Angebote zum Thema Rechtsextremismus bereit: Beispielhaft sei hier auf eine von der Bundeszentrale entwickelte Broschüre plus CD-ROM zum Thema „Rechtsextremismus und Internet“ hingewiesen, die unter anderem auch Handreichungen für Pädagoginnen und Pädagogen enthält.

Modellprojekte, Förderung

Vereinzelt legen die Bundeszentrale und einzelne Landeszentralen auch – allein oder in Kooperation – modellhafte Vorhaben auf.

Im Zusammenhang mit dem Thema Rechtsextremismus ist sicherlich besonders auf ein Projekt der Landeszentrale Baden-Württemberg hinzuweisen, das im Kontext eines im Sommer 2000 gestarteten „8-Punkte-Programms“ zur Auseinandersetzung mit Rechtsextremismus, Fremdenfeindlichkeit und Gewalt entstanden ist. „Team Z“ (Z für Zivilcourage) ist ein Präventionsprojekt, das darauf zielt, junge Teams aufzubauen, die nach intensiver Schulung die Rolle von Beratern, aber auch von Impulsgebern in der Auseinandersetzung mit Rechtsextremismus, Fremdenfeindlichkeit und Gewalt übernehmen können. Die aus Lehrerinnen und Lehrern, Sozialpädagoginnen und Sozialpädagogen sowie jungen freien Mitarbeitern der außerschulischen Jugendbildung bestehenden Teams sollen jeweils vor Ort Seminare, Workshops und Aktionen organisieren, um Modelle der Streit- und Konfliktschlichtung wie auch andere präventive Maßnahmen gegen Gewalt vorzustellen und zu etablieren. Sie sollen zudem Multiplikatorinnen und Multiplikatoren schulen und Bildungseinrichtungen (Schulen, Jugendhäuser) im Umgang mit auffälligen oder gefährdeten Jugendlichen beraten. Ende 2002 wird das Projekt, das eine breite Resonanz gefunden hat, abschließend evaluiert.

Bundesweit einmalig und daher auch viel beachtet ist ein 2001 von der Bundeszentrale, dem brandenburgischen Justizministerium und der brandenburgischen Landeszentrale gestartetes, vom Archiv der Jugendkulturen in Berlin betreutes Modellprojekt „Gegen Rechts im Knast“, bei dem PädagogInnen, PsychologInnen und SozialarbeiterInnen in Kleingruppentrainings mit Jugendlichen arbeiten, die aufgrund rechtsextremer Straftaten verurteilt wurden bzw. die als gefährdet gelten. Zugleich haben die Teams die Aufgabe, Vollzugsbeamtinnen und -beamte fortzubilden. Geplant ist eine Fortsetzung des

Projekts bis 2004; im Anschluss an eine wissenschaftliche Evaluierung soll dann entschieden werden, ob das Modell auch auf andere Länder übertragen werden kann.

Einzelne Landeszentralen wie auch die Bundeszentrale nehmen schließlich die Aufgabe wahr, ein plural strukturiertes Netz freier Träger politischer Bildungsarbeit in Form von Träger- und/oder Maßnahmenförderung zu unterstützen. In NRW etwa sind es rund 60 Einrichtungen, die nach dem Weiterbildungsgesetz des Landes anerkannt sind und die mit gesetzlichen und weiteren Mitteln gefördert werden. Im Themenspektrum einzelner Einrichtungen spielt dabei die Auseinandersetzung mit Rechtsextremismus, Fremdenfeindlichkeit und Gewalt eine wichtige Rolle. Die Bundeszentrale fördert mit projektgebundenen Mitteln das Angebot von rd. 300 anerkannten Trägern bundesweit; ein Drittel der Fördersumme wird themenbezogen vergeben. Zu den vereinbarten inhaltlichen Schwerpunkten gehört auch der Themenbereich „Gewaltphänomene/Rechtsextremismus". In Brandenburg fördert die Landeszentrale ebenfalls in größerem Stil projektbezogen. Vorhaben zur Auseinandersetzung mit Rechtsextremismus, Fremdenfeindlichkeit und Gewalt hatten dabei in den letzten Jahren einen hohen Anteil, viele der geförderten Projekte standen im Zusammenhang mit dem Handlungskonzept „Tolerantes Brandenburg". Weitere Landeszentralen fördern wichtige oder herausragende Einzelprojekte zum Thema.

Auch Gutes kann noch besser werden

Selbst die kurze Tour d'horizon zeigt: Im Rahmen ihrer Aktivitäten räumen die Landeszentralen und die Bundeszentrale für politische Bildung der Auseinandersetzung mit dem Phänomen Rechtsextremismus einen hohen Stellenwert ein; das Thema ist in verschiedenen Angebotsbereichen kontinuierlich präsent. Dabei greifen Bundeszentrale wie auch Landeszentralen auf eine Vielzahl unterschiedlicher Kooperationspartner zurück. Wichtigste Zielgruppe der Arbeit sind Schlüsselpersonen aus verschiedenen Bereichen – auch, aber keineswegs nur Pädagoginnen und Pädagogen. Im Großen und Ganzen prägt zudem eine vergleichsweise große Bandbreite an methodischen und medialen Zugängen den Umgang mit dem Thema. Durchweg ist das Bemühen um Nachhaltigkeit ein wesentliches Kennzeichen der Arbeit von Landeszentralen und Bundeszentrale in Sachen Rechtsextremismus.

Landeszentralen und Bundeszentrale tun also einiges, um den zivilgesellschaftlichen Konsens gegen rechts zu stärken. Sie tun es, wie mir scheint, jedoch nicht immer mit der notwendigen Öffentlichkeitswirkung. Gerade in einer Zeit, in der politische Bildung um Ressourcen, um ihren Auftrag und ihren Stellenwert in der Gesellschaft ringen muss, wäre es möglicherweise angezeigt, ein Stück offensiver auf die Leistungen der staatlich verantworteten politischen Bildung in der Auseinandersetzung mit Rechtsextremismus, Fremdenfeindlichkeit und Gewalt hinzuweisen. Und dies nicht erst in Krisenzeiten, wenn sie kurzfristig als gesellschaftspolitische Reparaturinstanz herhalten soll, sondern ganz bewusst antizyklisch und vorausschauend.

Zudem gilt: Auch Gutes kann noch besser werden. Die Vielzahl der unterschiedlichen Aktivitäten stärker als bisher abzustimmen und, wenn möglich, auch zu einem (gemeinsamen) Handlungskonzept zu verdichten, könnte hilfreich sein, ebenso auch eine Evaluierung nicht nur von Einzelmaßnahmen, sondern von ganzen Angebotsprofilen im Themenbereich. Denn bei kaum einem Thema sind wohl Selbstgenügsamkeit und Provinzialismus so wenig angezeigt wie bei diesem.

Doris Sandbrink

Rechtsextremismus als Herausforderung für die Evangelische Erwachsenenbildung

Die alte Gefahr von rechts

Seit der klassischen Sinus-Studie, die 1981 veröffentlicht wurde, wissen wir, dass 13 Prozent der deutschen Bevölkerung über ein geschlossenes rechtes Weltbild verfügen. Dieses erschreckende Ergebnis war nicht neu, sondern knüpfte an die Umfragen aus den 50er und 60er Jahren an, die deutlich machten, wie sehr sich rechtsextreme Einstellungen, antisemitische Ressentiments, autoritäre und nationalistische Mentalitäten auch nach 1945 erhalten haben.

„Eine Gesellschaft ..., die kein Bewusstsein von ihren eigenen Konflikten hat, die auf Verdrängung beruht, brütet im Dunkel gefährliche Aggressionspotentiale aus" (Oskar Negt)

Aber nicht einmal die seriellen rassistisch motivierten Gewalttaten, die seit Anfang der 90er Jahre mit den Städtenamen Hoyerswerda, Hünxe, Rostock, Mölln und Solingen verbunden bleiben, lenkten den Blick auf die wissenschaftliche Erkenntnis, dass Rechtsextremismus keine Randerscheinung, sondern in der Mitte der Bevölkerung verankert ist. Stattdessen dominierten in der öffentlichen Diskussion die Versuche der Pädagogisierung des Problems – die Gewalttaten gegen Asylbewerber und Ausländer wurden jugendfixiert konturiert. Sozialpädagogik, Jugendarbeit mit jugendlichen Gewalttätern, Sonderprogramme des Bundes und der Länder waren die Antwort.

Auch die zweite Welle der Rechtsextremismus-Debatte, die unter anderem durch die Wahlerfolge der rechtsextremen DVU im Frühjahr 1998 in Sachsen-Anhalt, die ausländerfeindliche Kampagne der hessischen CDU im Landtagswahlkampf (und ihren Wahlsieg) und die CDU-Parole „Kinder statt Inder" bei der Landtagswahl in Nordrhein-Westfalen gekennzeichnet war, lenkte den Blick weder auf den gefährlichen Bodensatz fremdenfeindlicher

Einstellungen in der Bevölkerung noch auf die ökonomischen, sozialen, politischen und kulturellen Ursachen. Mit dem Gefühl von Ohnmacht und Überforderung, das viele Menschen durch die veränderten Formen der Arbeitsorganisation, durch den ökonomischen Strukturwandel und die Auflösung bisher üblicher sozialer Strukturen und Organisationen haben, steigt das Aggressionsniveau, und mit der erlebten sozialen Kälte wächst das Bedürfnis nach irrationaler Welterklärung – die Ethnisierung sozialer Konflikte ist die fatale Konsequenz. Die Politik dagegen nahm vom wachsenden Zulauf Jugendlicher zu rechtsextremen Parteien, der Schaffung „national befreiter Zonen", der Verbreitung einer rechtsextremen jugendlichen Alltagskultur (Kameradschaften, rechte Musik) kaum noch Notiz. Das Problem wurde unterschätzt, wenn überhaupt nur „ostlastig" und wieder jugendfixiert zur Kenntnis genommen – gemischt allerdings mit regelmäßigen Verdammungsurteilen und zahlreichen Appellen zur Zivilcourage.

Erst im Sommer 2000, durch den Sprengstoffanschlag an einer S-Bahn-Station in Düsseldorf, bei dem neun Flüchtlinge aus der ehemaligen Sowjetunion, darunter sechs Juden, schwer verletzt wurden, und durch den Brandanschlag auf die Synagoge in Düsseldorf am 3.10.2000 veränderte sich etwas. Man nahm zur Kenntnis: 93 Tote, 93 Opfer rassistisch motivierter Gewalttaten in 10 Jahren, über 1000 Schändungen jüdischer Friedhöfe in den letzten Jahrzehnten sind die grausige Bilanz. Die Weltöffentlichkeit, Politik, Wirtschaft und Gesellschaft erkennen jetzt, dass Fremdenfeindlichkeit, Intoleranz und Gleichgültigkeit gegenüber alltäglichen gewalttätigen Übergriffen keineswegs ein Problem des Randes und am Rande, sondern eines der Mitte dieser Gesellschaft sind. Ein breites Milieu mit seinem Vernichtungsfeldzug gegen alles Fremdartige ist zur zerstörerischen Kraft geworden.

„Nein, jetzt müssen wir begreifen: Es hat sich etwas zum Schlimmen geändert. Ausländerfeindlichkeit ist eben bei nicht wenigen Menschen ein fast alltäglicher Teil des Alltagsbewusstseins geworden. Der Rechtsextremismus ist geradezu ein kulturelles Phänomen geworden. Er bedient sich unterschiedlicher kultureller Instrumente, um sich zu vermitteln. Er ist weniger parteipolitisch fassbar." (Wolfgang Thierse, 29.9.2000)

Aber im Mittelpunkt der öffentlichen Aufmerksamkeit steht immer noch eher die Debatte um Symptome, während grundlegenden ideologischen und gesellschaftlichen Bedingungen zu wenig nachgegangen wird. Die Diskussion ist geprägt von der Sorge um das Ansehen des Wirtschafts- und Wissenschaftsstandorts Deutschland, von den Gefahren der Verbreitung des Rechtsextremismus im Internet, von den Forderungen nach verstärkter Repression vor allem durch Polizei und Justiz und nach einem Verbot der NPD sowie von moralischen Appellen an die Bürgerinnen und Bürger.

Fremdenfeindlichkeit und Rechtsextremismus als Thema der Evangelischen Erwachsenenbildung

„Zu den in der Wirkung bedeutsamsten kirchlichen Handlungsmöglichkeiten gehören Bildung und Erziehung“, so haben es der Rat der Evangelischen Kirche in Deutschland und die Deutsche Bischofskonferenz in einem gemeinsamen Wort zur wirtschaftlichen und sozialen Lage in Deutschland formuliert. „Auch hier versuchen die Kirchen, Menschen zu einem wertbezogenen Handeln im persönlichen, sozialen und politischen Bereich zu befähigen. Dies geschieht in den Gemeinden und Verbänden, in der Erwachsenenbildung, in der Arbeit der kirchlichen Akademien und Sozialinstitute sowie in den vielfältigen Formen kirchlicher Präsenz im staatlichen Bildungsbereich.“[1] Evangelische Erwachsenenbildung sieht diese bedeutende Handlungsmöglichkeit und leistet ihren Beitrag für ein friedliches Miteinander und gegen Intoleranz und Rechtsradikalismus. Evangelische Erwachsenenbildung steht hier vor einer Herausforderung – aber auch in einer Tradition. Mit ihrem Auftrag, Zeugnis und Orientierung aus dem christlichen Glauben zu geben, ist Erwachsenenbildung in kirchlicher Verantwortung schon immer eine Arbeit gegen Gewalt. Mit dem christlichen Menschenbild sind Rechtsextremismus, Intoleranz und Gleichgültigkeit gegenüber den alltäglichen Übergriffen unvereinbar.

Eine wichtige Aufgabe der Mitarbeitenden in der Evangelischen Erwachsenenbildung besteht darin, den Schritt von der Definition des komplexen Phänomens Rechtsextremismus, Fremdenfeindlichkeit und Gewalt zu Themen erwachsenenpädagogischer Angebote zu machen. Wie hat die Evangelische Erwachsenenbildung im Bereich Nordrhein, in meinem Arbeitsbereich also, den ich als exemplarischen herausgreife, reagiert und wie nimmt sie die neuen Herausforderungen an?

---

1 „Für eine Zukunft in Solidarität und Gerechtigkeit“. Wort des Rates der Evangelischen Kirche in Deutschland und der Deutschen Bischofskonferenz zur wirtschaftlichen und sozialen Lage in Deutschland, hrsg. vom Kirchenamt der Evangelischen Kirche in Deutschland und vom Sekretariat der Deutschen Bischofskonferenz, Hannover/Bonn 1997, Ziffer 255).

Hünxe und Solingen, zwei Orte, die mit mörderischen Gewalttaten gegen Asylbewerber und Ausländer verknüpft sind, liegen im Einzugsbereich des Evangelischen Erwachsenenbildungswerkes Nordrhein. Unsere Handlungsmöglichkeiten reichten zur damaligen Zeit von der Erstellung einer Arbeitshilfe, einer Textsammlung und der Weitergabe des Publik-Forum-Dossiers „Vom Rechtsruck zum Erdrutsch", über die Beschäftigung mit dem Thema Fremdenfeindlichkeit auf Konferenzen und Klausurtagungen mit Hauptamtlichen Pädagogischen Mitarbeitern und Mitarbeiterinnen (HPM), die Auseinandersetzung mit dem Asyländerungsgesetz, mit Fragen der Integration und Zuwanderung, auch von Aussiedlern, bis hin zu Vortragsabenden, Diskussionsveranstaltungen vor Ort und – in Zusammenarbeit mit anderen kirchlichen und nichtkirchlichen Einrichtungen – der Beteiligung an Trauer- und Gedenkgottesdiensten.

In der zweiten Phase der Auseinandersetzung mit dem Rechtsextremismus gegen Ende der 90er Jahre fanden viele Diskussionsveranstaltungen, Podiumsdiskussionen, Seminare, Workshops und Bibelarbeiten zu Fragen der Herausforderung durch Migration und Flucht sowie die Aufnahme und Integration von Menschen anderer Herkunft in unsere Gesellschaft statt. Diese Veranstaltungen waren orientiert an dem Gemeinsamen Wort der Kirchen zu den Herausforderungen von Migration und Flucht und an der 1998 dazu herausgegebenen Arbeitshilfe. Die Auseinandersetzung mit der CDU-Parole „Kinder statt Inder" im Vorfeld des NRW Wahlkampfes spielte dabei eine große Rolle.

Die Ereignisse im Sommer 2000, die die Öffentlichkeit entsetzten, fanden vor unserer Haustür statt. Der Bombenanschlag auf die jüdischen Mitbürgerinnen und Mitbürger und der Brandanschlag auf die Synagoge werden mit der Stadt Düsseldorf verbunden bleiben. Ebenso wie die Evangelische Kirche im Rheinland wurde das Erwachsenenbildungswerk Nordrhein Mitglied in dem von der nordrhein-westfälischen Landesregierung initiierten „Bündnis für Toleranz und Zivilcourage – gegen Gewalt und Fremdenfeindlichkeit", denn

„Fremdenfeindlichkeit und Rassismus werden nur dann ihre Kraft verlieren, wenn die verwirrten Geister erkennen müssen, nicht länger auf die stillschweigende Zustimmung vieler in der Bevölkerung zählen zu können." (Manfred Kock)

Unsere Einrichtung nahm an Fachkongressen und Fachtagungen der Landeszentrale für politische Bildung und des zuständigen Ministeriums teil, thematisierte das Problem auf HPM-Konferenzen, verteilte wieder ein Publik-Forum-Dossier („Den braunen Vormarsch stoppen"), bestellte eine Fülle von hilfreichen Trainingsprogrammen, Arbeitsmaterialien und Praxishilfen für professionell angeleitete und selbstgesteuerte Bildungsprozesse, für Fortbildung und Reflexion und lud Klaus Ahlheim, den Autor einer neueren empirischen Studien zum Thema Fremdenfeindlichkeit, zur Mitgliederversammlung des Trägervereins Ende 2000 ein.

Die zentralen Ergebnisse der Studie von Klaus Ahlheim und Bardo Heger „Der unbequeme Fremde"[1],

- fremdenfeindliche Einstellungen sind in Deutschland weit verbreitet,
- fremdenfeindliche Einstellungen nehmen wieder zu,
- Fremdenfeindlichkeit braucht keine Ausländer,
- fremdenfeindliche Einstellungen sind *kein* Problem vor allem junger Männer,
- Arbeitslosigkeit allein macht nicht fremdenfeindlich,
- Erziehung und Schulbildung sind wichtige Einflussfaktoren,

gaben die Richtung der pädagogischen Bearbeitung an. Fremdenfeindlichkeit ist nicht mit Rechtsextremismus schlechthin gleichzusetzen, aber als sein geistig-emotionaler Kern anzusehen.

Wir konzentrierten uns nun auf zwei Handlungsebenen:

- Fremdenfeindliche Einstellungen sind unter Älteren weiter verbreitet als unter Jüngeren und bei Frauen ausgeprägter als bei Männern.
- Fremdenfeindliche Einstellungen sind bei Jugendlichen, die liebevoll, demokratisch, zuverlässig und gewaltfrei erzogen worden sind, weit weniger ausgeprägt.

Ältere Erwachsene und insbesondere Frauen gehören statistisch seit Jahrzehnten zur Hauptklientel Evangelischer Erwachsenenbildung. Dazu machte Wilhelm Heitmeyer schon 1993 die kritische Anmerkung, für die Kirchen bestehe angesichts ihres schwindenden Einflusses das Problem, dass die verbleibende Kirchgängerschaft sich aus genau den Gruppen zusammensetze, die über eine besonders ausgeprägte Vorurteilsbereitschaft gegenüber Frem-

1 Klaus Ahlheim/Bardo Heger: Der unbequeme Fremde. Fremdenfeindlichkeit in Deutschland – empirische Befunde, 2. Aufl., Schwalbach/Ts. 2000; vgl. auch den Beitrag von Klaus Ahlheim in diesem Band (S. 25-48).

den verfügt. Läuft die Kirche mit kritischer, aufklärender Erwachsenenbildungsarbeit nicht Gefahr, selbst noch diese Kernbestände zu verlieren?

Dennoch, es gibt keine Alternativen zu dem Appell von Wolfgang Thierse: „Wir müssen an den Vorurteilen arbeiten, die von einer unerträglichen Zähigkeit sind" und dem von Klaus-Peter Hufer: „Perspektivreich ist es, sich pragmatisch auf die tatsächlich erscheinenden Teilnehmerinnen und Teilnehmer einzustellen".

Etwa 40 Prozent des Bildungsangebotes im Bereich des Evangelischen Erwachsenenbildungswerkes Nordrhein machen die Veranstaltungen aus, die der Eltern- und Familienbildung zuzurechnen sind. Davon wiederum entfallen 90 Prozent auf Eltern-Kind-Gruppen, auf Bildungsangebote für Erwachsene, die mit ihren ganz kleinen Kindern kommen, die Menschen in der gleichen Lebenssituation suchen, die Netzwerke knüpfen und sich mit anderen über Erziehungsfragen und -probleme austauschen. Wann hat eine pädagogische Einrichtung, die im vorinstitutionellen Raum angesiedelt ist, je wieder größere Chancen, Fragen der „liebevollen, demokratischen, zuverlässigen und gewaltfreien Erziehung" zu thematisieren?

Handlungsebenen und Praxiserfahrungen

1. Veranstaltungskatalog

Zu Beginn des Jahres 2001 stellten wir zur Eröffnungsveranstaltung der „Dekade zur Überwindung von Gewalt" einen gesonderten Veranstaltungskatalog mit all den Bildungsangeboten aus unseren Mitgliedseinrichtungen (Gemeinden, Kirchenkreise, Verbände und Studienstelle) zusammen, die sich gegen Gewalt, Fremdenfeindlichkeit und Rechtsextremismus richteten. Diese Übersicht fand landes- und bundesweit großes Interesse, konkretisierte sie doch den im Vorwort des Katalogs skizzierten Anspruch: „Politische Bildung in der Evangelischen Erwachsenenbildung taugt nicht für kurzfristige Rezepte gegen rechtsextreme Mentalität und wird auch nicht zum harten Kern der Straftäter vorstoßen. Für eine langfristige wirksame Arbeit aber hat sie gute Instrumente, die sie weiter und verstärkt nutzen wird. Diese Übersicht zeigt, dass Evangelische Erwachsenenbildung für unterschiedliche Zielgruppen Foren und Lernorte für die Vermittlung von Kenntnissen, für die Ermöglichung von Erfahrung und für die Entwicklung von Verantwortlichkeit schafft."

Gegen Gewalt, Terror, Rechtsextremismus und Fremdenfeindlichkeit

Übersicht über die Veranstaltungen im 2. Halbjahr 2001 auf den Ebenen Gemeinden, Kirchenkreise, Ev. Erwachsenenbildungswerk Nordrhein

- Dekade zur Überwindung von Gewalt. Unterscheidung von Widerstand und Gewalt am Beispiel Bonhoeffers – Wochenendseminar des Frauenkreises
- Dekade zur Überwindung von Gewalt – Gesprächsreihe des Frauenkreises
- Mit dem Mut des Herzens. Leben, Schicksal der Frauen der Widerstandskämpfer
- Deutschkurs für ausländische Frauen
- Überwindung von Gewalt – Wochenendseminar
- Widerstand und Wüstenkirche – Gesprächsreihe
- Workshop: Argumentationstraining gegen Stammtischparolen – Multiplikatorentraining
- Marthas verschwiegene Seite. Vom Schweigen und Vergessen – Studientag
- Frauen, die sich trauen. Weibliche Konfliktbewältigung am Beispiel biblischer Frauengestalten
- Angriff ist die schlechteste Verteidigung – Praxisseminar
- Rassismus fällt nicht vom Himmel. Zur Situation nationalsozialistischer Tendenzen in Deutschland
- „In der Welt ist Gewalt, ich aber sage Euch ..." – Gesprächsabend über die ökumenische Dekade
- Kölner „Aktionsprogramm" – ein erster Erfahrungsaustausch
- Frauen um Hitler. Ohnmächtige Zuschauerinnen oder willige Mitarbeiterinnen? – drei Wochenendseminare für Frauen
- Argumentationstraining gegen Stammtischparolen – Studientag
- Kann man(n) Gewalt überwinden? – Gesprächsabend nur für Männer
- Rassismus und Fremdenfeindlichkeit. Ursachen und Handlungsperspektiven – Studientag
- Ich war ein Nazi. Ein alltäglicher Lebenslauf zwischen 1930 und 1945 – Gesprächsabend
- Gewalt hat viele Gesichter – Studientag für Eltern
- Keine Macht der Ohnmacht. Wege aus der Gewalt – ganztägiges Trainingsseminar
- Selbstbehauptung und Selbstverteidigung – drei Übungsabende für Frauen
- Toleranz. Wie lebe ich, wie lebst du? – Frauenkreis
- Sie stricken für ein viertes Reich. Skingirls in der Neonaziszene – Abendinformationsveranstaltung
- Frauenwiderstand in Deutschland und Frankreich – Abendinformationsveranstaltung
- Auge um Auge. Vom Umgang mit Gewalt in christlicher, jüdischer und islamischer Tradition – Gesprächsabend
- Weibliche Genitalverstümmelung – Kultur oder Menschenrechtsverletzung? – Vortrag
- BDM-Führerin oder Widerstandskämpferin: Das Frauenbild der 30er Jahre – Vortrag mit Filmbeispielen
- Die Kunst des fairen Streitens. Einführung in die Mediation – Studientag
- Alt, aber nicht wehrlos – Selbstbehauptung gegen Gewalt – Übungstag für ältere Menschen
- Schilderungen aus dem „Winterland". Muslimische Frauen in der Männerwelt des Balkan – Lesung und Diskussion
- Mediation, ein neuer Weg, Konflikte fair und konstruktiv zu lösen – Studientag
- Wie den Menschen Flügeln wachsen – Von der Aggressivität zur Lebenslust – Vortrag
- Fasziniert von hohlen Phrasen: Die Frauen der neuen Rechten – Vortrag mit Filmbeispielen
- Warum denn gleich in die Luft gehen? Richtig streiten will gelernt sein – Wochenendseminar für Eltern
- Training gegen Stammtischparolen – Studientag
- BDM-Führerin oder Widerstandskämpferin, das Frauenbild der 30er Jahre – Vortrag mit Filmbeispielen
- Vision „Gewaltüberwindung" – Vortrag

- Pharaonische Beschneidung. Der Kampf gegen die Genitalverstümmelung von Frauen
- Die Würde des Menschen an Beispielen aus der Praxis der Arbeit mit Asylbewerbern
- Die Frauen der neuen Rechten – Das Düsseldorfer Kom(m)ödchen mit einem Ausschnittprogramm und ein Vortrag mit Filmbeispielen
- Gewalt gegen Kinder in der Bibel. Mit „Hiebe statt Liebe" – Gesprächsabend
- Argumentationstraining gegen Stammtischparolen – Studientag
- Argumentationstraining gegen Stammtischparolen – Studientag
- Grundlagen der konstruktiven und gewaltfreien Konfliktlösung im Alltag – Wochenendseminar
- Die Bilder sind im Kopf. Wie entstehen Fremdbilder und Vorurteile? – Studientag
- „Gewaltfreie Kommunikation" nach Marshall Rosenberg – Studientag
- Kinder der Welt – Ausstellung zum Thema Kinder und Gewalt
- Lesen gegen Gewalt – Wochenseminar für Frauen
- Aggression schützt vor Gewalt – Studientag
- Gewalt hat viele Gesichter – Wochenseminar nach dem AWbG
- Dem Rechtsradikalismus das Wasser abgraben – Wochenseminar nach dem AWbG
- Sie spielten um ihr Leben: Das Mädchenorchester von Auschwitz – Vortrag mit Hör- und Videobeispielen
- Und bist Du nicht willig ... – Ausmaß, Ursachen und Prävention von (Jugend)-Gewalt – Übungen aus dem Bereich der Gewaltdeeskalation
- Frieden schaffen mit Waffen? Konsequenzen aus dem Kosovo-Krieg – Informationsabend
- Stationen der jüdischen Geschichte – Zum Gedenken an die Pogromnacht
- Gewalt gegen Frauen – „Das Schweigen ist das Schlimmste"
- Frauen im Nationalsozialismus – Politische Einstellungen überprüfen – Gesprächskreis
- Wie Gewalt entsteht und wie ich damit umgehen kann
- Lieder für das Leben – 60. Jahrestag der Reichspogromnacht
- Keine Angst vor dummen Sprüchen – Studientag
- Jüdische Familien, die in Beuel lebten. Was ist mit den jüdischen Mitbürgern damals geschehen? – Vortrag
- Wie den Menschen Flügel wachsen. Von der Aggressivität zur Lebenslust – Vortrag
- Gewalt bei Frauen in der Bibel – Bibelseminar
- Frieden ist der Ernstfall – Kriegsgewalt überwinden – Vortrag
- Ausstellung mit Bildern und Texten von Bernhard Trautvetter zur Eröffnung der Aktionswoche gegen Gewalt und Rechtsextremismus
- Geteilte Erinnerung. Die 68er und die Bewältigung der Geschichte – zwei Informationsabende
- Rechtsextremismus im Internet – dreitägiges Seminar für Lehrer, Eltern und Erzieher
- Überleben. Weiter leben – Lesung mit Musik
- „Ich war Hitlerjunge Salomon" – Lesung und Diskussion
- Argumentationstraining gegen Stammtischparolen – Studientag
- Lebensverbindende Kommunikation – Wochenendseminar zur Einübung gewaltfreier Kommunikation
- Wie bereitet man ein Argumentationstraining vor? – Studientag
- Freundin, Mitläuferin, Aktivistin. Vom BDM zur Neonazibraut – Vortrag mit Filmbeispielen
- Argumentationstraining gegen Stammtischparolen – Studientag
- „Ich war Hitlerjunge Salomon" – Filmvorführung
- Die Frauen der Nazis – Vortrag mit Originalzitaten und -bildern
- Mediation – Konstruktive Konfliktlösungen vermitteln – Studientag
- „Ich war ein Fremder". Fremdsein in unserer Gesellschaft
- Anschläge auf Synagogen und jüdische Friedhöfe – Seminarabend

Exemplarisch sei folgende Reaktion aus „kursiv“ zitiert: „Beeindruckend liest sich ein Veranstaltungskatalog des Evangelischen Erwachsenenbildungswerks Nordrhein.“ Die Übersicht zeige, wie der im Vorwort formulierte Anspruch „in die Realität der Bildungsarbeit umgesetzt wird“[1].

Auch in den folgenden Semestern wurden solche Veranstaltungskataloge erstellt. Sie umfassen eine große Bandbreite unterschiedlichster Angebote: Informationsveranstaltungen, Wochenseminare (z.T. nach dem Arbeitnehmerweiterbildungsgesetz), Wochenendseminare, Lesungen mit Zeitzeugen, Filme, Gesprächskreise, Workshops Argumentationstrainings, Mediationsseminare, Ausstellungen, Konzerte, Lesungen mit Musik, Theaterbeiträge (vgl. die Veranstaltungen im 2. Halbjahr 2001 auf den Seiten 236 und 237).

2. Autoritarismus, Vorurteilsbereitschaft und familiale Sozialisation

Zu Beginn des Jahres 2001 luden wir Rose Ahlheim, Kinder- und Jugendlichen-Psychoanalytikerin, zu einem Studientag für Leiterinnen von Eltern-Kind-Gruppen und Multiplikatorinnen in der Eltern- und Familienbildung mit dem Thema „Angst vor Autorität – Über die Weigerung von Vätern und Müttern, Eltern zu sein“ ein. Motiviert durch das erwähnte Umfrageergebnis, dass bei liebevoller, zuverlässiger, gewaltfreier Erziehung fremdenfeindliche Einstellungen deutlich weniger ausgeprägt sind, überlegten wir, wie wir das Thema „gute“ Eltern, die einerseits zuverlässig sichere Gebote und Verbote vermitteln und auch vorleben, aber andererseits liebevoll, verständnisvoll und nachsichtig vorgehen, im Rahmen von Elternbildungsarbeit vermitteln können.[2]

Eine Gruppe von HPM arbeitet gegenwärtig an einer Arbeitshilfe für Multiplikatoren, die Strategien gegen Autoritarismus in der Arbeit mit Eltern und kleinen Kindern für Leiterinnen von Eltern-Kind-Gruppen entwickeln sollen.

3. Argumentationstraining gegen Stammtischparolen

Die Teilnahme unserer Einrichtung an einem Multiplikatorentraining gegen Stammtischparolen, durchgeführt vom Autor des Buches, Klaus-Peter Hufer,

1 Evangelische Erwachsenenbildung gegen Gewalt, in: kursiv. Journal für Politische Bildung, Heft 2/2001, S. 8.

2 Vgl. auch den Beitrag von Rose Ahlheim in diesem Band (S. 88-106).

und ein Kurzseminar zur Vorstellung des Trainings in unserer Einrichtung überzeugte HPM-Kolleginnen und -Kollegen von der Wirksamkeit des Argumentationstrainings. Angeknüpft wird an alltägliche Erfahrungen mit Vorurteilen und platten Sprüchen. Mit einer Fülle von hilfreichen Informationen, Materialien und Übungen wird das Argumentationstraining theoretisch entwickelt, konkret mit Beispielen dargestellt und durch Praxiserfahrungen angereichert.[1]

Mit Hilfe des Buches und der praktischen Erfahrung in der Durchführung eines Argumentationstrainings bot das Evangelische Erwachsenenbildungswerk Nordhein für HPM und Multiplikatoren in der politischen Bildungsarbeit zwei zentrale Trainings an und führte darüber hinaus dezentral weitere Trainings in der Region durch. Zum Buch erstellten wir einen Reader mit Materialien und Texten zu den einzelnen Phasen des Argumentationstrainings. Die Teilnehmerinnen und Teilnehmer dieser Seminaren bieten nun ihrerseits Argumentationstrainings in ihren Gemeinden, Kirchenkreisen und Verbänden an. Die Vielzahl der entsprechenden Angebote in der oben vorgestellten Veranstaltungsübersicht gibt davon einen Eindruck. Die große Begeisterung und das Engagement in der Fortbildung, die praktische Handhabbarkeit der Methode, die zusätzlichen Materialien motivierten zum eigenen Anbieten der Trainings, und zwar durchaus in solchen Gruppen, die zum „vorurteilsgefährdeten Klientel" gehören. Der Vorteil für unsere Einrichtung ist, dass durch die Multiplikatorenfortbildung nahezu flächendeckend die Region Nordrhein „bedient" werden kann und wir ähnlich wie die Volkshochschulen verfahren können, die mit fortgebildeten Multiplikatoren in vielen Orten in Nordrhein-Westfalen solche Argumentationstrainings anbieten. Die Zusammenarbeit mit den Kolleginnen und Kollegen aus den Volkshochschulen, die vielfach schon durch die Zusammenarbeit im Bereich der Lokalen Agenda 21 erprobt wurde, erweist sich auch bei dem Thema Fremdenfeindlichkeit als recht förderlich.

Fazit: Erwachsenenbildung – auch gerade in evangelischer Trägerschaft – hat mit thematisch vielfältigen Lernangeboten, mit vielfältigen methodisch-didaktischen Zugängen und Bearbeitungsformen zur politischen Kultur in diesem Land beigetragen. Das soll und kann sie auch weiter tun.

---

1 Vgl. Klaus-Peter Hufer: Argumentationstraining gegen Stammtischparolen. Materialien und Anleitungen zum Selbstlernen, 5. Aufl., Schwalbach/Ts. 2002; vgl. auch den Beitrag von Hufer in diesem Band (S. 133-141).

Literatur

Ahlheim, Klaus/Heger, Bardo: Der unbequeme Fremde. Fremdenfeindlichkeit in Deutschland – empirische Befunde, 2., durchges. Aufl., Schwalbach/Ts. 2000

Evangelische Erwachsenenbildung gegen Gewalt, in: kursiv. Journal für Politische Bildung, Heft 2/2001, S. 8

Für eine Zukunft in Solidarität und Gerechtigkeit. Wort des Rates der Evangelischen Kirche in Deutschland und der Deutschen Bischofskonferenz zur wirtschaftlichen und sozialen Lage in Deutschland, hrsg. vom Kirchenamt der Evangelischen Kirche in Deutschland und vom Sekretariat der Deutschen Bischofskonferenz, Hannover/Bonn 1997

Hufer, Klaus-Peter: Argumentationstraining gegen Stammtischparolen. Materialien und Anleitungen zum Selbstlernen, 5. Aufl., Schwalbach/Ts. 2002

Literatur, Arbeitshilfen, Internetquellen

Literatur, Arbeitshilfen, Internetquellen

Rechtsextremismus und Fremdenfeindlichkeit: einführende Literatur und empirische Studien

Ahlheim, Klaus/Heger, Bardo: Der unbequeme Fremde. Fremdenfeindlichkeit in Deutschland – empirische Befunde, 2., durchges. Aufl., Schwalbach/Ts. 2000

Ahlheim, Klaus/Heger, Bardo: Die unbequeme Vergangenheit. NS-Vergangenheit, Holocaust und die Schwierigkeiten des Erinnerns, Schwalbach/Ts. 2002

Alba, Richard/Schmidt, Peter/Wasmer, Martina (Hrsg.): Deutsche und Ausländer: Freunde, Fremde oder Feinde? Empirische Befunde und theoretische Erklärungen (Blickpunkt Gesellschaft 5), Wiesbaden 2000

Archiv der Jugendkulturen (Hrsg.): Reaktionäre Rebellen. Rechtsextreme Musik in Deutschland, Berlin 2001

Benz, Wolfgang (Hrsg.): Auf dem Weg zum Bürgerkrieg? Rechtsextremismus und Gewalt gegen Fremde in Deutschland, Frankfurt/M. 2001

Boehnke, Klaus/Fuß, Daniel/Hagan, John (Hrsg.): Jugendgewalt und Rechtsextremismus. Soziologische und psychologische Analysen in internationaler Perspektive, Weinheim/München 2002

Butterwegge, Christoph: Rechtsextremismus, Freiburg im Breisgau 2002

Butterwegge, Christoph/Lohmann, Georg (Hrsg.): Jugend, Rechtsextremismus und Gewalt. Analysen und Argumente, 2. Aufl., Opladen 2001

Falter, Jürgen W./Jaschke, Hans-Gerd/Winkler, Jürgen R. (Hrsg.): Rechtsextremismus. Ergebnisse und Perspektiven der Forschung (Politische Vierteljahresschrift, Sonderheft 27), Opladen 1996

Fischer, Jörg: Das NPD-Verbot, Berlin 2001

Frindte, Wolfgang/Neumann, Jörg (Hrsg.): Fremdenfeindliche Gewalttäter. Biografien und Tatverläufe, Wiesbaden 2002

Fromm, Rainer/Kernbach, Barbara: Rechtsextremismus im Internet. Die neue Gefahr, München 2001

Hafeneger, Benno/Jansen, Mechtild M.: Rechte Cliquen. Alltag einer neuen Jugendkultur, Weinheim/München 2001

Hopf, Christel/Rieker, Peter/Sanden-Marcus, Martina/Schmidt, Christiane: Familie und Rechtsextremismus. Familiale Sozialisation und rechtsextreme Orientierungen junger Männer, Weinheim/München 1995

Heitmeyer, Wilhelm (Hrsg.): Deutsche Zustände. Folge 1, Frankfurt/M. 2002

Jaschke, Hans-Gerd: Rechtsextremismus und Fremdenfeindlichkeit. Begriffe, Positionen, Praxisfelder, 2. Aufl., Wiesbaden 2001

Klönne, Arno: Rechtsextremismus in der „zivilen" Gesellschaft. „Kein Spuk von gestern", Münster 2000

Möller, Kurt: Rechte Kids. Eine Langzeitstudie über Auf- und Abbau rechtsextremistischer Orientierungen bei 13- bis 15jährigen, Weinheim/München 2000

Pfahl-Traughber, Armin: Rechtsextremismus in der Bundesrepublik, 3. Aufl., München 2001

Schubarth, Wilfried/Stöss, Richard (Hrsg.): Rechtsextremismus in der Bundesrepublik Deutschland. Eine Bilanz, Opladen 2001

Silbermann, Alphons/Hüsers, Francis: Der „normale" Haß auf die Fremden. Eine sozialwissenschaftliche Studie zu Ausmaß und Hintergründen von Fremdenfeindlichkeit in Deutschland, München 1995

Siller, Gertrud: Rechtsextremismus bei Frauen. Zusammenhänge zwischen geschlechtsspezifischen Erfahrungen und politischen Orientierungen, Opladen 1997

Stöss, Richard: Rechtsextremismus im vereinten Deutschland, hrsg. von der von der Friedrich-Ebert-Stiftung, 3., überab. Aufl., Berlin 2000 (im Internet-Angebot der Friedrich-Ebert-Stiftung abrufbar unter: http://library.fes.de/pdf-files/ostdeutschland/00887.pdf)

Wippermann, Carsten/Zarcos-Lamolda, Astrid/Krafeld, Franz Josef: Auf der Suche nach Thrill und Geborgenheit. Lebenswelten rechtsradikaler Jugendlicher und neue pädagogische Perspektiven, Opladen 2002

Wahl, Klaus (Hrsg.): Fremdenfeindlichkeit, Antisemitismus, Rechtsextremismus. Drei Studien zu Tatverdächtigen und Tätern (Texte zur inneren Sicherheit, hrsg. vom Bundesministerium des Innern), Berlin 2001

Würtz, Stefanie: Wie fremdenfeindlich sind Schüler? Eine qualitative Studie über Jugendliche und ihre Erfahrungen mit dem Fremden, Weinheim/München 2000

Pädagogische Reflexionen, Unterrichtsmaterialien und Arbeitshilfen

Ahlheim, Klaus: Pädagogik mit beschränkter Haftung. Politische Bildung gegen Rechtsextremismus, Schwalbach/Ts. 2001

Ahlheim, Klaus/Heger, Bardo/Kuchinke, Thomas: Argumente gegen den Haß. Über Vorurteile, Fremdenfeindlichkeit und Rechtsextremismus. Band I: Bausteine für Lehrende in der politischen Bildung, Band II: Textsammlung, hrsg. von der Bundeszentrale für politische Bildung, Bonn, 4. Nachdruck, Bonn 1999

Ahlheim, Klaus/Heger, Bardo: Vorurteile und Fremdenfeindlichkeit. Handreichungen für die politische Bildung, 3. Aufl., Schwalbach/Ts. 2001

Bürgin, Julika u.a.: Baustein zur nicht-rassistischen Bildungsarbeit, hrsg. vom DGB-Bildungswerk Thüringen, Erfurt 1998 (im Internet abrufbar unter: http://www.baustein.dgb-bwt.de)

Bölting, Franz-Josef: Rechtsextremismus, Gewalt und Fremdenfeindlichkeit. Wahrnehmung – Hintergründe – Entscheidungen. Paderborn 1997

Büttner, Manfred (Hrsg.): Braune Saat in jungen Köpfen. Grundwissen und Konzepte für Unterricht und Erziehung gegen Neonazismus und Rechtsgewalt, Bd. 1: Theorie und Ideologie des Rechtsextremismus und Nationalsozialismus in Geschichte und Gegenwart, Bd. 2: Unterricht und Erziehung gegen Rechtsgewalt, Hohengehren 1999

Dornbusch, Christian/Raabe Jan (Hrsg.): RechtsRock. Bestandsaufnahme und Gegenstrategien, Hamburg/Münster 2002

Gesicht zeigen! Handbuch für Zivilcourage, Frankfurt/New York 2001

Göttker-Plate, Norbert/Plate, Mechtild: „Und dann schlag' ich einfach zu!" Rechtsextremistische Gewalt von Jugendlichen – eine Herausforderung, Köln 1997

Heigl, Wunibald: Arbeitsbuch gegen Ausländerfeindlichkeit. Unterrichtsvorschläge für Schule und Jugendarbeit, Weinheim 1996

Hufer, Klaus-Peter: Argumentationstraining gegen Stammtischparolen. Materialien und Anleitungen zum Selbstlernen, 5. Aufl., Schwalbach/Ts. 2002

Klose, Christiana/Rademacher, Helmolt/Hafeneger, Benno/Jansen, Mechtild M.: Gewalt und Fremdenfeindlichkeit – jugendpädagogische Auswege. Fünf Modellprojekte im Hessischen Jugendaktionsprogramm gegen Gewalt, Fremdenfeindlichkeit und Rechtsextremismus. Werkstattbericht, Opladen 2000

Krafeld, Franz Josef: Die Praxis Akzeptierender Jugendarbeit. Konzepte, Erfahrungen, Analysen aus der Arbeit mit rechten Jugendcliquen, Opladen 1996

Lanig, Jonas: 100 Projekte gegen Ausländerfeindlichkeit, Rechtsradikalismus und Gewalt, Göttingen 1996

Lynen von Berg, Heinz/Roth, Roland (Hrsg.): Maßnahmen und Programme gegen Rechtsextremismus wissenschaftlich begleitet. Aufgaben, Konzepte und Erfahrungen, Opladen 2003

Mecklenburg, Jens (Hrsg.): Was tun gegen rechts, Berlin 1999

Möller, Kurt/Schiele, Siegfried (Hrsg.): Gewalt und Rechtsextremismus. Ideen und Projekte für soziale Arbeit und politische Bildung, Schwalbach/Ts. 1996

Nein zur Gewalt. Rechtsextremismus, Fremdenfeindlichkeit, Antisemitismus, Rassismus (Multiplikatorenpaket politische Bildung), Schwalbach/Ts. 2001

Nickolai, Werner/Lehmann, Henry (Hrsg.): Grenzen der Gedenkstättenpädagogik mit rechten Jugendlichen, Freiburg im Breisgau 2002

Posselt, Ralf-Erik/Schumacher, Klaus: Projekthandbuch: Gewalt und Rassismus. Handlungsorientierte und offensive Projekte, Aktionen und Ideen zur Auseinandersetzung und Überwindung von Gewalt und Rassismus in Jugendarbeit, Schule und Betrieb, Mülheim/Ruhr 1993

Scherr, Albert: Pädagogische Interventionen. Gegen Fremdenfeindlichkeit und Rechtsextremismus – eine Handreichung für die politische Bildungsarbeit in Schulen und der außerschulischen Jugendarbeit, Schwalbach/Ts. 2001

Tiedemann, Markus: „In Auschwitz wurde niemand vergast". 60 rechtsradikale Lügen und wie man sie widerlegt, München 2001

Informationen, Materialien und Initiativen im Internet

Inzwischen gibt es ein unfangreiches Angebot an Internetseiten zum Thema Rechtsextremismus und Fremdenfeindlichkeit, die bei der Suche nach Informationen, Materialien und Kontaktadressen helfen. Man findet auf diesen Seiten neben aktuellen Informationen zu Veranstaltungen und Projekten u.a. ausführliche, meist thematisch sortierte Literaturempfehlungen, Adressen von Initiativen und Fachreferenten, oft auch unmittelbar abrufbare Texte und Arbeitsmaterialien, bis hin zu ganzen Seminarbausteinen und Unterrichtseinheiten. In der Regel gehört zum Angebot auch eine „Linkliste" mit Querverweisen auf weitere einschlägige Internetseiten.

Eine hilfreiche „Einstiegsadresse" für die Recherche im Internet ist die Seite „Was tun gegen Rechtsextremismus?" der Bundeszentrale für politische Bildung (*http://www.bpb-aktiv.de*). Sie bietet umfangreiche *kommentierte Linklisten* u.a. zu den Rubriken „Initiativen: Aktiv gegen Rechts", „Information: Materialien", „Ideologie/Sprache: Argumentationshilfen", „Rat und Tat: Hilfe und Selbsthilfe" und „Pädagogik: Materialien für Lehrende". Die *kom-*

mentierte Bibliografie enthält zurzeit 300 Bücher, Videos, Hörbücher und CD-ROMs. Außerdem finden sich Hinweise auf (Online-)Publikationen der Bundeszentrale, eine Chronik rechtsextremer Gewalttaten, ein Veranstaltungskalender, der vor allem auf Tagungen und Seminare für Multiplikatoren politischer Bildung zum Thema Rechtsextremismus hinweist, und ein als PDF-Datei abrufbarer Foliensatz „Argumente gegen Rechtsextremismus".

Auch die Internetangebote vieler Landeszentralen für politische Bildung enthalten zahlreiche Informationen, Texte und Recherchehilfen zum Thema Rechtsextremismus. Die Hessische Landeszentrale (*http://www.hlz.hessen.de*) stellt beispielsweise auf der Seite „Worte und Taten – der Gewalt entgegen" neben Links und Internet-Tipps zum Themenschwerpunkt Rechtsextremismus unter der Kategorie „Online-Texte" einen Beitrag von Armin Pfahl-Traughber: „Revisionistische Behauptungen und historische Wahrheit" zur Verfügung, der revisionistischen Argumente von Rechtsextremen die historischen Begebenheiten gegenüberstellt. Im Online-Angebot der Niedersächsischen Landeszentrale sind u.a. didaktisch-methodische Anregungen zum Thema „Gewalt gegen Ausländer" von Bernd Janssen abrufbar (*http://www.nlpb.de/04-pub/04-pub-pdf/Janssen.pdf*). Eine Übersicht über die Online-Angebote der Landeszentralen und der Bundeszentrale zum Themenfeld Rechtsextremismus gibt die gemeinsame Internetplattform „Politische Bildung Online" (*http://www.politische-bildung.de*) im „Webkatalog", Rubrik „Angebote der politischen Bildung", unter dem Stichwort: „Rechtsextremismus und Fremdenfeind(freund)lichkeit".

Darüber hinaus gibt es eine Vielzahl weiterer, für die politische Bildung hilfreicher Hinweise, Texte und Materialien im Internet.

- Grundlegende Informationen etwa und grafisch aufbereitete Statistiken zur Lage und zur Entwicklung des Rechtsextremismus in Deutschland, Hinweise auf (Online-)Publikationen und weitere Internetangebote enthält die Seite „Geh Rechtsextremisten nicht ins Netz!" des Bundesamts für Verfassungsschutz (*http://www.verfassungsschutz.de/renetz*).
- Der „Informationsdienst gegen Rechts (IDGR)" (*http://www.idgr.de*) stellt neben einer umfangreichen Textsammlung und Linklisten vor allem ein fortlaufend aktualisiertes „Online-Lexikon Rechtsextremismus" zur Verfügung.
- In der „OnlineAkademie" der Friedrich-Ebert-Stiftung (*http://www.fes-online-akademie.de*) sind beispielsweise neben zahlreichen Veröffentlichung der Friedrich-Ebert-Stiftung zum Rechtsextremismus auch einige Unterrichtsmaterialien abrufbar. Außerdem bietet auch diese Seite kommentierte Linklisten zu den Rubriken „Bildung und Unterricht", „Hilfe und Selbsthilfe", „Informationen" und „Initiativen und Projekte".
- Umfangreiche Hinweise auf Literatur, Medien, Unterrichtsmaterialien und -konzepte für die schulische und außerschulische politische Bildung enthält die Seite „Schule für Toleranz" (*http://www.schule-fuer-toleranz.de*). Eine Unterrichtsreihe „Tatort: Deutschland. Motiv: Fremdenhass" von Mechthild Plate und Norbert Göttker-Plate wird als Download zur Verfügung gestellt (*http://egora.uni-muenster.de/pbnetz/toleranz/downloadhilfe.html*).
- Unterrichtsvorschläge für die politische Bildung in der Schule, mit Arbeitsblättern, Anregungen für Schüler-Recherchen im Internet, Lehrerhandreichungen, weiterführenden Links und Hinweisen, finden sich bei „Lehrer-Online" (*http://www.lehrer-online.de*), u.a. „Rechtsextremismus und Fremdenfeindlichkeit" von Regina Schröder und Nicole Lothmann (*http://lo.san-ev.de/dyn/227089.htm*) und „Argumente gegen Auschwitz-Leugner" von Uta Hartwig (*http://lo.san-ev.de/dyn/227682.htm*).

Autorinnen und Autoren

Autorinnen und Autoren

Dr. Klaus Ahlheim, Jg. 1942, ist Professor für Erziehungswissenschaft an der Universität Essen.

Rose Ahlheim, Jg. 1943, ist Kinder- und Jugendlichen-Psychoanalytikerin mit freier Praxis in Marburg und arbeitet als Dozentin und Kontrollanalytikerin am Institut für analytische Kinder- und Jugendlichen-Psychotherapie in Frankfurt.

Franz-Josef Bölting, Jg. 1955, ist Hauptseminarleiter und Fachleiter (Sozialwissenschaften) am Studienseminar Minden für die Sekundarstufe II und Lehrer am Städtischen Gymnasium in Porta Westfalica.

Dr. Thomas von Freyberg, Jg. 1940, ist wissenschaftlicher Mitarbeiter am Institut für Sozialforschung an der Johann Wolfgang Goethe-Universität Frankfurt.

Dr. Wolfgang Frindte, Jg. 1951, ist Professor für Kommunikationspsychologie am Institut für Psychologie der Friedrich-Schiller-Universität Jena.

Claudia Hermes, Jg. 1967, ist Bildungsreferentin mit dem Schwerpunkt Internet beim Aktuellen Forum NRW.

Dr. Klaus-Peter Hufer, Jg. 1949, ist Fachbereichsleiter der Kreisvolkshochschule Viersen und Privatdozent an der Universität Essen.

Dr. Hans-Gerd Jaschke, Jg. 1952, ist Professor für Politikwissenschaft an der Fachhochschule für Verwaltung und Rechtspflege Berlin, zurzeit Leiter des Fachbereichs Rechts- und Sozialwissenschaften an der Polizei-Führungsakademie in Münster.

Dr. Alfons Kenkmann, Jg. 1957, ist Geschichtsdidaktiker und Leiter des Geschichtsorts Villa ten Hompel in Münster.

Dr. Franz Josef Krafeld, Jg. 1947, ist Professor für Erziehungswissenschaft an der Hochschule Bremen, Fachbereich Sozialwesen.

Dr. Jörg Neumann, Jg. 1965, ist wissenschaftlicher Koordinator des Internationalen Graduierten Kollegs „Conflict and Cooperation between Groups: Perspectives from Social and Developmental Psychology“ am Institut für Psychologie der Friedrich-Schiller-Universität Jena.

Dr. Ulrike Prokop, Jg. 1945, ist Professorin für Geschlechterverhältnisse und Sozialisationstheorie am Institut für Erziehungswissenschaft der Philipps-Universität Marburg.

Dr. Helmut Rook, Jg. 1953, ist Leiter der Jugendbegegnungsstätte der Gedenkstätte Buchenwald.

Doris Sandbrink, Jg. 1953, ist Pädagogische Studienleiterin im Evangelischen Erwachsenenbildungswerk Nordrhein.

Wolfgang Schulte, Jg. 1955, ist Dozent am Fachbereich Rechts- und Sozialwissenschaften der Polizei-Führungsakademie in Münster.

Ulrike Sommer, Jg. 1957, leitet den Arbeitsbereich Printmedien in der Landeszentrale für politische Bildung Nordrhein-Westfalen.